POEMAS QUE RESOLVEM PROBLEMAS

Título original:
Poems that Solve Puzzles: The History of Algorithms, First Edition

Tradução: Judite Jóia

Revisão: Joana Camões Pereira

Capa: FBA

Depósito Legal n.º ?????

Biblioteca Nacional de Portugal – Catalogação na Publicação

BLEAKLEY, Chris

Poemas que resolvem problemas: a história e a ciência dos algoritmos. – (Extra coleção)
ISBN 978-972-44-2457-6

CDU 510

Paginação:
João Jegundo

Impressão e acabamento:
??????
para
EDIÇÕES 70
novembro 2021

EDIÇÕES 70, uma chancela de Edições Almedina, S.A.
LEAP CENTER – Espaço Amoreiras
Rua D. João V, n.º 24, 1.03 – 1250-091 Lisboa – Portugal
e-mail: editoras@grupoalmedina.net

www.edicoes70.pt

Chris Bleakley

POEMAS QUE RESOLVEM PROBLEMAS

A História e a Ciência dos Algoritmos

TRADUÇÃO
Judite Jóia

Para a Eileen — obrigada.

algoritmo, *substantivo*:

Processo ou conjunto de regras a seguir para a realização de cálculos ou outras operações de resolução de problemas, nomeadamente, por intermédio de um computador.
A palavra árabe original, *al-Ḵwārizmī*, «o homem de Ḵwārizm» (hoje, Quiva), procede do nome dado ao matemático do século IX Abū Ja'far Muhammad ibn Mūsa, autor de obras abundantemente traduzidas sobre álgebra e aritmética.

Dicionário de Oxford da Língua Inglesa, 2010

Índice

Prefácio

Este livro é dirigido às pessoas que sabem que os algoritmos são importantes, mas para quem eles permanecem um enigma.

A inspiração para o livro surgiu enquanto trabalhava como diretor de promoção no Departamento de Ciências Computacionais da University College de Dublin. Ao longo de centenas de conversas com pais e alunos do ensino secundário, percebi que a maior parte das pessoas está ciente da existência dos algoritmos, graças à ampla cobertura mediática da Google, do Facebook e da Cambridge Analytica. Contudo, poucas sabem o que são os algoritmos, como funcionam ou de onde vieram. Este livro responde a essas perguntas.

O livro foi escrito para o leitor comum. Não é necessário qualquer conhecimento prévio sobre algoritmos ou computadores. Julgo que mesmo quem tenha estudado computação achará as histórias aqui incluídas surpreendentes, engraçadas e esclarecedoras. Os leitores que já saibam o que é um algoritmo talvez queiram dispensar a introdução. O meu objetivo é que os leitores se divirtam com o livro e aprendam algo de novo pelo meio.

Apresento desde já as minhas desculpas às muitas pessoas que estiveram envolvidas nos acontecimentos aqui descritos, mas cujos nomes não são mencionados. Quase todas as inovações são o resultado do trabalho conjunto de uma equipa, erigido a partir das descobertas dos seus antecessores. Para que o livro possa ser lido como uma história, tendo a concentrar-me num pequeno número de indivíduos-chave. Para mais detalhes, indico ao leitor interessado os artigos referidos na bibliografia.

Em determinadas ocasiões, preferi uma boa história a uma exaustividade entorpecedora. Se o seu algoritmo predileto estiver em falta, faça-me chegar essa informação e talvez o inclua numa futura edição. Quando descrevo como é que um algoritmo funciona, utilizo o presente do indicativo, mesmo no caso de algoritmos pertencentes ao passado. Uso a terceira pessoa do plural em vez de pronomes singulares específicos de género. Os valores em dólares referem-se sempre ao dólar americano.

Agradeço a quem generosamente me deu autorização para utilizar as suas palavras ou fotografias. Agradeço também aos meus assistentes nesta empreitada: o meu primeiro editor, Eoin Bleakley; o meu mentor, Michael Sheridan (autor); a minha agente maravilhosa, Isabel Atherton; o meu angariador de bibliografia, Conor Bleakley; a minha sempre paciente assistente editorial, Katherine Ward; toda a equipa da Oxford University Press; os meus revisores, Guénolé Silvestre e Pádraig Cunningham; e, por último, mas certamente não menos importante, os meus pais e a minha mulher. Sem a sua ajuda, este livro não teria sido possível.

Continuem a ler e divirtam-se!

Chris

Sobre o autor

Chris Bleakey possui trinta e cinco anos de experiência em desenho de algoritmos. Há dezasseis anos que leciona e escreve sobre o assunto.

Enquanto era estudante, Chris aprendeu a programar sozinho num computador doméstico. Dois anos depois, vendia os seus programas de computador por correspondência a clientes de todo o Reino Unido.

Chris tem o bacharelato de Ciência (Hons) em Ciências Computacionais da Queen's University, Belfast, e o doutoramento em Engenharia Eletrónica da Universidade da Cidade de Dublin. Após concluir os estudos universitários, trabalhou como consultor de *software* para a Accenture e, mais tarde, como investigador sénior para a Broadcom Éireann Research. Posteriormente, foi nomeado vice-presidente de engenharia na Massana, uma *start-up* na vanguarda do desenvolvimento de circuitos integrados e *software* para comunicações de dados.

Atualmente, Chris é professor associado e diretor do Departamento de Ciências Computacionais da University College de Dublin (UCD), na Irlanda. Lidera um grupo de investigação dedicado à invenção de novos algoritmos para análise de dados sensoriais do mundo real. O seu trabalho foi publicado em importantes revistas científicas com revisão feita por colegas e apresentado em grandes conferências internacionais.

Chris vive em Dublin com a mulher e dois filhos.

Introdução

«Uma para ti. Uma para mim. Uma para ti. Uma para mim.» Imagine que se encontra no recreio da escola. O sol brilha. Está a partilhar um saco de gomas com o seu melhor amigo. «Uma para ti. Uma para mim.» O que não sabia na altura era que partilhar as suas gomas desta maneira constituía uma réplica de um algoritmo.

Um algoritmo é uma série de passos que podem ser executados para resolver um problema relacionado com informação. Naquele dia soalheiro, usou um algoritmo para partilhar as gomas de forma justa. A entrada do algoritmo foi o número de gomas dentro do saco. A saída, o número de gomas que cada um dos dois amigos recebeu. No caso de o número total de gomas dentro do saco ser par, ambos terão recebido o mesmo número de gomas. No caso de o total ser ímpar, o seu amigo arrecadou uma goma a mais.

Um algoritmo é como uma receita. É uma lista de passos simples que, se for seguida, transforma um conjunto de entradas numa saída desejada. A diferença é que um algoritmo processa informação e uma receita prepara alimentos. Em regra, um algoritmo opera sobre grandezas físicas que representam informação.

Muitas vezes, existe mais do que um algoritmo para resolver um dado problema. Poderia ter partilhado as suas gomas contando-as, dividindo mentalmente o total por dois e distribuindo o número correto de gomas. O resultado teria sido o mesmo, mas o algoritmo — o meio de obtenção da saída — teria sido diferente.

Um algoritmo é escrito como uma lista de instruções. Na maioria dos casos, estas instruções são realizadas em sequência, uma após a outra. Por vezes, a próxima instrução a ser executada não é o passo seguinte na sequência, mas sim uma instrução noutro ponto da lista. Por exemplo, um dos passos pode requerer que a pessoa que executa o algoritmo recue até um passo anterior e prossiga a partir daí. O retrocesso permite a repetição de grupos de passos — um atributo prevalente em muitos algoritmos. Os passos «Uma para ti. Uma para mim» foram repetidos no algoritmo da partilha de gomas. A operação da repetição de passos é denominada *iteração*.

No caso de o número de gomas dentro do saco ser par, teria bastado o seguinte algoritmo iterativo:

Repete os seguintes passos:
    Dá uma goma ao teu amigo.
    Fica com uma goma para ti.
Repete até já não restar nenhuma goma no saco.

Na exposição de um algoritmo como este, os passos são habitualmente escritos de forma pormenorizada para maior clareza. A indentação é a forma habitual de agrupar passos inter-relacionados.

No caso de não sabermos se o número de gomas dentro do saco é par ou ímpar, o algoritmo torna-se um pouco mais complexo. Passa a ser necessário incluir um passo de tomada de decisões. A maior parte dos algoritmos contém passos deste tipo. Um passo de tomada de decisões requer que quem executa o algoritmo escolha entre duas ações possíveis. A ação a ser realizada depende de uma *condição*. Uma condição é uma afirmação que pode ser verdadeira ou falsa. A construção de tomada de decisões mais comum — «se-então-senão» — combina uma condição e duas ações possíveis. «Se» a condição for verdadeira, «então» a ação (ou ações) imediatamente seguintes são executadas. «Se» a condição for falsa, o passo (ou passos) após o «senão» são executados.

Caso haja um número ímpar de gomas, têm de ser incorporados no algoritmo os seguintes passos de tomada de decisões:

Se esta é a primeira goma ou acabaste de receber uma goma,
então dá esta goma ao teu amigo,
senão fica com esta goma para ti.

Aqui, a condição é *composta*, o que significa que é constituída por duas (ou mais) condições simples. As condições simples são «esta é a primeira goma» e «acabaste de receber uma goma». As duas condições simples são unidas pela operação «ou». A condição composta é verdadeira se uma ou outra das condições simples for verdadeira. Se a condição composta for verdadeira, é realizado o passo «dá esta goma ao teu amigo». Caso seja falsa, é executado o passo «fica com esta goma para ti».

Assim, o algoritmo completo é:

Considere como entrada um saco de gomas.
Repita os seguintes passos:
    Retire uma goma do saco.
    Se esta é a primeira goma ou acabou de receber uma goma,
    então dê esta goma ao seu amigo,
    senão fique com esta goma para si.
Repita até já não restar nenhuma goma no saco.
Coloque o saco vazio no lixo.
As gomas estão repartidas de forma justa.

Como todos os bons algoritmos, este é irrepreensível e alcança o seu objetivo de forma metódica.

Aprendiz de bibliotecário

Todos os dias, surgem problemas relacionados com informação. Imagine um aprendiz de bibliotecário no primeiro dia de trabalho. Mil livros novinhos em folha acabaram de ser entregues e repousam em caixas espalhadas pelo chão. O chefe quer que os livros sejam arrumados nas estantes o mais rápido possível, por ordem alfabética do nome do autor. Este é um problema relacionado com informação e existem algoritmos para o resolver.

A maioria das pessoas usaria intuitivamente um algoritmo chamado Ordenação por Inserção (*Insertion Sort*) (Figura n.º I.1). A Ordenação por Inserção funciona do seguinte modo:

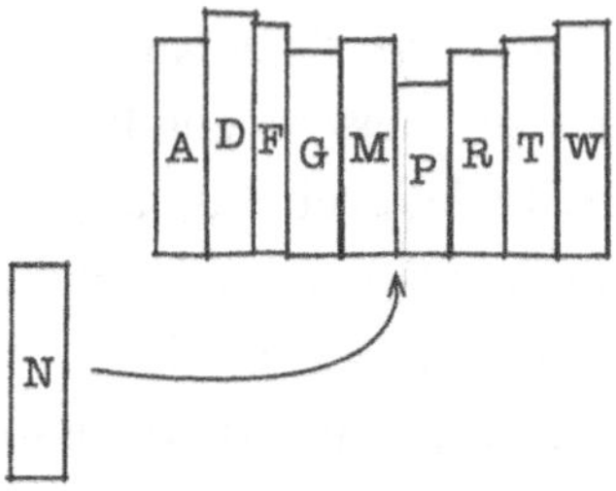

Figura n.º I.1: Ordenação por Inserção em ação.

Considere como entrada uma pilha de livros não ordenados.
Repita os seguintes passos:
    Escolha um livro.
    Leia o nome do autor.
    Inspecione a estante até encontrar o sítio onde o livro deverá ser colocado.
    Desloque todos os livros a partir desse ponto deixando um espaço livre.
    Insira o novo livro.
Repita até já não restarem livros no chão.
Os livros estão ordenados.

Inicialmente, os livros no chão não estão ordenados. Um a um, os livros são transferidos para a estante. Cada livro é colocado na estante por ordem alfabética. Como resultado, os livros na estante estão sempre ordenados.

A Ordenação por Inserção é fácil de entender e funciona bem, mas é lenta. É lenta, porque, a cada livro retirado do chão, o bibliotecário tem de inspecionar ou deslocar todos os livros que já se encontram na estante. No início, a estante tem poucos livros e, por isso, a inspeção e a deslocação são realizadas de forma rápida. No final, o nosso bibliotecário tem quase 1000 livros na estante. Pôr um livro no sítio certo requer, em média, 500 *operações*, sendo que uma operação pode ser uma comparação de nomes de autores ou uma deslocação de livros. Assim, a ordenação de todos os livros comporta, em média, 500 000 (1000 × 500) operações.

Suponhamos que cada operação demora um segundo. Se assim for, ordenar os livros utilizando a Ordenação por Inserção demorará cerca de dezassete dias de trabalho. O chefe não vai ficar contente.

Um algoritmo alternativo e mais rápido — Ordenação Rápida (*Quicksort*) — foi inventado pelo cientista computacional Tony Hoare em 1962. Hoare nasceu no Sri Lanca em 1938, filho de pais britânicos. Foi educado em Inglaterra e frequentou a Universidade de Oxford antes de ingressar na academia como docente. O seu método de ordenação é um algoritmo de «divisão e conquista». Mais complexo do que a Ordenação por Inserção, é também, tal como o nome sugere, bastante mais rápido.

A Ordenação Rápida (Figura n.º I.2) divide a pilha de livros em duas. A divisão é guiada por uma *letra-pivô*. Os livros de autores cuja primeira letra do nome surja antes da letra-pivô são postos numa nova pilha à esquerda da pilha já existente. Os livros de autores cuja primeira letra do nome surja depois da letra-pivô são colocados numa pilha à direita. As pilhas resultantes são depois divididas com recurso a novas letras-pivô. Neste processo, as pilhas são dispostas em sequência. A pilha mais à esquerda inclui os livros que surgem em primeiro lugar no alfabeto. A pilha seguinte, os livros que surgem em segundo lugar e assim por diante. O processo de divisão de pilhas é repetido para todas as pilhas maiores até que a mais alta contenha apenas cinco livros. As pilhas são, de seguida, ordenadas separadamente utilizando a Ordenação por Inserção. Por fim, as pilhas organizadas são transferidas, por ordem, para a estante.

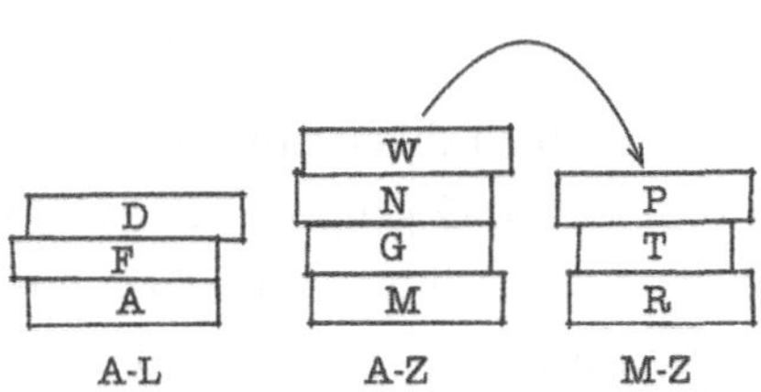

Figura n.º I.2: Ordenação Rápida em ação.

Para maximizar a rapidez, as letras-pivô devem dividir as pilhas em duas metades.

Suponhamos que a pilha inicial inclui livros de A a Z. Uma boa escolha para primeiro pivô seria, provavelmente, M. Isto daria origem a duas novas pilhas: A–L e M–Z (Figura n.º I.2). Se a pilha A–L for maior, será a próxima a ser dividida. Um bom pivô para A–L seria F. Depois desta divisão, teríamos três pilhas: A–E, F–L e M–Z. Depois, seria a vez de dividir M–Z e assim sucessivamente. Para vinte livros, as pilhas finais seriam: A–C, D–E, F–L, M–R e S–Z. Estas pilhas são ordenadas separadamente utilizando a Ordenação por Inserção, e os livros são transferidos, pilha a pilha, para a estante.

O algoritmo completo de Ordenação Rápida pode ser escrito do seguinte modo:

Considere como entrada uma pilha de livros não ordenados.
Repita os passos seguintes:
  Selecione a pilha maior.
  Desobstrua o espaço para fazer pilhas de ambos os lados.
  Escolha uma letra-pivô.
  Repita os passos seguintes:
    Retire um livro da pilha selecionada.
    Se a primeira letra do nome do autor for anterior à letra-pivô,
    então ponha o livro na pilha à esquerda,
    senão ponha o livro na pilha à direita.
  Repita até já não restarem livros na pilha selecionada.
Repita até que a pilha maior contenha cinco livros ou menos.
Ordene as pilhas separadamente utilizando a Ordenação por Inserção.
Transfira as pilhas, por ordem, para a estante.
Os livros estão ordenados.

A Ordenação Rápida utiliza duas sequências repetitivas de passos, ou *loops*, uma dentro da outra. O grupo repetitivo externo diz respeito ao conjunto das pilhas. O grupo interno processa uma pilha individual.

A Ordenação Rápida é bem mais célere do que a Ordenação por Inserção para uma grande quantidade de livros. O segredo é que a divisão de uma pilha se faz rapidamente. Basta comparar cada livro com a letra-pivô. Não é preciso fazer nada com os outros livros — nem comparar os nomes dos autores nem os deslocar na estante. No final da Ordenação Rápida, é eficiente aplicar a Ordenação por Inserção, visto que as pilhas são pequenas. A Ordenação Rápida requer apenas cerca de 10 mil operações para ordenar 1000 livros. O número certo de operações depende da precisão com que os pivôs dividem as pilhas em metades. Se cada operação demorar um segundo, a tarefa fica concluída em menos de três horas — muito melhor do que dezassete dias de trabalho. O chefe ficará satisfeito.

Sem dúvida, a velocidade de um algoritmo é importante. Os algoritmos são avaliados de acordo com a sua *complexidade computacional*. A complexidade computacional relaciona o número de passos requeridos para a execução de um algoritmo com o número de entradas. A complexidade computacional da Ordenação Rápida é significativamente menor do que a da Ordenação por Inserção.

A Ordenação Rápida é denominada um algoritmo de «divisão e conquista», porque divide o grande problema inicial em problemas mais pequenos, resolve isoladamente estes problemas mais pequenos e, em seguida, reúne as soluções parciais para formar a solução completa. Como veremos, «divisão e conquista» é uma estratégia prevalecente no desenho de algoritmos.

Existem múltiplos algoritmos para a ordenação, incluindo a Ordenação por Fusão (*Merge Sort*), *Heapsort*, *Introsort*, *Timsort*, Ordenação em Cubo (*Cubesort*), *Shell Sort*, Método da Bolha (*Bubble Sort*), Ordenação por Árvore Binária (*Binary Tree Sort*), Ordenação por Ciclo (*Cycle Sort*), Ordenação Biblioteca (*Library Sort*), Ordenação de Paciência (*Patience Sorting*), Ordenação Suave (*Smoothsort*), Ordenação por Cadeia (*Strand Sort*), Ordenação por Competição (*Tournament Sort*), *Cocktail Sort*, Ordenação Pente (*Comb Sort*), Ordenação Gnomo (*Gnome Sort*), *UnShuffle Sort*, Ordenação por Blocos (*Block Sort*) e Ordenação por Pares Indexados (*Odd-Even Sort*). Todos estes algoritmos ordenam dados, mas cada um deles é único. Alguns são mais rápidos do que outros. Alguns precisam de mais espaço de armazenamento do que outros. Uns quantos requerem que as entradas sejam dispostas de uma forma particular. Um pequeno número deles já se tornou obsoleto.

Hoje, os algoritmos estão inextricavelmente ligados aos computadores. Por definição, um computador é uma máquina que executa algoritmos.

A máquina de algoritmos

Como vimos, um algoritmo é um método abstrato para a resolução de um problema. Um algoritmo pode ser executado por um humano ou por um computador. Antes da sua execução num computador, um algoritmo tem de ser codificado como uma lista de instruções que o computador seja capaz de realizar. Uma lista de instruções computacionais é designada um *programa*. A grande vantagem de um computador é que ele consegue realizar automaticamente uma grande quantidade de instruções, uma após outra, a grande velocidade. Ao contrário do que seria de esperar, um computador não precisa de ser compatível com muitos tipos diferentes de instruções. Bastam alguns tipos básicos de instruções. O que é essencial são instruções para o armazenamento e recuperação de dados, aritmética, lógica, repetição e tomada de decisões. Os algoritmos podem ser decompostos em instruções simples como estas e realizados por um computador.

A lista de instruções a ser executada e os dados a operar são referidos como o *software* do computador. Num computador moderno, o *software* está codificado como níveis de voltagem eletrónicos em fios microscópicos. O *hardware* do computador — a máquina tangível — executa o programa seguindo uma a uma as instruções. A execução do programa faz com que os dados de entrada sejam processados e conduz à criação dos dados de saída.

Existem duas razões para o sucesso prodigioso do computador. Em primeiro lugar, os computadores podem executar algoritmos muito mais rapidamente do que os humanos. Um computador consegue executar milhares de milhões de operações por segundo; nesse mesmo tempo, um humano talvez execute dez. Em segundo lugar, o *hardware* do computador é *de uso geral*, isto é, pode executar qualquer algoritmo. Basta mudar o *software* e o computador executará uma tarefa completamente diferente. Isto confere à máquina uma grande flexibilidade. Um computador consegue executar uma ampla variedade de tarefas, que vai desde o processamento de texto até aos videojogos. A chave para esta flexibilidade é que o programa dita aquilo que o *hardware* de uso geral faz. Sem o *software*, o *hardware* é vão. É o programa que anima o *hardware*.

O algoritmo é a descrição abstrata daquilo que o computador tem de fazer. É por isso que, na resolução de um problema, o algoritmo é soberano. O algoritmo é o esquema daquilo que tem de ser feito. O programa é a formulação precisa do algoritmo de uma forma que pode ser executável pela máquina. Para resolver um problema relacionado com informação, é necessário verificar primeiro qual o algoritmo adequado. Só depois o programa pode ser digitado num computador.

A invenção do computador em meados do século XX deu origem a uma explosão no número, variedade e complexidade dos algoritmos. Problemas que eram considerados impossíveis de resolver são, hoje, rotineiramente resolvidos por computadores de baixo custo. Todos os dias, são lançados novos programas, ampliando o leque de tarefas que os computadores podem tomar a seu cargo.

Os algoritmos estão integrados nos computadores dos nossos ambientes de trabalho, nos nossos carros, nas nossas televisões, nas nossas máquinas de lavar, nos nossos *smartphones*, nos nossos pulsos e, em breve, nos nossos corpos. Acionamos uma profusão de algoritmos para comunicar com os nossos amigos, para acelerar o nosso trabalho, para jogos e para encontrar as nossas almas gémeas. Não há dúvidas de que os algoritmos tornaram a nossa vida mais fácil. Além disso, proporcionaram à humanidade um acesso sem precedentes a informação. Da astronomia à física de partículas, os algoritmos engrandeceram a nossa compreensão do universo. Recentemente, um pequeno número de algoritmos avançados manifestou uma inteligência sobre-humana.

Todos estes algoritmos são criações habilidosas e elegantes da mente humana. Este livro conta a história de como os algoritmos emergiram dos escritos obscuros de sábios ancestrais para se tornarem uma das forças motrizes do mundo moderno computadorizado.

1

Algoritmos ancestrais

Sobe a muralha de Uruk, Ur-shanabi, e percorre-a,
Inspeciona a plataforma fundadora, escrutina a alvenaria!
Comprova que os seus tijolos são tijolos cozidos,
E que os Sete Conselheiros assentaram as suas fundações!
Uma milha quadrada, cidade, uma milha quadrada, árvores de fruto,
uma milha quadrada, poços de argila,
e o terreno aberto do templo de Ishtar.
Três milhas quadradas e o terreno aberto constituem Uruk.

Autor desconhecido, tradução para inglês de Stephanie Dalley
Épico de Gilgamesh, circa 2000 A. E. C.[2]

O deserto quase tomou conta de Uruk. Os seus imponentes edifícios estão enterrados sob aglomerações de areia, os seus alicerces, desfeitos. Aqui e ali, os tijolos de barro ficam expostos, postos a nu pelo vento ou por arqueólogos. As ruínas abandonadas parecem irrelevantes, esquecidas, inúteis. Ninguém poderia adivinhar que, há sete mil anos, este sítio era o lugar mais importante da Terra. Uruk, na região da Suméria, foi uma das primeiras cidades do mundo. Foi aqui, na Suméria, que a civilização nasceu.

A Suméria está situada no sul da Mesopotâmia (Figura n.º 1.1). A região é delimitada pelos rios Tigre e Eufrates, que deslizam das montanhas da Turquia no Norte até ao Golfo Pérsico no Sul. Hoje, a região está entrincheirada na fronteira entre o Irão e o Iraque. O clima é quente e seco; a terra, inóspita, a não ser quando há as periódicas inundações das planícies fluviais. Apoiada na irrigação, a agricultura primitiva prosperou na «terra entre os rios». O excedente de alimentos que dela resultou permitiu à civilização criar raízes e florescer.

Os reis da Suméria construíram grandes cidades — Eridu, Uruk, Kish e Ur. No seu apogeu, Uruk albergava sessenta mil pessoas. Toda a matéria da vida estava lá — família e amigos, comércio e religião, política e guerra. Sabemos isto, porque a escrita foi inventada na Suméria há cerca de cinco mil anos.

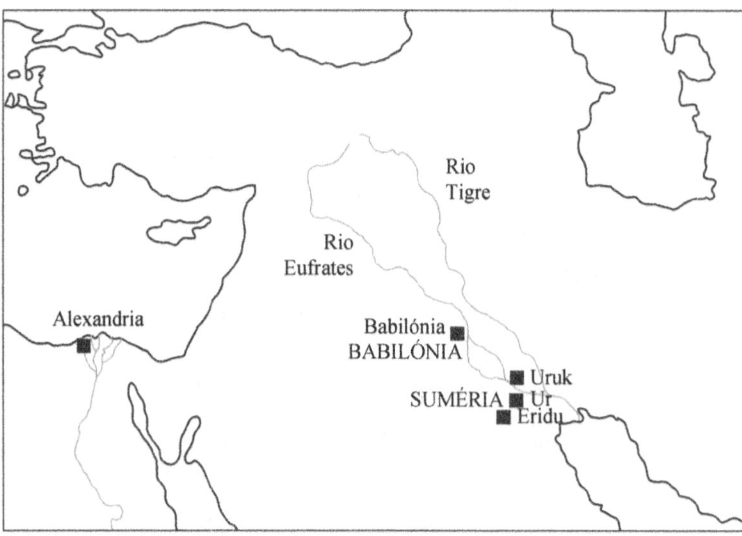

Figura n.º 1.1 Mapa da antiga Mesopotâmia e do futuro porto de Alexandria.

Gravado na argila

A escrita terá começado com marcas simples gravadas em peças (*tokens*) de argila húmida. Inicialmente, estas peças eram usadas para manter registos e efetuar permutas. Uma peça podia equivaler a uma porção da colheita ou a um certo número de cabeças de gado. Com o passar do tempo, os Sumérios começaram a inscrever padrões mais complexos em peças de argila maiores. Ao longo de séculos, os pictogramas simples evoluíram até um sistema de escrita totalmente formado. Este sistema é hoje denominado escrita *cuneiforme*. O nome é baseado nas características marcas «em forma de cunha» deste tipo de escrita, formadas pela impressão de um estilete de cana sobre a argila húmida. Os símbolos consistiam em combinações geométricas de cunhas. Estas inscrições eram preservadas através da secagem das tabuinhas húmidas ao sol. Vistas à luz de hoje, as tabuinhas denotam um cuidado estético — as cunhas são delgadas e elegantes, os símbolos, uniformes, o texto está cuidadosamente organizado em linhas e colunas.

Decerto, a invenção da escrita terá transformado estas comunidades. As tabuinhas tornavam possível a comunicação além do espaço e do tempo. Puderam ser enviadas cartas. Acordos puderam ser registados para referência futura. A escrita facilitou o funcionamento harmonioso da sociedade civil, bem como a sua expansão.

Ao longo de um milénio, a escrita cuneiforme registou a língua suméria. No século XXIV A. E. C., a Suméria foi invadida pelos exércitos do Império Acadiano. Os conquistadores adaptaram os métodos de escrita sumérios às necessidades da sua própria língua. Durante algum tempo, as duas línguas foram utilizadas nas tabuinhas. Gradualmente, conforme o poder político se alterava, o acadiano tornou-se a língua exclusiva das tabuinhas.

O Império Acadiano subsistiu por três séculos. Depois disso, a desintegração das cidades-Estado ocupadas culminaria na formação da Assíria, a norte, e da Babilónia, a sul. No século XVIII A. E. C., Hamurabi, rei da Babilónia, voltou a unir as cidades da Mesopotâmia. A cidade da Babilónia tornou-se o centro incontestado da cultura mesopotâmica. Durante o seu reinado, a cidade ganhou monumentos impressionantes e templos belíssimos. A Babilónia converteu-se num superpoder regional. A língua acadiana, e a sua escrita cuneiforme, passou a ser a *lingua franca* da diplomacia internacional em todo o Médio Oriente.

Após mais de um milénio de domínio, a Babilónia caiu, quase sem resistência, sob o poder de Ciro, *o Grande*, rei da Pérsia. Com a sua capital localizada no atual Irão, o Império Persa tragou o Médio Oriente. O império de Ciro estendia-se do estreito de Bósforo à região central do Paquistão e do Mar Negro ao Golfo Pérsico. A escrita cuneiforme persa tornou-se dominante nos assuntos administrativos. À primeira vista, semelhantes às tabuinhas acadianas, estas novas tabuinhas usavam a língua persa e um conjunto inteiramente novo de símbolos. A utilização da antiga escrita acadiana diminuiu. Quatro séculos após a queda da Babilónia, o acadiano caiu em desuso. Em pouco tempo, todo o entendimento dos antigos símbolos cuneiformes sumérios e acadianos estava perdido.

As antigas cidades da Mesopotâmia foram gradualmente abandonadas. Sob as ruínas, milhares de tabuinhas — registos de uma civilização morta e enterrada. Assim se passaram dois milénios.

Descoberta de última hora

Os arqueólogos europeus começaram a investigar as ruínas da Mesopotâmia no século XIX. As suas escavações sondaram os lugares ancestrais. Os artefactos que desenterraram foram enviados para a Europa para serem analisados. Entre os achados, encontrava-se uma coleção de tabuinhas de argila com inscrições. As tabuinhas ostentavam uma espécie de escrita, mas os símbolos eram incompreensíveis.

Assiriologistas lançaram mãos à intimidante tarefa de decifrar as inscrições desconhecidas. Alguns símbolos que surgiam frequentemente podiam ser identificados e descodificados. Foi possível discernir os nomes dos reis e das províncias. Mas, tirando isso, os textos permaneceram impenetráveis.

O ponto de viragem para os tradutores foi a descoberta da Inscrição de Behistun (Bīsitūn). A inscrição consiste num texto que acompanha um relevo onde está representado o rei Dario numa cena de distribuição de castigos a prisioneiros algemados. Os seus trajes indicam que estes cativos não faziam parte do Império Persa. O relevo foi esculpido no alto de uma falésia de rocha calcária à beira de uma antiga estrada nos contrafortes das montanhas de Zagros, região oeste do Irão. A inscrição tem uns impressionantes quinze metros de altura e vinte e cinco metros de largura.

A importância da inscrição só se tornou evidente depois de Sir Henry Rawlinson — um funcionário da Companhia Britânica das Índias Orientais — ter visitado o local. Rawlinson escalou a falésia e fez uma cópia do texto cuneiforme. Enquanto fazia isto, percebeu que existiam mais duas inscrições na falésia. Infelizmente, estas eram inacessíveis. Intrépido, Rawlinson regressou em 1844 e, com a ajuda de um adolescente nativo, conseguiu vislumbrar os outros textos.

Afinal, os três textos estavam em línguas diferentes — persa antigo, elamita e língua babilónica. Decisivamente, os três veiculavam a mesma propaganda — uma história sobre a base de afirmação do poder do rei e o tratamento implacável dado aos rebeldes. Algum entendimento do persa antigo tinha subsistido ao longo dos séculos. Rawlinson compilou e publicou a primeira tradução completa do texto em persa antigo dois anos depois.

Tomando a tradução do persa antigo como referência, Rawlinson e um grupo de entusiastas de vários quadrantes conseguiram descodificar o texto babilónico. Este avanço foi a chave para desvendar o significado das tabuinhas acadianas e sumérias.

As tabuinhas nos museus de Bagdad, Londres e Berlim voltaram a ser analisadas. Símbolo a símbolo, tabuinha a tabuinha, as mensagens dos Sumérios, Acadianos e Babilónios foram descodificadas. Uma civilização há muito perdida foi revelada.

As mensagens das primeiras tabuinhas eram bastante simples. Nelas, registavam-se os principais acontecimentos, tais como o reinado de um rei ou a data de uma batalha importante. Progressivamente, os tópicos tornavam-se mais complexos. Descobriram-se lendas, incluindo a mais antiga história escrita conhecida: O *Épico de Gilgamesh*. A administração quotidiana da sociedade civil ficou à vista — leis, contratos legais, conta-correntes e livros de impostos. Acharam-se cartas trocadas entre reis e rainhas, pormenorizando acordos comerciais, propostas de casamentos régios e ameaças de guerra. Desvendaram-se epístolas pessoais, incluindo poemas de amor e sortilégios. Entre a parafernália da vida de todos os dias, os investigadores depararam com os algoritmos da antiga Mesopotâmia.

Muitos dos algoritmos mesopotâmicos que chegaram até aos dias de hoje foram anotados por estudantes de matemática. O exemplo seguinte remonta à dinastia Hamurabi (1800 a 1600 A. E. C.), uma época hoje conhecida como o período Babilónico Antigo. As datas são aproximadas, tendo sido inferidas pelo estilo linguístico do texto e pelos símbolos utilizados. Este algoritmo foi compilado a partir dos fragmentos que se encontram nos museus nacionais da Grã-Bretanha e de Berlim. Ainda faltam partes do original.

A tabuinha apresenta um algoritmo para calcular o comprimento e a largura de uma cisterna de água subterrânea. A apresentação segue as regras e está de acordo com outros algoritmos do período Babilónico Antigo. As primeiras três linhas são uma descrição concisa do problema a ser resolvido. O restante texto, uma exposição do algoritmo. Para facilitar a compreensão, um exemplo trabalhado é entretecido com os passos algorítmicos.[5]

Uma cisterna.
A altura é 3,33 e foi escavado um volume de 27,78.
O comprimento excede a largura em 0,83.
Deve determinar o recíproco* da altura, 3,33, obtendo 0,3.
Multiplique este valor pelo volume, 27,78, obtendo 8,33.
Determine a metade de 0,83 e eleve-a ao quadrado, obtendo 0,17.
Some 8,33, obtendo 8,51.
A raiz quadrada é 2,92.
Faça isto em duplicado, numa das vezes some 0,42 e, na outra, subtraia.
Conclui-se que o comprimento é 3,33 e a largura é 2,5.
Este é o procedimento.

O que se pede é o cálculo do comprimento e da largura de uma cisterna, a qual se presume ser de água. O volume da cisterna é dado, tal como a sua altura. A diferença existente entre o comprimento e a largura da cisterna é especificada. O comprimento e a largura estão por determinar.

O enunciado «Deve» indica que aquilo que se segue é o método para resolver o problema. O resultado é seguido pela afirmação «Este é o procedimento», que assinala o fim do algoritmo.

O antigo algoritmo babilónico está longe de ser simples. Divide o volume pela altura para obter a área da base da cisterna. Determinando a raiz quadrada desta área, obtemos o comprimento e a largura de uma base

* Termo matemático que designa o inverso multiplicativo de um número. [*N. da T.*]

quadrangular. Para criar a base retangular pretendida, terá de ser feito um ajustamento. Visto que um quadrado possui uma área mínima para um dado perímetro, o retângulo pretendido deverá ter uma área ligeiramente maior do que a base quadrangular. A área adicional é calculada como sendo a área de um quadrado cujos lados sejam equivalentes a metade da diferença entre o comprimento e a largura pretendidos. O algoritmo soma esta área adicional à área da base quadrangular. Depois, é calculada a largura de um quadrado com esta área combinada. O retângulo pretendido é formado alongando este quadrado maior. Aos comprimentos dos dois lados opostos é acrescentada metade da diferença entre o comprimento e a largura desejados. O comprimento dos outros dois lados é reduzido na mesma proporção. Isto produz um retângulo com as dimensões corretas.

Na descrição acima, são utilizados números decimais. No original, os babilónios utilizaram números *sexagesimais*. Um sistema numérico sexagesimal possui sessenta algarismos distintos (0–59). Em contrapartida, o sistema decimal utiliza apenas dez algarismos (0–9). Em ambos os sistemas, o peso de um algarismo é determinado pela sua posição relativamente ao ponto fracionário (ou decimal). No sistema decimal, cada algarismo vale dez vezes o algarismo anterior, lendo da direita para a esquerda. Deste modo, temos as unidades, as dezenas, as centenas, os milhares e assim por adiante. Por exemplo, o número decimal 421 equivale a quatro centenas, mais duas dezenas, mais uma unidade. Em sexagesimal, cada algarismo vale seis vezes o algarismo anterior, lendo da direita para a esquerda a partir do ponto fracionário. Inversamente, lendo da esquerda para a direita, cada coluna vale um sexagésimo da anterior. Assim, em sexagesimal 13,20 significa uma vez sessenta, mais três unidades, mais vinte sexagésimos, o que equivale a 63 $\frac{20}{60}$ ou 63,333 em decimais. Aparentemente, a única vantagem do antigo sistema babilónico é que os terços são bastante mais fáceis de representar do que no sistema decimal.

Para o leitor moderno, o sistema numérico babilónico poderá parecer bizarro. Contudo, ele é usado todos os dias para medir o tempo. Há sessenta segundos num minuto e sessenta minutos numa hora. A hora 3h04 equivale a 184 ($3 \times 60 + 4 \times 1$) minutos após a meia-noite.

A matemática babilónica possui ainda três particularidades. Em primeiro lugar, o ponto fracionário não era anotado. Os eruditos babilónicos tinham de inferir a sua posição com base no contexto. Isto deverá ter criado alguns problemas — imagine uma etiqueta de preço sem distinção entre os dólares e os cêntimos! Em segundo lugar, os babilónios não possuíam um símbolo para o zero. Hoje, assinalamos o espaço vazio deixado para o zero desenhando um anel em seu redor (0). Em terceiro lugar, a divisão era executada ao multiplicar-se pelo recíproco do divisor. Dito de outro modo, os Babilónios não dividiam por dois, mas multiplicavam por metade. Na prática, os estudantes recorreram a tabelas pré-calculadas de recíprocos e multiplicações para acelerar os cálculos.

Uma pequena tabuinha redonda mostra o alcance avassalador da matemática babilónica. A tabuinha *YBC 7289* integra a Coleção da Babilónia Antiga da Universidade de Yale (Figura n.º 1.2). Datada aproximadamente entre 1800 e 1600 A. E. C., representa um quadrado com duas linhas diagonais ligando os cantos opostos. O comprimento dos lados do quadrado está marcado como sendo de trinta unidades. O comprimento da diagonal está registado como trinta vezes a raiz quadrada de dois.

Os valores indiciam o conhecimento do teorema de Pitágoras, do qual certamente o leitor terá ouvido falar na escola. Segundo o teorema, em triângulos com um ângulo reto, o quadrado (um valor multiplicado por si mesmo) do comprimento da hipotenusa (o lado maior) é igual à soma dos quadrados dos comprimentos dos outros dois lados.

O que é verdadeiramente notável nesta tabuinha é que ela tenha sido inscrita mil anos antes de o antigo matemático grego Pitágoras ter nascido. Para os matemáticos, a descoberta é análoga a encontrar uma lâmpada elétrica num acampamento viquingue! Levanta questões fundamentais sobre a história da matemática. Pitágoras inventou o algoritmo ou teve conhecimento dele durante as suas viagens? O teorema foi esquecido e reinventado de forma independente por Pitágoras? Que outros algoritmos inventaram os povos da Mesopotâmia?

A *YBC 7289* expressa que a raiz quadrada de dois é 1,41421296 (em decimais). Isto é intrigante. Sabemos hoje que a raiz quadrada de dois, com nove casas decimais, é 1,414213562. Extraordinariamente, o valor na tabuinha está correto até perto dos sete dígitos, ou 0,0000006. Como é que os Babilónios calcularam com tanta precisão a raiz quadrada de dois?

Figura n.º 1.2: Tabuinha 7289 da Coleção Babilónica de Yale.
(*YBC 7289, Cortesia: Coleção Babilónica de Yale*).

Computar a raiz quadrada de dois não é uma operação trivial. O método mais simples é o algoritmo de aproximação de Herão de Alexandria. Claro que há o pequeno constrangimento de Herão ter vivido 1500 anos (*circa* 10–70 E. C.) após a *YBC 7289* ter sido inscrita! Temos de assumir que os Babilónios congeminaram o mesmo método.

O algoritmo de Herão inverte o problema. Em vez de perguntar «Qual a raiz quadrada de dois?», Herão indaga: «Que número multiplicado por si próprio dá dois?» O algoritmo de Herão começa com um palpite e aperfeiçoa-o sucessivamente ao longo de várias iterações:

Faça um palpite para a raiz quadrada de dois.
Gere repetidamente novos palpites do seguinte modo:
  Divida dois pelo último palpite.
  Some o último palpite.
  Divida por dois para obter um novo palpite.
Repita até que os dois palpites mais recentes sejam quase idênticos.
O último palpite é uma aproximação da raiz quadrada de dois.

Suponhamos que o algoritmo começa com o palpite extremamente fraco de:

$$2.$$

Dividindo 2 por 2, obtemos 1. Somando 2 a este valor e dividindo por 2, obtemos:

1,5.

Dividindo 2 por 1,5, obtemos 1,333. Somando 1,5 a este valor, e dividindo novamente por 2, obtemos:

1,416666666.

Repetindo mais uma vez, obtemos:

1,41421568.

Este aproxima-se do valor real.

Como é que o algoritmo funciona? Imagine que conhece o valor real da raiz quadrada de dois. Se dividir dois por este número, o resultado é exatamente o mesmo valor — a raiz quadrada de dois.

Imagine agora que o seu palpite é superior à raiz quadrada de dois. Ao dividir dois por este número, obterá um valor menor do que a raiz quadrada de dois. Estes dois números enquadram a raiz quadrada real — um é demasiado grande, o outro é demasiado pequeno. É possível obter uma estimativa aperfeiçoada se se calcular a média destes dois números (ou seja, a soma dividida por dois). Isto dá um valor intermédio entre os dois números de enquadramento.

Este procedimento — divisão e cálculo da média — pode ser repetido para refinar ainda mais a estimativa. Ao longo de sucessivas iterações, as estimativas convergem na raiz quadrada real.

Vale a pena notar que o processo também funciona se o palpite for inferior à raiz quadrada real. Neste caso, o número obtido através da divisão é demasiado grande. Mais uma vez, os dois valores enquadram a raiz quadrada real.

O método de Herão continua a ser utilizado hoje em dia para estimar raízes quadradas. Em 1996, uma versão ampliada do algoritmo foi utilizada por Greg Fee para confirmar as casas decimais da raiz quadrada de dois até aos dez milhões de dígitos.

Os matemáticos mesopotâmicos invocavam o uso da memória nos seus algoritmos. A sua prescrição «Guarde este número na sua cabeça» é precursora das instruções sobre armazenamento de dados disponíveis num computador moderno.

Curiosamente, os algoritmos babilónicos parecem não incluir passos explícitos de tomada de decisões («se-então-senão»). As regras «se-então» eram, todavia, utilizadas pelos Babilónios para sistematizar conhecimentos não-matemáticos. O Código de Hamurabi, datado de 1754 A. E. C., estabelecia 282 leis pelas quais os cidadãos se deveriam reger. Cada lei incluía um crime e um castigo[8]:

> Se o filho atingir o pai, terá os seus dedos cortados.
> Se um homem destruir o olho de outro homem, terá o seu olho destruído.

As construções «se-então» eram também utilizadas para fixar conhecimentos médicos e superstições. Os seguintes augúrios pertencem à biblioteca do rei Assurbanípal, em Nínive, *circa* 650 A. E. C.[9]:

> Se uma cidade estiver edificada sobre um monte, não haverá bonança para os habitantes dessa cidade.
> Se um homem pisar inadvertidamente um lagarto, matando-o, prevalecerá sobre o seu adversário.

Mesmo sem os passos de tomada de decisões, os Mesopotâmicos resolviam uma grande variedade de problemas por meio de algoritmos. Projetavam os juros de empréstimos, realizavam previsões astronómicas e até solucionavam equações de segundo grau (isto é, equações com incógnitas elevadas à potência de dois). Embora a maior parte dos seus algoritmos tivesse aplicações práticas, outros sugerem indagações puramente matemáticas.

Elegância e beleza

A invenção da escrita hieroglífica no Egito ocorreu praticamente ao mesmo tempo que o desenvolvimento da escrita cuneiforme na

Mesopotâmia. Devido ao uso de frágeis rolos de papiro, foram poucos os testemunhos da matemática egípcia que sobreviveram até aos nossos dias. O registo mais expressivo existente é um rolo de papiro adquirido por Henry Rhind na cidade de Luxor em 1858. Hoje à guarda do Museu Britânico, o Papiro de Rhind é uma cópia ancestral de um original datado aproximadamente de 2000 A. E. C. O rolo, com cinco metros de comprimento e trinta e três centímetros de largura, expõe uma série de problemas de aritmética, álgebra e geometria. Embora as bases destes tópicos estejam lá, muito pouco do conteúdo é algorítmico por natureza. No geral, tudo indicia que os algoritmos não eram uma componente particularmente desenvolvida da matemática do Antigo Egito.

Nos séculos que se seguiram à ascensão do Império Persa, o mundo helénico assumiu gradualmente o ónus da liderança no que à matemática dizia respeito. Os Gregos aprenderam muito com os povos da Mesopotâmia e do Egito em virtude do comércio e da guerra.

Alexandre, *o Grande* (356–323 A. E. C.), estabeleceu o domínio militar grego sobre todo o Médio Oriente no período entre 333–323 A. E. C. As suas conquistas começaram pela unificação das cidades-estado gregas sob a sua jurisdição por meio da supremacia militar. Depois disso, o jovem rei formou um exército composto por 32 mil homens de infantaria a par com 5000 homens de cavalaria e marchou sobre a Ásia Menor. Alexandre revelar-se-ia um brilhante estrategista militar e um líder inspirador. A sua força avançou sobre a Síria, o Egito, a Fenícia, a Pérsia e o Afeganistão, tomando cidade após cidade. Até que, no ano de 323 A. E. C., o imperador Alexandre foi tomado por uma febre na sequência de um dos seus habituais excessos ébrios. Morreu poucos dias depois na Babilónia, com apenas 32 anos. O vasto império de Alexandre foi repartido entre quatro dos seus generais. Ptolomeu — um amigo próximo de Alexandre e, possivelmente, seu meio-irmão — foi nomeado governador do Egito.

Uma das primeiras decisões de Ptolomeu foi transferir a capital do Egito de Mênfis para Alexandria. A cidade tinha sido fundada pelo próprio Alexandre sobre o que restava de uma antiga povoação egípcia. Alexandria tinha a localização ideal. Situada na costa mediterrânica, no braço ocidental do delta do Nilo, os seus portos naturais concediam à marinha de guerra e aos navios mercantes um acesso fácil ao Nilo.

As mercadorias podiam ser transportadas rio acima em barcaças. Caravanas de camelos faziam a ligação entre o Alto Nilo e o Mar Vermelho. A prosperidade da cidade estava assente no comércio. Ancorada no influxo de egípcios, gregos e judeus, Alexandria transformou-se na maior cidade do seu tempo. Estrabão, historiador, descreveu-a do seguinte modo[11]:

> A cidade possui também jardins públicos e palácios reais de grande beleza, os quais ocupam um quarto, ou mesmo um terço, da dimensão total. Seguindo a linha de água, encontra-se uma interminável sucessão de docas, ancoradouros militares ou mercantis, armazéns e ainda canais que alcançam o lago Mareótis e muitos templos sumptuosos, um anfiteatro, um estádio. Em suma, a cidade de Alexandria é rica em edifícios públicos e sagrados.

Ptolomeu I encarregou-se da construção do Farol de Alexandria. Considerado uma das sete maravilhas do mundo antigo, o possante farol foi erguido na ilha de Faros, que servia de bastião entre o mar aberto e o porto. De formas elegantes, a impressionante torre de pedra, com três andares e 100 metros de altura, era encimada por uma luminária — espelho de dia, fogo de noite — destinada às embarcações.

Ptolomeu fundou também um instituto de pesquisa conhecido como *Mouseion* ou Museu. O «Templo das Musas» tinha uma natureza semelhante a um instituto de investigação moderno, atraindo investigadores, cientistas, autores e matemáticos de todo o Mediterrâneo. O edifício mais célebre era a renomada Biblioteca de Alexandria. A biblioteca pretendia ser um repositório de todo o conhecimento. Com um financiamento generoso, adquiriu uma das maiores coleções de rolos do mundo. Estima-se que, no seu auge, a biblioteca tenha albergado mais de 200 mil livros. Segundo alguns relatos, todos os navios que entravam no porto eram revistados em busca de rolos. Qualquer material descoberto era confiscado, sendo feitas cópias para acrescentar à biblioteca. A Biblioteca de Alexandria tornou-se no mais preeminente centro de saber no mundo mediterrânico.

Euclides (séculos III e IV A. E. C.) foi talvez o maior sábio alexandrino. Pouco se sabe sobre a sua vida, a não ser o facto de ter aberto uma escola na cidade durante o reinado de Ptolomeu I. Infelizmente, a maior parte dos escritos de Euclides perdeu-se. Sobreviveram apenas as cópias de cinco dos seus livros. Os *Elementos de Geometria de Euclides*

— um manual de matemática — foram a sua grande obra. Partindo dos escritos dos seus antecessores, a obra era composta por treze capítulos sobre geometria, proporções e teoria numérica. Durante muito tempo, *Os Elementos* de Euclides foram copiados, traduzidos, recopiados e retraduzidos. Aquele que é hoje conhecido como o algoritmo de Euclides pode ser encontrado no Livro VII.

O algoritmo de Euclides calcula o máximo divisor comum entre dois números (também chamado MDC ou o máximo fator comum). Por exemplo, 12 tem seis divisores (isto é, números inteiros pelos quais pode ser dividido em números inteiros iguais). Os divisores são 12, 6, 4, 3, 2 e 1. O número 18 também tem seis divisores: 18, 9, 6, 3, 2 e 1. O máximo divisor comum entre 12 e 18 é, pois, 6.

O MDC de dois números pode ser encontrado listando todos os seus divisores e procurando o valor mais elevado comum às duas listas. Esta abordagem serve para números pequenos, mas é bastante demorada para números grandes. Euclides concebeu um método muito mais rápido para encontrar o máximo divisor comum entre dois números. O método tem a vantagem de a aplicação requerer somente operações de subtração. Evitam-se as fastidiosas divisões e multiplicações.

O algoritmo de Euclides funciona do seguinte modo:

Considere como entrada um par de números.
Repita os seguintes passos:
    Subtraia ao número maior o menor.
    Substitua o número maior do par pelo valor obtido.
Repita até que os dois números sejam iguais.
Os dois números equivalem ao máximo divisor comum.

Para exemplificar, consideremos as duas entradas:

12, 18.

A diferença é 6. Isto substitui o número 18, o maior do par. O par é agora:

12, 6.

A diferença é novamente 6. Isto substitui o número 12, formando o par:

6, 6.

Visto que os números são iguais, o máximo divisor comum é 6.

Não é imediatamente evidente como é que o algoritmo funciona. Imagine que conhecia o máximo divisor comum desde o princípio. Os dois números iniciais deverão ser ambos múltiplos do MDC, já que o MDC é um divisor de ambos. Como ambas as entradas são números múltiplos do máximo divisor comum, a diferença entre elas deve ser também um múltiplo do MDC. Por definição, a diferença entre as entradas tem de ser menor do que o maior dos dois números. Substituindo o número maior pela diferença, o par de números é reduzido. Por outras palavras, o par aproxima-se do máximo divisor comum. Em todas as etapas, o par e a sua diferença são múltiplos do MDC. Ao longo de várias iterações, a diferença torna-se cada vez menor. No final, a diferença é zero. Quando isto acontece, os números equivalem ao menor múltiplo possível do MDC, ou seja, o MDC vezes 1. Neste ponto, o algoritmo produz o resultado e termina.

Esta versão do algoritmo de Euclides é iterativa. Ou seja, ela inclui passos repetidos. Em alternativa, o algoritmo de Euclides pode ser expresso *recursivamente*. A recursividade ocorre quando um algoritmo se invoca a si mesmo. A ideia é que, sempre que o algoritmo realiza uma chamada recursiva, as entradas são simplificadas. Ao longo de diversas chamadas, as entradas tornam-se cada vez mais simples até que, por fim, a resposta e óbvia. A recursividade é uma construção poderosa. A versão recursiva do algoritmo de Euclides funciona do seguinte modo:

Considere como entrada um par de números.
Subtraia ao número maior o menor.
Substitua o número maior pelo valor obtido.
Se os dois números forem iguais,
então indique como saída um dos números — este é o máximo divisor comum,
senão aplique este algoritmo ao novo par de números.

Aqui, não existe uma repetição explícita de passos. O algoritmo limita-se a efetuar uma chamada para a sua própria execução. A cada chamada, o algoritmo é aplicado a um par menor de números: 18 e 12; depois, 12 e 6; depois, 6 e 6. Por fim, as entradas são idênticas, e o resultado é devolvido.

A versão recursiva do algoritmo de Euclides é um dos grandes algoritmos. É tanto eficaz quanto altamente eficiente. Todavia, há mais nele do que a mera funcionalidade. Há simetria, beleza e elegância. O algoritmo de Euclides é uma solução inesperada para um problema. Demonstra imaginação e génio. Isto faz do algoritmo de Euclides um grande algoritmo.

Os grandes algoritmos são poemas que resolvem problemas.

À procura dos números primos

No século III A. E. C., Eratóstenes (*c.* 276–195 A. E. C.) foi nomeado diretor da Biblioteca de Alexandria. Nascido em Cirene, uma cidade do norte de África fundada pelos Gregos, Eratóstenes passou grande parte dos seus primeiros anos em Atenas. Na meia-idade, foi chamado por Ptolomeu III — neto de Ptolomeu I — para tomar conta da magnífica biblioteca e para se ocupar como tutor do filho do rei.

Hoje, Eratóstenes é sobretudo conhecido por ter medido a circunferência da Terra. Ele descobriu que, ao meio-dia do solstício de verão (o dia mais longo do ano), a sombra projetada por uma vareta no chão de Alexandria era mais comprida do que aquela projetada por uma vareta do mesmo tamanho em Siena (atual Assuão), a 800 quilómetros para sul. Medindo a distância entre as cidades, Eratóstenes conseguiu determinar o comprimento do arco da Terra entre Alexandria e Siena. Conjugando este valor com o rácio dos comprimentos das sombras, ele produziu uma estimativa da circunferência da Terra. Surpreendentemente, o seu cálculo de cinco vezes a distância entre as duas cidades alcançou uma precisão de dezasseis por cento do valor real.

No decorrer das suas pesquisas matemáticas, Eratóstenes inventou um algoritmo importante para a determinação de números primos — o Crivo de Eratóstenes. Um número primo tem apenas dois números inteiros divisores (isto é, números que o dividem em números inteiros iguais): ele próprio e um. Os primeiros cinco números primos são 2, 3, 5, 7 e 11.

É um facto conhecido que não é fácil determinar números primos. Apesar de serem muitos, eles encontram-se espalhados aleatoriamente ao longo da linha numérica. Mesmo com os computadores modernos, a descoberta de novos números primos é bastante demorada. Alguns algoritmos fornecem atalhos, mas, até à data, não existe uma maneira fácil de determinar todos os números primos.

O Crivo de Eratóstenes funciona do seguinte modo:

> Liste os números entre os quais pretende determinar números primos, começando pelo 2.
> Repita os seguintes passos:
>   Encontre o primeiro número que não foi circundado ou riscado.
>   Circunde-o.
>   Risque todos os múltiplos deste número.
> Repita até todos os números terem sido circundados ou riscados.
> Os números circundados são primos.

Imagine que está a tentar determinar todos os números primos até ao número quinze. O primeiro passo é escrever os números de 2 a 15. De seguida, terá de circundar o 2 e riscar os seus múltiplos: 4, 6, 8 e assim por diante.

②, 3, ~~4~~, 5, ~~6~~, 7, ~~8~~, 9, ~~10~~, 11, ~~12~~, 13, ~~14~~, 15

Depois, circunde o 3 e risque todos os seus múltiplos: 6, 9, 12, 15.

②, ③, ~~4~~, 5, ~~6~~, 7, ~~8~~, ~~9~~, ~~10~~, 11, ~~12~~, 13, ~~14~~, ~~15~~

O 4 já está riscado, logo, o próximo número a circundar é o 5 e assim sucessivamente. A lista final é:

②, ③, ~~4~~, ⑤, ~~6~~, ⑦, ~~8~~, ~~9~~, ~~10~~, ⑪, ~~12~~, ⑬, ~~14~~, ~~15~~

Os números que passaram pelo crivo (ou seja, que foram circundados) são primos.

Um dos aspetos mais engenhosos do Crivo de Eratóstenes é que não utiliza a multiplicação. Visto que os múltiplos são gerados em sequência, um após o outro, podem ser produzidos adicionando repetidamente o número circundado a um total acumulado. Por exemplo, os múltiplos de 2 podem ser calculados adicionando repetidamente 2 a um total acumulado, o que dá 4, 6, 8, e assim por diante.

Um dos inconvenientes do Crivo é o volume de armazenamento que exige. Para obter os primeiros sete números primos, têm de ser armazenados oito números. O volume de armazenamento pode ser reduzido ao optar-se por registar apenas se um número foi ou não descartado. Ainda assim, a *complexidade de armazenamento* do Crivo é problemática quando lidamos com números primos muito grandes. Um computador portátil moderno consegue determinar todos os primos até aos oito algarismos utilizando o Crivo de Eratóstenes. Em contrapartida, o maior número primo conhecido em março de 2018 tem 23 249 425 avassaladores algarismos.

Durante trezentos anos, o Museu de Alexandria foi um baluarte de transmissão de conhecimento e saber. Depois disso, seguir-se-ia um lento declínio permeado pela desgraça. Em 48 A. E. C., o exército de Júlio César ateou fogo às embarcações deles no porto de Alexandria, numa tentativa desesperada de travar as forças de Ptolomeu XIV. O fogo alastrou pelas docas e partes da biblioteca ficaram danificadas no incêndio que daí resultou. O museu foi vandalizado numa revolta egípcia no ano de 272 E. C. O Templo de Serápis foi demolido em 391 E. C. por ordem do Papa cristão e copto Teófilo de Alexandria. Hipátia, uma matemática, foi assassinada em 415 por uma turba cristã. Por fim, a biblioteca foi destruída quando o exército do general ʿAmr ibn al-ʿĀṣal-Sahmī tomou conta da cidade no ano de 641 E. C.

Ao longo de seis séculos, o Museu de Alexandria foi o principal centro de saber no mundo grego antigo, porém, não foi o único reduto da lógica e da razão. Do outro lado do Mediterrâneo, um génio solitário inventou um algoritmo exímio para o cálculo de um dos mais importantes números na matemática. O seu algoritmo haveria de suplantar todos os outros durante quase mil anos.

2

Círculos sempre em expansão

Quisera eu extrair da redondeza do círculo
A relação exata que Arquimedes destrinçou.

Autor desconhecido, recolha de J. S. MacKay
«Mnemonics for π, $\frac{1}{\pi}$, e», 1884[13]

Göbekli Tepe situa-se no sul da Turquia, perto da nascente do rio Eufrates. As escavações no local revelaram um conjunto de misteriosas estruturas megalíticas. Pilares de rocha calcária com quatro metros de altura estão dispostos em círculos de dez a vinte metros de largura. No meio dos círculos, encontram-se pares de monólitos de dimensões ainda maiores. A forma dos pilares assemelha-se a um *T* alongado. Muitos deles estão esculpidos com opulentas representações de animais. Por vezes, os motivos fazem lembrar mãos e braços humanos. No total, existem vinte círculos e cerca de duzentos pilares.

Embora as estruturas sejam impressionantes, o aspeto verdadeiramente extraordinário de Göbekli Tepe é a sua idade. O sítio é aproximadamente datado entre 10 000 e 8000 A. E. C., sendo bastante anterior à antiga Suméria. Isto faz de Göbekli Tepe o mais antigo sítio megalítico conhecido do mundo.

Mais de seis mil anos depois, a prática da construção de círculos megalíticos ainda era uma realidade na Europa. Que será que o círculo tem de tão especial para que a humanidade escolhesse incorporá-lo nos seus monumentos mais importantes durante tanto tempo?

Rodas dentro de rodas

A característica fundamental do círculo é a distância entre o centro e o perímetro ser constante. Esta distância é o *raio* do círculo. O *diâmetro* de um círculo, ou a sua largura, é o dobro do raio. A *circunferência* de um círculo é o comprimento do perímetro. Quanto maior for um círculo, maiores serão a circunferência e o diâmetro. A relação entre circunferência e diâmetro pode ser avaliada através da medição. Estique um pedaço de corda ao longo do diâmetro de um círculo e compare esse comprimento com a circunferência. Verificará que a circunferência do círculo corresponde a um pouco mais do que três vezes o diâmetro. Medições sucessivas mostram que este rácio é constante para círculos de todos os tamanhos. É claro que «um pouco mais do que três vezes» não é particularmente satisfatório do ponto de vista matemático. Os matemáticos querem respostas precisas. Determinar o rácio preciso da circunferência de um círculo relativamente ao seu diâmetro é uma missão interminável.

O rácio exato — independentemente do seu valor real — é hoje representado pela letra grega π (pronunciada «pi»). A letra π foi usada pela primeira vez deste modo, não pelos gregos antigos, mas por um galês — o matemático William Jones, em 1707.

Escrever o valor real de π é impossível. Johann Heinrich Lambert provou que π é um *número irracional*, isto é, que a sua leitura requer um número muito grande de algarismos (*c.* 1760). Por mais extensa que seja a leitura, os algarismos nunca se fixam num padrão repetível. O melhor que alguém consegue fazer é uma aproximação de π.

Depois dos primeiros números inteiros, π é talvez o número mais importante na matemática. Sem o π, seria difícil fazer raciocínios que envolvessem círculos e esferas. Movimento circular, rotações e vibrações tornar-se-iam quebra-cabeças matemáticos. O valor de π é utilizado em diversas aplicações práticas, da construção à comunicação, das viagens espaciais à mecânica quântica.

A estimativa inicial de 3 está correta para um dígito. Cerca do ano 2000 A. E. C., os Babilónios elaboraram uma estimativa de π como sendo $\frac{25}{8} = 3,125$; correta até uma casa decimal. O papiro egípcio de Rhind oferece uma aproximação melhorada de $\frac{256}{81} = 3,16049$; correta até perto de duas casas decimais. Porém, o primeiro avanço substancial na determinação de π veio do matemático grego Arquimedes.

Arquimedes (*c.* 287–212 A. E. C.) é considerado o maior matemático da antiguidade. Nasceu na cidade de Siracusa, Sicília, na época, uma colónia grega.

Quase nada se sabe sobre a vida de Arquimedes. Hoje, ele é recordado por ter saltado da banheira para correr pela rua a gritar «*Eureka*!» («Descobri!»). Este episódio chegou-nos através dos relatos de Vitrúvio. Arquimedes teria sido chamado pelo rei para inspecionar a coroa real. O rei suspeitava de que o seu ourives tivesse usado uma liga menos valiosa de prata e ouro, em vez de ouro puro, à sua revelia. A liga tinha uma aparência igual à do ouro verdadeiro. Seria Arquimedes capaz de descobrir a verdade?

Existe uma diferença mensurável entre uma liga de prata e ouro e ouro puro: o ouro puro é mais denso. A densidade de um objeto é o peso (ou massa) dividido pelo volume. O peso da coroa podia ser medido. No entanto, parecia ser impossível determinar o volume, já que a sua forma era irregular.

Numa noite fatídica, a banheira de Arquimedes transbordou no momento em que ele se precipitou para dentro dela. Num lampejo, Arquimedes percebeu que o volume de um objeto irregular pode ser determinado medindo a quantidade de água que ele desloca quando é submerso. Esta dedução permitiu-lhe determinar a densidade da coroa. A coroa não era feita de ouro puro. O ourives era culpado.

Arquimedes solucionou uma série de problemas importantes em mecânica, incluindo a definição da lei da alavanca. Mas o seu maior contributo pertence ao campo da geometria. As suas pesquisas levaram-no a inquirir qual o valor correto de π. O resultado do seu labor foi um algoritmo para o cálculo de π com uma precisão nunca antes vista.

O algoritmo de Arquimedes para a aproximação de π é baseado em três pressupostos. O primeiro é que um polígono regular se aproxima de um círculo. O segundo é que é fácil calcular o perímetro de um polígono, porque os seus lados são retos. O terceiro é que quanto mais lados tiver um polígono regular, mais ele se aproxima de um círculo.

Imagine um círculo. Depois, visualize um hexágono (uma figura com seis lados iguais) desenhado no interior do círculo (Figura n.º 2.1). Os cantos do hexágono tocam o perímetro do círculo e os seus lados estão dentro do círculo. Por o hexágono ser menor do que o círculo, torna-se evidente que o perímetro do hexágono se aproxima do perímetro do círculo, sendo ligeiramente inferior.

O contorno de um hexágono regular é equivalente a seis triângulos idênticos cujas pontas se toquem, apontando em direção ao centro. Estes triângulos são *equiláteros*, isto é, os três lados possuem o mesmo comprimento. Visto que um hexágono tem seis pontas, o perímetro é igual a seis lados de triângulo. O diâmetro de um hexágono é igual a dois lados de triângulo. Deste modo, o rácio entre o perímetro de um hexágono e o seu diâmetro é $\frac{6}{2} = 3$. Portanto, 3 é uma aproximação razoável de π.

Imagine agora um hexágono desenhado para fora do círculo (Figura n.º 2.1). Neste caso, o meio de cada lado do hexágono toca o círculo, não os cantos. O diâmetro do círculo é agora igual ao dobro da distância entre o centro do polígono e o meio de um dos lados. O perímetro deste hexágono maior é $2\sqrt{3}$ vezes o diâmetro do círculo. Isto dá outra estimativa de π, igual a 3,46410. Esta estimativa aproxima-se do valor real, mas é um pouco superior.

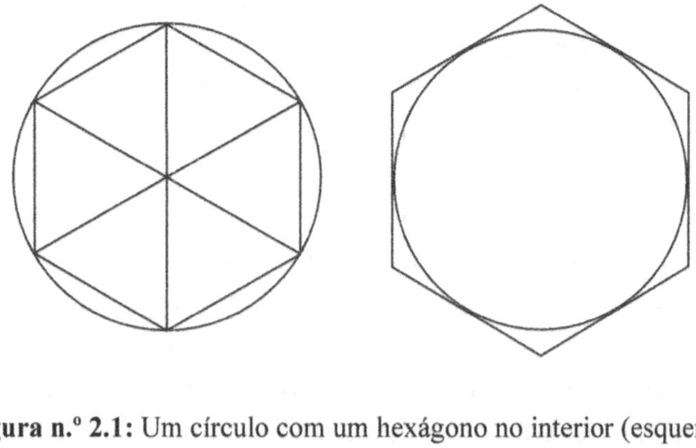

Figura n.º 2.1: Um círculo com um hexágono no interior (esquerda) e um círculo com um hexágono no exterior (direita). O hexágono interno inclui os triângulos equiláteros que o constituem.

Arquimedes aperfeiçoou estas aproximações por meio de um algoritmo. Cada iteração do algoritmo duplica o número de lados dos dois polígonos. Quanto mais lados tiver um polígono, melhor será a sua aproximação de π.

O algoritmo funciona do seguinte modo:

Considere como entrada os perímetros de um par de polígonos (interno e externo).
Multiplique o perímetro interno pelo externo.
Divida pela sua soma.
Isto dá o perímetro de um novo polígono externo.
Multiplique o novo perímetro externo pelo perímetro interno anterior.
Determine a raiz quadrada.
Isto dá o perímetro de um novo polígono interno.
A saída é os perímetros dos novos polígonos (interno e externo).

Na primeira iteração, o algoritmo transforma os hexágonos em dodecágonos (figuras com doze lados). Isto fornece estimativas aperfeiçoadas de π com até seis dígitos: 3,10582 (polígono interno) e 3,21539 (polígono externo).

A beleza do algoritmo de Arquimedes é que pode ser aplicado sucessivamente. As saídas de uma sequência podem alimentar o algoritmo como entradas para a iteração seguinte. Deste modo, os dodecágonos podem ser transformados em polígonos com vinte e quatro lados. Polígonos com quarenta e oito lados podem ser transformados em figuras com noventa e seis lados e assim por diante. A cada repetição, os polígonos interno e externo acercam-se do círculo, fornecendo estimativas melhoradas de π.

Arquimedes terminou os cálculos para uma figura com noventa e seis lados, obtendo $\frac{223}{71}$ e $\frac{22}{7}$ como estimativas de π. A primeira está correta até quatro dígitos. A última é menos correta, mas tornou-se mais popular devido à sua simplicidade.

Tragicamente, Arquimedes foi assassinado por um soldado romano durante o cerco de Siracusa. Os relatos divergem no que diz respeito às motivações do assassino. Numa versão da história, Arquimedes recusou-se a acompanhar o soldado até à presença do seu oficial superior, alegando que estava a trabalhar num problema particularmente interessante.

Noutra, Arquimedes terá tentado evitar que o soldado roubasse os seus instrumentos científicos. A única coisa que sabemos é que decorreriam quase dois mil anos até o algoritmo de Arquimedes ser suplantado (1699).

Recordes mundiais

A evidência arqueológica sugere que o nascimento da civilização na China foi praticamente contemporâneo do seu aparecimento na Mesopotâmia e no Egito. A sociedade urbana da China terá surgido ao longo das margens dos rios Yangtzé e Amarelo. Pouco se sabe acerca dos primórdios da matemática chinesa, pois as fitas de bambu utilizadas na escrita eram perecíveis. Apesar da intercomunicação entre o Oriente e o Ocidente, a matemática chinesa ter-se-á desenvolvido, em grande parte, de forma independente.

O mais antigo texto matemático chinês conhecido — *Zhoubi Suanjing* — data aproximadamente de 300 A. E. C. O livro aborda sobretudo o calendário e a geometria, e inclui o teorema de Pitágoras. Deste período, chegou-nos ainda um compêndio de problemas matemáticos análogo ao Papiro de Rhind — *Nove Capítulos sobre a Arte Matemática.*

Aparentemente, a caça ao π foi bem mais enérgica na China do que no Ocidente. Em 264 E. C., Liu Hui utilizou um polígono interno com noventa e seis lados para obter uma aproximação de 3,14 — correta até três dígitos. Mais tarde, aplicou o seu método a um polígono com 3072 lados, obtendo uma estimativa melhorada de 3,14159 — correta até seis dígitos.

No século v, Zu Chongzhi (430–501), auxiliado pelo seu filho Zu Chengzhi, produziu uma estimativa ainda melhor do que esta. A dupla de pai e filho utilizou um método poligonal semelhante à abordagem de Arquimedes. Porém, eles levaram a cabo muitas mais iterações. O limite superior de 3,1415927 e o limite inferior de 3,1415926 estavam corretos até aos sete dígitos — um novo recorde mundial. Prova da sua dedicação é que o seu feito só tenha sido igualado novecentos anos mais tarde.

Atualmente, sabemos que π é igual a 3,14159265359 até aos doze dígitos. A leitura de π é hoje uma tarefa para algoritmos computacionais. Segundo o Livro dos Recordes Guinness, o mais preciso valor de π possui trinta e um triliões de dígitos. O programa que gerou este valor foi escrito pela japonesa Emma Haruka Iwao. Executado por vinte e cinco máquinas virtuais na Google Cloud, o cálculo demorou 121 dias a ser concluído.

A arte de calcular

O assassinato de Arquimedes em 212 A. E. C. foi um prenúncio do domínio romano da Europa. No ano de 146 A. E. C., a Grécia Antiga sucumbiu ao poder de Roma. Do século I A. E. C. até ao século V, o Império Romano controlou o Mediterrâneo. Após a queda do império, a civilização europeia desintegrou-se. A chama da matemática europeia tremeu e apagou-se durante os mil anos seguintes. No meio da escuridão, alguns centros de saber foram uma luz no Oriente.

O califa Harun al-Rashid fundou a Casa da Sabedoria (*Bayt al-Hikmah*) na sua nova capital, Bagdad, aproximadamente em 762. Desenvolvida pelos seus sucessores, a Casa viria a ser um dos principais centros intelectuais entre os séculos IX e XIII, um período hoje conhecido como a Idade de Ouro Islâmica. Os eruditos da Casa traduziam textos científicos e filosóficos, escritos em língua grega ou indiana, para o árabe. Realizavam ainda investigações originais em matemática, geografia, astronomia e física.

O intelectual mais influente da Casa da Sabedoria foi Muhammad ibn Mūsā al-Khwārizmī. Al-Khwārizmī viveu em Bagdad entre 780 e 850. Da sua vida, pouco se sabe. Mas as cópias de três das suas maiores obras chegaram até aos dias de hoje.

O *Livro-Compêndio de Cálculo por Restauração e Balanceamento* é dedicado à álgebra. Na verdade, a palavra «álgebra» é derivada do título árabe do livro (*al-jabr*, que significa «restauração»). O livro descreve como se podem utilizar algoritmos para resolver problemas matemáticos, nomeadamente, equações lineares e quadráticas. Embora a álgebra já tivesse sido descrita anteriormente, o estilo expositivo de al-Khwārizmī atraiu as atenções. O seu tratamento era mais sistemático, mais passo-a-passo, mais algorítmico do que o de outras obras.

Em *Sobre a Arte Hindu de Calcular* (*c.* 825), al-Khwārizmī descreve o sistema de numeração decimal, incluindo os numerais que utilizamos atualmente. As raízes do sistema remontam à civilização do Vale do Indo (atual sul do Paquistão), que despontou aproximadamente em 2600 A. E. C. — praticamente no mesmo período da construção das pirâmides de Gizé. Pouco se sabe sobre a matemática originária da região, exceto o que pode ser coligido a partir dos textos religiosos. Alguns registos sugerem que os nove numerais indo-arábicos, excluindo o zero (1–9), surgiram na região entre o século III A. E. C. e o século II E. C. Existe uma referência clara aos nove numerais hindus, excluindo o zero, numa carta do bispo Severus Sebokht, que viveu na Mesopotâmia *circa* 650. O numeral para o zero (0) surgiria na Índia aproximadamente no mesmo período.

No século VIII, vários eruditos persas tinham adotado o sistema de numeração indo-arábico por razões de conveniência, o que justifica o aparecimento do livro de al-Khwārizmī sobre o assunto. O seu texto tornou-se um fio condutor para os numerais indo-arábicos na sua transferência para o Ocidente. *Sobre a Arte Hindu de Calcular* foi traduzido do árabe para o latim, em 1126, por Adelardo de Bath — um filósofo da natureza inglês. À tradução de Adelardo seguiu-se, em 1202, a obra de Leonardo de Pisa (Fibonacci) — *Liber Abaci.*

Em 1258, quatrocentos anos após a morte de al-Khwārizmī, a Casa da Sabedoria foi destruída na invasão mongol de Bagdad.

Ao contrário do que seria de esperar, a assimilação do novo sistema numérico foi lenta. Decorreriam séculos até os números romanos (I, II, III, IV, V...) serem substituídos pelos algarismos indo-arábicos. Aparentemente, os eruditos europeus não se importavam de executar cálculos num ábaco e registar os resultados usando numerais romanos. Os dez números só se tornariam na opção preferencial no século XVI com a transição para o cálculo escrito.

Foi a versão latina do nome de al-Khwārizmī no título da tradução de um dos seus livros — *Algoritmi de Numero Indorum* — que nos deu a palavra «algoritmo».

Ondas sobre ondas

O Renascimento europeu dos séculos XIV a XVII caracterizou-se pela redescoberta da filosofia, literatura e arte clássicas. Também a matemática conheceu um ressurgimento, particularmente, na sua aplicação a aspetos práticos como a contabilidade, a mecânica ou a elaboração de mapas. A invenção da imprensa no século XV deu um forte impulso à disseminação da erudição e do saber.

Mais tarde, o Iluminismo do século XVIII pôs em marcha uma revolução na filosofia ocidental. Séculos de dogma foram obliterados pelos rigores da evidência e da razão. A matemática e a ciência tornaram-se as fundações do pensamento. O progresso tecnológico alterou o próprio tecido da sociedade. A democracia e a procura da liberdade individual estavam em ascensão.

Mudanças de postura, impostos elevados e más colheitas acenderam o rastilho da Revolução Francesa em 1789. No meio da revolta sangrenta, um matemático francês estabeleceu os alicerces teóricas daquele que viria a ser um dos algoritmos mais utilizados no mundo.

Em 1768, nascia Jean Baptiste Joseph Fourier, em Auxerre, França. Órfão aos nove anos, Fourier foi educado em escolas locais dirigidas por ordens religiosas. O talento do rapaz para a matemática tornou-se óbvio nos primeiros anos da adolescência. Ainda assim, o jovem iniciou a formação para o sacerdócio. Ao chegar à idade adulta, Fourier abandonou o ministério para dedicar a sua carreira à matemática, empregando-se como professor. Não tardou até se envolver na revolta política que se espalhava pelo país. Inspirado pelos ideais da revolução, Fourier dedicou-se ao ativismo político e juntou-se ao Comité Revolucionário de Auxerre. Durante o Reinado de Terror que se seguiu, Fourier viu-se envolvido num violento litígio entre fações rivais. Foi preso e escapou por pouco à guilhotina.

Mais tarde, Fourier mudou-se para Paris com o objetivo de prosseguir a carreira de docente. A sua aptidão para a matemática levou-o a ser nomeado membro da faculdade na recém-estabelecida École Polytechnique. Apenas dois anos mais tarde, era responsável pela cátedra de Análise e Mecânica. Fourier parecia estar destinado a um percurso duradouro na academia até uma viragem inesperada nos acontecimentos mudar o rumo da sua vida.

O matemático foi designado conselheiro científico do exército de Napoleão para a invasão do Egito. O contingente francês tomou Alexandria em 1 de julho de 1798. Mas o triunfo deu lugar a uma derrota ignominiosa. Napoleão saiu do Egito, mas Fourier permaneceu no Cairo. Aí, ele repartia o seu tempo entre incumbências científicas oficiais e pesquisas sobre as antiguidades do Egito, realizadas nos seus tempos livres.

Após o seu inevitável repatriamento, foi nomeado por Napoleão como prefeito (administrador) do departamento de Isère — a região alpina com centro na cidade de Grenoble. Foi aqui que Fourier lançou mãos à sua obra magna. A sua *Théorie Analytique de la Chaleur* foi publicada em 1822. Nominalmente, ela versava sobre a condução do calor em barras de metal. Mais crucial, o livro sugeria que qualquer forma de onda pode ser vista como a soma de ondas harmónicas devidamente atrasadas e redimensionadas. A ideia foi altamente controversa no seu tempo. Mas a verdade do postulado de Fourier seria mais tarde comprovada.

Para entender a proposta de Fourier, levaremos a cabo uma experiência mental. Imagine uma piscina. Visualize uma máquina de ondas artificiais num dos extremos da piscina e assuma que o extremo oposto possui uma área de extravasamento da água que não reflete as ondas. Suponhamos que a máquina produz uma onda única com o comprimento da piscina. Observamos a crista a mover-se de um extremo ao outro da piscina antes de a próxima crista surgir no ponto de partida. Esta forma de onda simples é designada *primeira harmónica* (Figura n.º 2.3). O seu *período* — a distância entre duas cristas — é igual ao comprimento da piscina.

Imagine agora que a máquina de ondas passa a funcionar mais rapidamente. Desta vez, cabem no comprimento da piscina dois ciclos completos da forma de onda. Por outras palavras, conseguimos sempre ver duas cristas, e não apenas uma. Esta forma de onda é a *segunda harmónica.* O seu período é igual a metade do comprimento da piscina.

De seguida, voltamos a duplicar a velocidade da máquina. Desta vez, o período é um quarto do comprimento da piscina. Esta é a *terceira harmónica.*

Nova duplicação e obtemos a *quarta harmónica* e assim sucessivamente.

Esta sequência de harmónicas é designada a *série de Fourier*.

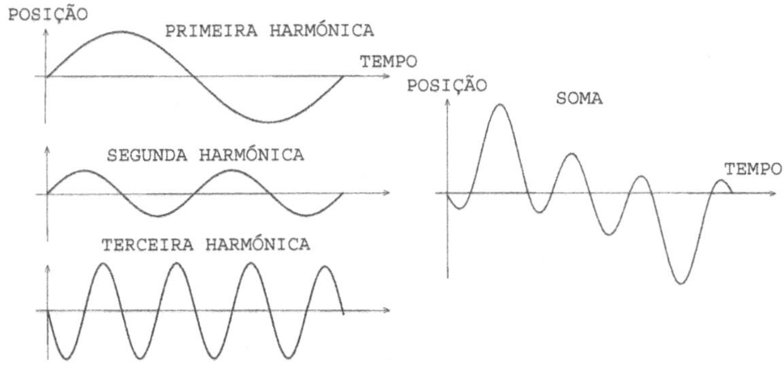

Figura n.º 2.3: Três harmónicas (esquerda) e a forma de onda resultante da sua soma (direita). A segunda harmónica possui metade da amplitude e a terceira harmónica apresenta um atraso de um quarto de ciclo.

A ideia singular de Fourier é que todas as formas de onda — independentemente da sua configuração — constituem a soma de harmónicas redimensionadas e atrasadas. Redimensionar significa aumentar ou diminuir o tamanho da forma de onda. Uma escala maior torna os picos mais altos e os vales mais profundos. Uma escala menor tem o efeito contrário. Atrasar uma forma de onda significa deslocá-la no tempo. Um atraso significa que as cristas e os vales da onda surgem mais tarde.

Vejamos agora o efeito de harmónicas complexas (Figura n.º 2.3). Suponhamos que a primeira harmónica tem uma *amplitude* de um. A amplitude de uma forma de onda é o seu desvio máximo em relação ao repouso. A amplitude de uma harmónica é a altura das cristas. A segunda harmónica tem metade da amplitude. A terceira harmónica tem amplitude um e atraso de meio período. Se somarmos estas harmónicas, obtemos uma nova *forma de onda complexa*. O processo de adição imita o que acontece no mundo real quando as ondas se encontram. Cada onda cavalga as outras. Na terminologia da física, diz-se que as ondas se *sobrepõem*.

Somar formas de onda é manifestamente fácil. Inverter o processo é bastante mais complicado. Dada uma forma de onda complexa, como poderão ser determinadas as amplitudes e atrasos das harmónicas constitutivas? A resposta é: por intermédio da *transformada de Fourier* (TF).

A transformada de Fourier considera como entrada uma forma de onda e reparte-a nas suas componentes harmónicas. A saída da TF é a amplitude e o atraso de cada harmónica da forma de onda inicial. Por exemplo, dada a forma de onda complexa na Figura n.º 2.3, a transformada de Fourier produzirá como saída as amplitudes e os retardamentos das três harmónicas constitutivas. A saída da TF consiste em duas sequências, uma delas lista as amplitudes das harmónicas. Para a forma de onda complexa na Figura n.º 2.3, as amplitudes das harmónicas constituintes são $[1, \frac{1}{2}, 1]$. O primeiro registo é a amplitude da primeira harmónica e assim sucessivamente. A segunda sequência de saída corresponde aos atrasos das harmónicas, $[0, 0, \frac{1}{2}]$, medidos em períodos.

Embora inicialmente apenas tenha suscitado o interesse dos físicos, o verdadeiro potencial da transformada de Fourier tornou-se evidente nas décadas seguintes à invenção do computador. Os computadores permitem analisar todos os tipos de forma de onda rapidamente e com poucos custos.

Um computador armazena uma forma de onda como uma lista de números (Figura n.º 2.4). Cada número indica o nível da forma de onda num momento específico do tempo. Valores positivos extensos são associados aos picos da forma de onda. Valores negativos extensos são associados aos vales. Estes números são designados *amostras*, visto que o computador retira uma «amostra» do nível da forma de onda em intervalos regulares de tempo. Se as amostras forem retiradas com a regularidade suficiente, a lista de números dará uma aproximação razoável à configuração da forma de onda.

A TF começa por gerar a primeira harmónica. A forma de onda gerada inclui um único período — uma crista e um vale — e o seu comprimento é igual ao da sequência de entrada. O algoritmo multiplica as duas listas de números para cada amostra (por exemplo, $[1, -2, 3] \times [10, 11, 12] = [10, -22, 36]$). Estes resultados são depois somados. O total é a *correlação* entre a entrada e a primeira harmónica. A correlação é uma medida da similaridade das duas formas de onda. Uma correlação alta sugere que a primeira harmónica tem um peso maior na entrada.

O algoritmo repete o procedimento de correlação para uma cópia da primeira harmónica atrasada por um quarto de período. Desta vez, a correlação mede a similaridade entre a forma de onda de entrada e a primeira harmónica atrasada.

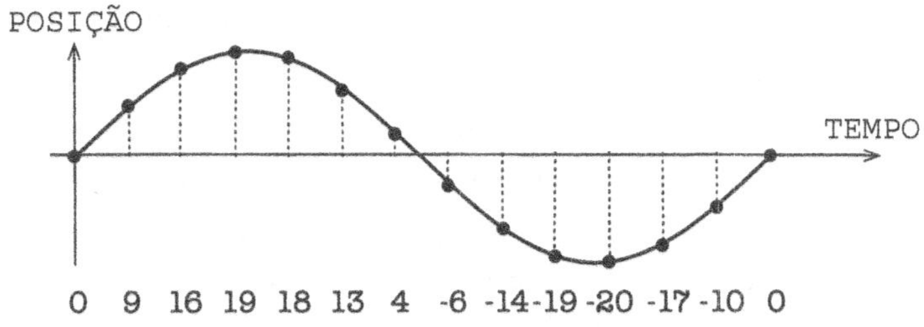

Figura n.º 2.4: Uma forma de onda e os valores amostrais associados, com os quais se representa o sinal.

Os dois valores de correlação (não-atrasados e atrasados) são combinados para produzir uma estimativa da amplitude e atraso da primeira harmónica. A amplitude é igual à raiz quadrada da soma dos quadrados das duas correlações dividida pelo número de amostras. O atraso é obtido calculando a força relativa das duas correlações. A força relativa indica o quanto a componente se aproxima no tempo das duas versões da harmónica.

Este processo de dupla correlação (não-atrasada e atrasada) e combinação é repetido para todas as harmónicas superiores. Isto dá as suas amplitudes e atrasos.

Resumindo, o algoritmo da transformada de Fourier funciona do seguinte modo:

Considere como entrada uma forma de onda.
Repita os seguintes passos para cada possível harmónica:
 Gere a harmónica.
 Correlacione a entrada com a harmónica.
 Atrase a harmónica por um quarto de período.
 Correlacione a entrada com a harmónica atrasada.
 Calcule a amplitude e o atraso gerais da harmónica.
Repita até todas as harmónicas terem sido processadas.
Produza como saída a amplitude e o atraso de cada uma das harmónicas.

À primeira vista, o processo de repartição de uma forma de onda composta nas suas harmónicas constitutivas parece uma fatuidade matemática — uma demonstração curiosa, mas com pouca utilidade prática.

Esta perspetiva não poderia estar mais longe da verdade! A TF é amplamente usada na análise de *sinais* do mundo real.

Um sinal é uma grandeza do mundo real que apresenta variações no tempo. Os sinais sonoros são variações da pressão do ar que nós conseguimos ouvir. Nos sistemas de reconhecimento de discurso (por exemplo, Siri, Alexa), a TF reparte o sinal sonoro nas suas harmónicas constitutivas antes de prosseguir a análise. As plataformas digitais de música (por exemplo, Spotify, Tidal) tiram partido da TF para identificar informação harmónica redundante e, assim, diminuir os requisitos de armazenamento de dados.

Os sinais de rádio são variações eletromagnéticas que podem ser detetadas utilizando equipamentos eletrónicos. Nos sistemas de comunicação sem fios (por exemplo, WiFi, DAB), a TF possibilita a transmissão e receção eficiente de dados por meio de sinais de rádio.

Embora a transformada de Fourier seja extremamente útil, requer um grande poder de computação. As correlações são bastante demoradas, sobretudo para formas de onda longas. Uma variante do algoritmo original — que recebeu a pertinente designação de transformada rápida de Fourier (TRF) — é utilizada em dispositivos modernos.

A transformada rápida de Fourier foi inventada em 1965 para dar resposta a uma necessidade militar premente. Com a Guerra Fria no horizonte, os EUA pretendiam monitorizar os testes nucleares soviéticos. A única forma de o fazerem era medindo as vibrações sísmicas induzidas por explosões em estações de monitorização localizadas nos países aliados. Mas a análise de dados sísmicos com recurso à TF tradicional era proibitivamente lenta. Cientistas como James Cooley (1926–2016) e John Tukey (1915–2000) orquestraram uma nova versão do algoritmo que produzia os mesmos resultados numa fração do tempo.

O seu algoritmo explora as simetrias em formas de onda harmónicas para a partilha de resultados entre estados de correlação. Numa forma de onda harmónica, um vale é simplesmente uma reflexão de um pico. A metade ascendente do pico é uma imagem em espelho da metade descendente. Harmónicas superiores são versões aceleradas de harmónicas inferiores. Reutilizando os resultados intercalares, as repetições desnecessárias podem ser eliminadas do cálculo.

A ideia não poderia ter servido melhor. A TRF de Cooley-Tukey permitiu ao exército dos Estados Unidos localizar os testes nucleares soviéticos num raio de quinze quilómetros.

Inesperadamente, quase vinte anos após a «invenção» da TRF, descobriu-se que o algoritmo já existia, na verdade, há mais de 180 anos. O grande matemático alemão Carl Friedrich Gauss (1777–1855) tinha usado o algoritmo para a análise de dados astronómicos em 1805. Perfecionista assumido, Gauss nunca chegou a publicá-lo. O método foi finalmente desvendado em virtude de uma coletânea póstuma das suas pesquisas. As notas de Gauss, datadas de 1805, chegam mesmo a anteceder a obra de Fourier sobre o tema. Em retrospetiva, parece-nos que o nome mais adequado para o algoritmo talvez tivesse sido a «transformada de Gauss»!

Fourier morreu em 16 de maio de 1830. O seu nome está gravado na Torre Eiffel em reconhecimento dos seus feitos científicos.

A vida turbulenta de Fourier coincidiu quase rigorosamente com os anos da Revolução Industrial. Setenta anos bastaram para que as manufaturas ancestrais fossem suplantadas pela produção das máquinas. No meio de todas estas mudanças, um inglês começou a pensar que talvez uma máquina pudesse entretecer cálculos, em vez de fios de tecido. Poderia existir uma Revolução Industrial para a aritmética?

3

Sonhos de computadores

O aspeto mais óbvio e característico da História da Civilização, durante os últimos cinquenta anos, é o prodigioso aumento da produção industrial pelo uso de maquinaria, o aperfeiçoamento de antigos processos técnicos e a invenção de novos processos.

THOMAS HENRY HUXLEY
The Advance of Science in the Last Half-Century, 1887[25]

Executar cálculos manuais é vagaroso e entediante. Durante milénios, inventores tentaram conceber estratagemas para acelerar a aritmética. O primeiro caso de sucesso foi o ábaco. Inventado pelos Sumérios aproximadamente em 2500 A. E. C., o ábaco de mesa foi um desenvolvimento da contagem com seixos e da escrita em areia. Mais tarde, foram gravadas linhas e símbolos na superfície da mesa para aumentar a rapidez de computação. O ábaco de fichas e colunas foi inventado na China antes de ser popularizado na Europa pelos antigos romanos.

Os primeiros calculadores mecânicos foram inventados de forma independente em França e na Alemanha durante o século XVII. As adições e subtrações eram executadas pelo movimento de alavancas, rodas dentadas e engrenagens operadas por manivelas. Os intrincados aparelhos feitos à mão eram tão dispendiosos como falíveis. Foram vendidos aos mais ricos como uma mera curiosidade.

No final do século XVIII e início do século XIX, teve início a Revolução Industrial. Máquinas alimentadas a vapor e água corrente foram inventadas por engenheiros, substituindo os tradicionais métodos de produção manual. A transição para a produção com máquinas conduziu a aumentos rápidos da produtividade e a mudanças sociais importantes. Os trabalhadores foram deslocados do campo para as vilas e cidades, trabalhando lado a lado com as máquinas em fábricas barulhentas, escuras e, muitas vezes, perigosas.

Os teares mecanizados produziam tecidos com uma malha fixa. Em 1804, Joseph Marie Charles («Jacquard») — um tecelão e comerciante francês — apresentou uma versão destas máquinas radicalmente reformulada. O tear de Jacquard podia ser *programado* para produzir tecidos com diferentes malhas. A máquina entrelaçava o tecido de acordo com um padrão de furos feitos em cartões. Alterando o padrão de perfuração dos cartões, era possível produzir uma malha diferente. As sequências de cartões eram agrupadas em séries que se repetiam para que a máquina pudesse reproduzir continuamente o padrão programado.

Assim, no início do século XIX, a Europa usufruía de calculadores manuais e teares a vapor programáveis. Um matemático inglês com um fascínio por máquinas desde a infância começou a imaginar a possibilidade de combinar estes dois conceitos. Será que uma máquina a vapor programável era capaz de executar cálculos de forma mais rápida, e mais fidedigna, do que um ser humano? A sua ideia quase mudou o mundo.

O computador mecânico

Charles Babbage nasceu em Inglaterra, em Walworth, Surrey, em 1791. Filho de um banqueiro abastado, Babbage tornou-se num estudioso de matemática. Começou por ser autodidata, antes de ser admitido na Universidade de Cambridge aos dezoito anos. Aí, verificou que o departamento de matemática era sisudo e desencorajador. Sendo um jovem obstinado, Babbage não se preocupou com cair nas boas graças dos seus examinadores ou de potenciais empregadores. Embora fosse um matemático excelente, não conseguiu assegurar uma posição na academia após o final dos estudos. Sustentado por uma mesada do pai, Babbage decidiu levar a cabo a sua própria investigação matemática independente. Mudou-se para Londres e tomou parte na vida científica da capital, publicando uma série de artigos tidos em alta conta.

Os artigos científicos, tal como aqueles escritos por Babbage, são o sangue vital da investigação. Um artigo é um relatório onde se descreve uma nova ideia apoiada em resultados experimentais de base ou numa prova matemática; idealmente, nos dois. A ciência assenta na evidência. As provas têm de ser verificadas. As experiências têm de ser repetíveis. Os artigos são revistos por especialistas da área. Só os melhores são aceites para publicação. Acima de tudo, a ideia apresentada num artigo deve ser inédita e comprovada. A publicação em revistas ou em conferências difunde novas ideias a partes interessadas na comunidade científica. A publicação de um artigo é um marco numa carreira académica — um indicador de mestria e prestígio na disciplina.

Não dispondo de financiamento público, a ciência era realizada por um punhado de universidades e um pequeno número de entusiastas abastados. O discurso científico era frequentemente feito nos salões dos ricos. A própria palavra «cientista» era nova. Durante anos, Babbage foi a quintessência do *gentleman* cientista vitoriano. Por fim, em 1828, foi nomeado professor lucasiano de Matemática da Universidade de Cambridge. Os seus talentos inatos eram muito amplificados pela sua capacidade para longos e árduos dias de trabalho. Embora fosse um excelente matemático, talvez o seu principal talento tenha residido na invenção de dispositivos mecânicos.

Devido aos seus artigos publicados, Babbage foi eleito membro da Royal Society*. Um dos deveres que lhe estava destinado era a revisão de tabelas matemáticas para a Sociedade de Astronomia. As tabelas listavam as horas e posições previstas de acontecimentos celestiais significativos. Estas tabelas eram amplamente usadas pelos marinheiros como auxílio à navegação. Resultantes de um processo laborioso de cálculo manual, era frequente conterem erros. Em alto mar, um erro podia conduzir a um naufrágio.

Para aliviar a carga de trabalho associada à sua produção, Babbage apresentou o projeto de uma máquina mecânica a vapor capaz de calcular

* The Royal Society of London for Improving Natural Knowledge (1660), instituição britânica dedicada à promoção do conhecimento científico. [*N. da T.*]

e imprimir automaticamente as tabelas. Os números em sistema decimal eram representados pelas posições de engrenagens, rodas dentadas e alavancas. O mecanismo teria capacidade para executar automaticamente uma sequência de cálculos, armazenar e reutilizar os resultados intercalares ao longo do processo. A máquina estava preparada para executar um único algoritmo, sempre o mesmo. Não era, pois, programável. Fosse como fosse, o projeto representava um avanço significativo em relação às antigas calculadoras, que requeriam o processamento manual de cada um dos números e operações. Babbage fabricou um modelo em pequena escala da máquina. Vendo mérito no conceito, o governo britânico concordou em financiar a construção da máquina diferencial de Babbage.

A construção da máquina revelar-se-ia desafiante. Pequenas falhas na fabricação dos seus componentes tornaram-na pouco fidedigna. Apesar dos investimentos constantes do governo, Babbage e o seu assistente, Jack Clement, concluíram apenas uma secção da máquina antes de a sua construção ser abandonada. No total, o Tesouro Britânico gastou cerca de 17 500 libras no projeto. Longe de ser uma pequena soma, o valor era suficiente para encomendar vinte e duas locomotivas ferroviárias novíssimas ao Sr. Robert Stephenson*.[26]

Embora o projeto da sua máquina diferencial tivesse fracassado, Babbage continuava a sentir-se atraído pela ideia do cálculo automatizado. Concebeu, pois, uma nova máquina mais avançada. A máquina analítica seria mecânica, movida a vapor e segundo o sistema de numeração decimal. Seria também completamente programável. À semelhança do tear de Jacquard, a nova máquina seria capaz de ler instruções e dados a partir de cartões perfurados. Também os resultados seriam apresentados nos mesmos cartões. A máquina analítica seria o primeiro computador de uso geral.

Babbage voltou a solicitar financiamento ao governo. Desta vez, o dinheiro não chegou. O projeto da máquina analítica ficou estagnado.

Babbage fez a sua única apresentação pública da máquina analítica a um grupo de matemáticos e engenheiros em Turim, em Itália. Um dos presentes — o engenheiro militar Luigi Federico Menabrea — tomou notas e, subsequentemente, publicou um artigo sobre a máquina com a

* Robert Stephenson (1803–1859), engenheiro britânico que se notabilizou pela construção de locomotivas a vapor. [*N. da T.*]

ajuda de Babbage. O artigo foi redigido em francês. Uma admiradora de Babbage — Ada Lovelace — apreciou grandemente este trabalho e decidiu traduzi-lo para inglês.

Ada Lovelace, nascida Augusta Ada Byron em 1815, era filha de Lord e Lady Byron. Lady Byron (Anne Isabella Noel, com nome de nascença Milbanke) era uma matemática. O seu marido, Lord Byron, é hoje considerado um dos grandes poetas ingleses. O casamento de Lady e Lord Byron durou apenas um ano até o par se separar. Lady Byron relatou que o marido tinha um temperamento instável e que a maltratava. Espalharam-se rumores sobre a sua infidelidade. Caído em desgraça, o poeta deixou Inglaterra e nunca mais viu a filha.

Por vontade da sua mãe, Lovelace cresceu a estudar ciência e matemática. Estes eram assuntos sensatos, distantes da influência perturbadora da poesia e da literatura. Com apenas dezassete anos, Lovelace conheceu Babbage, em 1833, numa das suas reuniões sociais. Nessa altura, Babbage era um viúvo de quarenta e um anos e com quatro filhos. Tendo herdado a fortuna do pai, ele vivia luxuosamente numa mansão londrina situada no número 1 da Rua Dorset, em Marylebone. Os serões de Babbage eram ocasiões importantes — uma inebriante mistura de alta sociedade, artistas e cientistas. Frequentemente, chegavam a estar reunidos duzentos ou mais notáveis. Um estribilho comum afirmava que a riqueza, por si só, não chegava para se obter um convite. Era indispensável possuir um destes três atributos: «intelecto, beleza ou classe».

Os dispositivos de computação de Babbage fascinaram Lovelace. Na companhia da mãe, foi convidada a inspecionar a secção construída da máquina diferencial. Babbage e Ada começaram uma amizade. Correspondiam-se com frequência, discutindo a máquina analítica e outros temas científicos. Aos dezanove anos, Ada desposou William King e tornou-se Augusta Ada King, Condessa de Lovelace.

Ada Lovelace não se limitou a traduzir o artigo de Menabrea para inglês, acrescentou-lhe também sete notas, mais do que duplicando o seu tamanho. O artigo — *Descrição da Máquina Analítica* — era visionário. Embora a máquina analítica nunca tivesse sido construída, Babbage tinha especificado as instruções que a máquina idealizada executaria. Isto permitiu que Babbage e Lovelace escrevessem programas para o computador inexistente.

No artigo, os autores enfatizaram a relação entre um algoritmo e o seu programa correspondente. Explicaram que um algoritmo é um método de cálculo abstrato escrito, no caso de Babbage e Lovelace, como uma sequência de equações matemáticas. O artigo ilustrava a correspondência entre o algoritmo expresso como equações — ou fórmulas algébricas, como os autores se lhes referiam — e o programa codificado em cartões perfurados[28]: «Os cartões são meramente uma tradução de fórmulas algébricas, ou, dito noutros termos, uma nova forma de notação analítica.» A sequência de equações matemáticas só podia ser executada por um humano. Em contrapartida, as instruções nos cartões perfurados podiam ser realizadas automaticamente, e a grande velocidade, pela máquina analítica.

A adenda de Lovelace ao artigo incluía uma série de algoritmos numéricos codificados como programas. Não dispondo da máquina analítica, a única forma de testar um programa era executá-lo manualmente, imitando as ações do computador. Na Nota G do artigo, Lovelace apresenta o *rasto* de execução de um programa para o cálculo dos primeiros cinco números de Bernoulli. O rasto lista as instruções tal como elas teriam sido executadas pelo computador, juntamente com os resultados obtidos depois de cada passo. Sem que Lovelace o soubesse, o seu rasto apresenta reminiscências dos algoritmos característicos da Babilónia Antiga em conjunto com exemplos trabalhados. Os programadores modernos continuam a utilizar o rasto para melhor compreender o comportamento dos seus programas.

De forma profética, os autores assinalaram a possibilidade de erros, ou *bugs*, nos programas[28]: «Ainda que o mecanismo seja infalível nos seus processos, os cartões poderão dar-lhe ordens erradas.» Ironicamente, viria a ser detetado um erro numa das listas do programa incluídas no artigo: um três no lugar onde deveria estar um quatro. Este foi o primeiro *bug* no lançamento de um *software*. O primeiro de muitos!

O artigo avançou ainda a ideia de que o computador seria capaz de processar outras formas de informação, não apenas números[28]:

> Pode ser utilizado com outros elementos além dos números, desde que as relações fundamentais mútuas entre os objetos possam ser expressas pelas da ciência abstrata das operações e que os objetos sejam suscetíveis a adaptações por ação da notação operativa e do mecanismo da máquina.

Ou seja, ainda que a máquina tivesse sido concebida para executar operações aritméticas, os símbolos utilizados poderiam representar outras formas de informação. A máquina poderia também ser programada, ou modificada, para processar outros formatos de dados. Os autores concluíram que a máquina conseguiria manipular símbolos que representassem letras, palavras e valores lógicos. Babbage chegou mesmo a considerar a possibilidade de escrever programas para jogar três em linha ou xadrez.

O surpreendente artigo de Babbage, Menabrea e Lovelace foi o primeiro vislumbre de uma nova ciência. Uma ciência do nexo entre algoritmos, programação e dados: a ciência dos computadores. Seriam precisos mais cem anos para que a disciplina fosse reconhecida e denominada ciência computacional.

Esta viria a ser a única publicação científica de Lovelace. Durante muitos anos, a sua saúde foi bastante débil e, aos trinta e seis anos, acabaria por perder a vida devido a um cancro. Lovelace e Babbage mantiveram uma amizade próxima até ao fim. A seu pedido, Lovelace foi enterrada ao lado do pai, que mal conhecera, em Hucknall, Nottinghamshire.

Babbage trabalhou intermitentemente na máquina analítica até ao fim dos seus dias. Muitas vezes, os seus planos eram gorados pelas insuficiências das tecnologias de produção mecânica da época. A máquina analítica de Babbage viria a ser mais um falhanço monumental.

Ainda assim, Babbage era incansável. Viajou por toda a parte. Certa vez, desceu pelo Vesúvio com o intuito de inspecionar o vulcão. Redigiu obras especializadas sobre economia, geologia, seguros de vida e filosofia. Mesmo não contando com as suas máquinas de computação, Babbage foi um inventor prolífico. Envolveu-se na política a ponto de se candidatar a eleições. Nos seus últimos anos, a aparente falta de reconhecimento port parte dos poderes instituídos começou a amargurá-lo. Participou numa campanha pública de protesto contra os músicos de rua de Londres, cuja cacofonia considerava intolerável. Babbage morreu em 1871, dezoito anos depois de Lovelace, e o seu sonho de um computador digital mecânico morreu com ele.

Em retrospetiva, é evidente que a máquina analítica possuía todos os ingredientes de um computador moderno, exceto um. Ela era mecânica, não eletrónica. A lâmpada elétrica comercial foi inventada por Thomas

Edison após a morte de Babbage. Seriam precisos mais cinquenta anos para alguém tentar construir um computador eletrónico programável. O legado de Babbage para a computação foi o artigo de Lovelace.

Sem uma máquina programável, cabia aos teóricos delinear o futuro dos algoritmos e da computação. Um dos mais influentes foi Alan Turing.

A máquina de Turing

Turing nasceu em 1912, em Londres, Inglaterra. Dado que o seu pai um funcionário colonial, o casal regressou à Índia quando Turing tinha apenas um ano. Turing e o seu irmão permaneceram em Inglaterra entregues aos cuidados de um coronel do exército reformado e da sua mulher. Passaram-se vários anos até a mãe de Turing voltar para viver com os filhos em Inglaterra. O período de coabitação seria curto. Turing foi enviado para um colégio interno aos treze anos.

Na escola, Turing travou amizade com o colega de turma Christopher Morcom. Os dois partilhavam um profundo interesse por ciência e matemática. Durante as aulas, trocavam bilhetes, nos quais discutiam problemas e experiências. Turing venerava o chão que Morcom pisava. Tragicamente, Morcom morreu com tuberculose em 1930. Turing ficou profundamente abalado com a perda.

Nas suas memórias, a mãe de Turing, Ethel Sara Turing (com nome de nascença Stoney), descreve o seu filho adulto com ternura[32]: «Ele era pensativo e sonhador, absorto nos seus próprios pensamentos, podendo parecer, ocasionalmente, pouco sociável [...]. A sua timidez causava-lhe grande embaraço.» Outros não foram tão benevolentes como a sua mãe, vendo-o como um solitário. Um dos seus professores especularia que o isolamento de Turing e a sua insistência em analisar tudo a partir dos primeiros princípios conferiam uma originalidade rara à sua obra. Talvez devido ao seu brilhantismo, Turing não tolerava imbecis de ânimo leve. Além disso, tinha uma certa propensão para a excentricidade. Costumava praticar as palestras diante do seu ursinho de peluche, *Porgy*, e acorrentar a sua caneca a um radiador para evitar que ela fosse roubada. Turing era uma combinação rara com a qual não era fácil lidar, mas que era apreciada por muitos dos seus colegas.

Tendo ganhado uma bolsa para estudar na Universidade de Cambridge, Turing formou-se com distinção em Matemática. Enquanto prosseguia os estudos universitários, Turing engendrou três ideias importantes num artigo científico notável: definiu formalmente um algoritmo, definiu as capacidades que um computador de uso geral deveria possuir e utilizou estas definições para provar que algumas funções não são computáveis. Surpreendentemente, Turing fez tudo isto numa altura em que os computadores digitais ainda não tinham sido construídos.

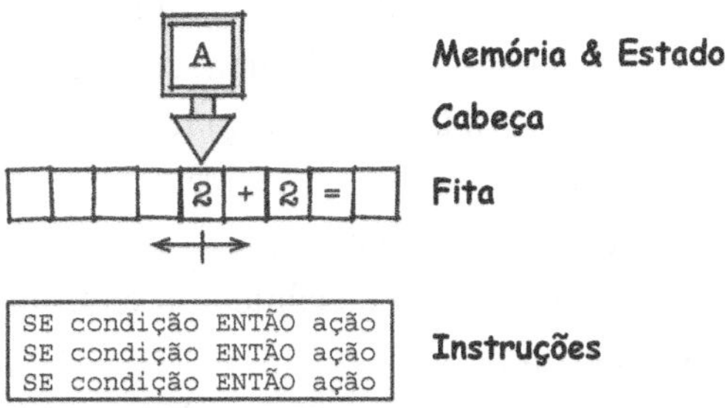

Figura n.º 3.3: Máquina de Turing.

Turing concebeu um computador imaginário, hoje conhecido como máquina de Turing, composto por uma fita infinita, uma cabeça, uma memória e um conjunto de instruções que determinam o funcionamento da máquina. A fita é dividida em secções. Cada secção tem espaço suficiente para que um único símbolo seja registado. A cabeça pode ler ou registar um símbolo de cada vez na secção que se encontra imediatamente por baixo de si. A máquina pode deslocar a fita para trás e para a frente, secção a secção. Pode ainda armazenar um valor na memória. O valor armazenado é designado o *estado* atual da máquina.

À máquina está associado um conjunto de instruções que controlam a sua ação. O modo de funcionamento das instruções é bastante diferente da maneira como as instruções funcionam num computador moderno. Numa máquina de Turing, cada instrução é constituída por uma pré-condição e três ações, sendo as ações executadas se a pré-condição se verificar. A pré-condição depende do estado atual da máquina (o valor na memória) e do símbolo que, a cada momento, se encontra debaixo da cabeça. Se o estado e o símbolo corresponderem aos valores especificados numa pré-condição, então as ações associadas à pré-condição são executadas. As ações admissíveis são as seguintes:

1. A cabeça pode substituir, apagar ou manter o símbolo que se encontra imediatamente por baixo de si.
2. A fita pode ser deslocada uma única secção para a esquerda ou para a direita, ou permanecer na mesma posição.
3. O estado na memória pode ser atualizado ou mantido.

Turing idealizou um programador humano que escreveria os programas destinados a ser executados pela máquina. O programador entregaria o programa e os dados de entrada a um colega responsável pela operação manual da máquina. Em retrospetiva, é evidente que o processamento das instruções é relativamente simples e que o operador humano poderia ser substituído por um dispositivo mecânico ou eletrónico. O operador executa o seguinte algoritmo:

```
Escreva os valores de entrada como símbolos na fita.
Determine o estado inicial da máquina.
Repita os seguintes passos:
    Verifique o símbolo que se encontra imediatamente sob a cabeça.
    Verifique o estado atual da máquina.
    Procure nas instruções uma pré-condição correspondente.
Execute as três ações associadas à pré-condição correspondente.
Repita até a memória guardar o referido estado de paragem.
```

Quando a máquina para, os resultados podem ser encontrados na fita.

Vista por olhos modernos, a máquina poderá parecer antiquada, mas nela já estão presentes todos os atributos indispensáveis de um computador — leitura e escrita de dados, execução de instruções que podem ser facilmente modificadas, processamento de símbolos que representam informação, tomada de decisões baseada em dados e repetição de instruções. Turing nunca pretendeu que a sua máquina fosse construída. A sua intenção era que fosse um modelo abstrato de uma máquina de computação — um preciosismo que tornaria possível o desenvolvimento da teoria da computação.

O que a máquina de Turing faz é manipular símbolos. Cabe aos humanos atribuir significado aos símbolos. Estes podem ser interpretados como representações de números, letras, valores lógicos (verdadeiro/ /falso) e cores e ainda uma miríade de outras grandezas.

A máquina de Turing não inclui instruções dedicadas à aritmética (isto é, adições, subtrações, multiplicações e divisões). As operações aritméticas são implementadas através da execução de programas que processam os símbolos na fita, de modo que alcance o efeito da aritmética. Por exemplo, o cálculo 2 mais 2 é executado por um programa que substitui os símbolos «2 + 2» na fita pelo símbolo «4». Num computador moderno, as operações aritméticas são incorporadas de raiz para aumentar a velocidade de processamento.

Turing sugeriu que a sua máquina era suficientemente flexível para executar qualquer algoritmo. A sua proposta, hoje aceite de forma generalizada, integra duas facetas. Define o que é um algoritmo e o que é um computador de uso geral. Um algoritmo é uma sequência de passos cuja execução pode ser programada numa máquina de Turing. Um computador de uso geral é qualquer máquina que seja capaz de executar programas equivalentes àqueles que podem ser executados por uma máquina de Turing.

Atualmente, a particularidade de um computador de uso geral é ele ser *Turing-completo*. Por outras palavras, o computador imita o funcionamento de uma máquina de Turing. Os símbolos na fita podem, claro, ser substituídos por outras grandezas físicas, tais como os níveis de voltagem eletrónica utilizados nos computadores modernos. Todos os computadores modernos são Turing-completos. Se não o fossem, não seriam computadores de uso geral.

Um atributo fundamental da máquina de Turing é a capacidade para examinar dados e tomar decisões sobre a ação a executar de seguida. É esta capacidade que eleva o computador acima da calculadora automática. Uma calculadora não pode tomar decisões. Pode processar dados, mas não reagir a estes mesmos dados. A capacidade de tomar decisões dá aos computadores a possibilidade de executar algoritmos.

Turing utilizou a sua máquina hipotética para responder a um problema clássico de computabilidade: «Será possível calcular todas as funções com recurso a algoritmos?» Uma função começa com uma entrada e produz um valor como saída. A multiplicação é uma função computável, o que significa que existe um algoritmo conhecido para calcular o resultado de uma multiplicação para todos os valores de entrada possíveis. A questão com que Turing se debatia era a de saber se todas as funções são computáveis.

Ele provou que a resposta era negativa. Algumas funções não são computáveis por intermédio de um algoritmo. A este respeito, Turing demonstrou que uma função em particular não é computável.

O problema da paragem levanta a pergunta de se é possível existir um algoritmo capaz de determinar se um outro algoritmo termina. Este problema expressa uma dificuldade prática da programação. Por engano, os programadores podem facilmente escrever um programa no qual alguns dos passos se repitam para sempre. Esta circunstância é designada um *loop infinito*. Em regra, não é desejável que um programa nunca tenha fim. Seria uma grande ajuda para os programadores se estes pudessem contar com um programa de verificação que analisasse um programa recém-escrito e determinasse se este inclui *loops* infinitos. Desta forma, a execução de *loops* infinitos poderia ser evitada.

Turing provou que não é possível existir um algoritmo geral de verificação. A sua prova é articulada sobre um paradoxo. Para este fim, o paradoxo do mentiroso constitui um bom exemplo. Podemos encapsulá-lo na seguinte afirmação:

Esta frase é falsa.

A frase, tal como qualquer afirmação lógica, pode ser verdadeira ou falsa. Se a frase for verdadeira, então temos de concluir que: «Esta frase é falsa.» Uma afirmação não pode ser, simultaneamente, verdadeira e falsa. Seria contraditório. Por outro lado, se a frase for falsa, então temos de concluir que: «Esta frase não é falsa» — outra contradição. Visto que as duas possibilidades (verdadeiro e falso, ou falso e verdadeiro) são contradições, a afirmação é um paradoxo.

Turing utilizou um paradoxo para provar que não existe uma solução para o problema da paragem. As provas baseadas em paradoxos funcionam do seguinte modo:

Considere uma afirmação cuja falsidade tencione provar.
Temporariamente, assuma que a afirmação é verdadeira.
Desenvolva uma linha lógica de raciocínio baseada nessa assunção.
Se a conclusão é um paradoxo e a linha lógica de raciocínio está correta, então a assunção é inválida.

Turing começou com a assunção de que:

Existe um algoritmo de verificação que resolve o problema da paragem.

Este algoritmo de verificação hipotético indica se um programa irá ou não parar. Se o programa que está a ser testado parar, então a saída do verificador será: «Para». Caso contrário, a saída do verificador será: «Não para». O algoritmo de verificação é, pois, o seguinte:

Considere como entrada um programa.
Se o programa parar,
então produza como saída «Para»,
senão produza como saída «Não para».

Depois, Turing seguiu uma linha lógica de raciocínio. Começou por criar um programa que executava a verificação em si próprio (Figura n.º 3.4):

Repita o seguinte passo:
    Execute o verificador, considerando como entrada o verificador.
Repita até o verificador produzir como saída «Não para».

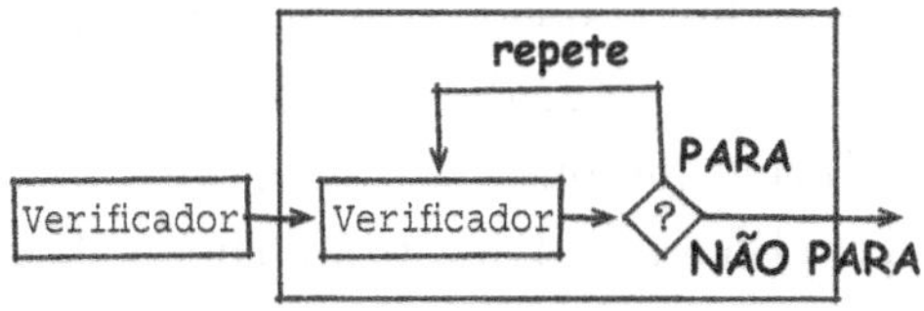

Figura n.º 3.4: Resposta de Turing ao problema da paragem.

O programa analisa a saída do verificador. Se a saída do verificador for «Não para», o *loop* termina e o programa para. Se a saída do verificador for «Para», o programa repete-se indefinidamente e não para. Todavia, o verificador está a verificar-se a si mesmo. Assim, o verificador só para se o verificador não parar. Inversamente, o verificador não para se o verificador parar. Ambos os resultados são contradições. Estamos perante um paradoxo.

Uma vez que a linha lógica de raciocínio está correta, a assunção inicial não deverá ser válida. Isto significa que não pode existir um algoritmo de verificação que resolva o problema da paragem. O problema da paragem não é computável. Existem funções que não são computáveis, mesmo quando se conhecem todas as variáveis. A computação tem limites.

A boa notícia é que diversas funções úteis — mapeamentos de valores de entrada para valores de saída — são computáveis. A dificuldade está em conceber algoritmos eficientes que executem o mapeamento pretendido.

Em 1936, Turing ingressou na Universidade de Princeton para iniciar um doutoramento. Enquanto um bacharelato em Artes ou em Ciência engloba um conjunto de seminários e uma série de provas escritas, o mais avançado grau de doutoramento consiste num projeto de investigação sólido. Um doutoramento culmina na submissão de uma tese e numa acutilante prova oral, ou defesa *viva voce*. A concessão do grau de doutoramento está dependente da produção, por parte do candidato, de um trabalho inédito baseado numa prova experimental ou matemática. O doutoramento de Turing, supervisionado pelo matemático e lógico americano Alonzo Church, incidiu sobre os problemas teóricos da computação.

Turing regressou à Universidade de Cambridge em 1938. Em 4 de setembro de 1939, o dia seguinte à declaração de guerra da Grã-Bretanha à Alemanha nazi, Turing juntou-se à Escola de Cifras e Códigos do governo britânico, em Bletchley Park. Com o nome de código «Estação X», Bletchley Park era o centro de decifração de códigos ultra-secreto do Reino Unido em tempo de guerra.

Com base em informações recebidas de um grupo polaco, Turing e Gordon Welchman desenvolveram um computador de uso específico para auxiliar na desencriptação dos códigos Enigma alemães*. A Bombe — um dispositivo de computação eletromecânico — ficou concluída em 1940. Embora pudesse ser reconfigurada, a Bombe não era programável. Tal como outras máquinas da sua geração, só podia executar um único algoritmo. A Bombe permitiu à equipa descodificar comunicações de rádio intercetadas com origem em submarinos alemães. As informações recolhidas possibilitaram à Marinha Britânica determinar as posições dos *u-boats* alemães e alertar as embarcações aliadas para ataques iminentes. Como consequência direta, as vidas de muitos marinheiros aliados foram salvas. Turing foi distinguido com a Ordem do Império Britânico em reconhecimento dos serviços prestados em tempo de guerra. Os detalhes acerca das suas atividades ultra-secretas não foram divulgados.

No final da guerra, a Estação X foi desativada. Turing integrou o Laboratório Nacional de Física (NPL), em Londres, onde tomou parte num projeto para a conceção de um computador eletrónico de uso geral. Devido à dificuldade da tarefa e à resistência de Turing em trabalhar com outras pessoas, o progresso foi lento. Desapontado, Turing deixou o NPL para regressar a Cambridge. Acabaria por aceitar uma posição na Universidade de Manchester, que avançara para o desenvolvimento do seu próprio computador eletrónico.

Tendo passado toda a sua carreira a contemplar planos para um computador, Turing tinha finalmente um entre mãos. Tomou a seu cargo a programação do computador da Universidade de Manchester e a escrita do seu manual. Redigiu uma série de artigos científicos ponderando as possíveis aplicações futuras dos computadores. Prenunciando a bioinformática moderna, Turing disse que os computadores seriam capazes de prever o comportamento das moléculas em sistemas biológicos. Defendeu que os computadores poderiam solucionar problemas que até então requeriam inteligência humana. Especulou que, no ano 2000, seria impossível a um interrogador humano distinguir entre uma pessoa e um computador na comunicação por mensagens de texto. Até hoje, nenhuma máquina passou no designado Teste de Turing para a inteligência artificial.

* A máquina Enigma foi um dispositivo eletromecânico de geração de códigos utilizado extensivamente pelas forças militares alemãs durante a Segunda Guerra Mundial. [*N. da T.*]

Em 1952, Turing apresentou queixa por um assalto à sua casa. À polícia, contou que um dos seus amigos — Arnold Murray — conhecia o ladrão. Pressionado, Turing reconheceu que mantinha uma relação homossexual com Murray. Na sequência destes acontecimentos, foram instaurados procedimentos criminais contra Turing pelo crime de «indecência agravada». O tribunal condenou Turing a «terapia» hormonal — um eufemismo para castração química. Outrora um dedicado atleta amador e um corredor de maratonas, Turing viu a sua saúde ressentir-se por causa da «terapia».

Dois anos depois, aos quarenta e um anos, Turing foi encontrado morto na sua própria cama. Os exames toxicológicos revelaram que a causa da morte tinha sido envenenamento com cianeto. O inquérito do médico legista concluiu que a causa da morte de Turing foi suicídio. Desde então, muitas pessoas questionaram este veredicto. Não havia uma nota de despedida. Ao lado da cama de Turing, foi encontrada uma maçã meio roída, mas esta nunca foi testada para encontrar vestígios de cianeto. Os seus amigos garantiram que estava de bom humor nos dias que antecederam a sua morte. Houve quem sugerisse que Turing tinha sido assassinado por agentes do Estado com o intuito de evitar que ele revelasse segredos dos tempos de guerra. A hipótese parece rebuscada. Turing costumava levar a cabo experiências químicas em casa. A sua morte poderá não ter passado de um acidente.

O que se passou na Estação X não foi divulgado até ao início da década de setenta. Mesmo as famílias dos homens e das mulheres que lá trabalharam nada sabiam das suas façanhas em Bletchley Park. Em 2013, Turing recebeu um perdão póstumo pelo seu «crime» de atividade homossexual, concedido pela rainha Isabel II, bem mais tarde do que seria desejável.

O legado de Turing para a ciência computacional é incomensurável. Ele definiu os computadores e os algoritmos e estabeleceu os limites da computação. A máquina de Turing continua a ser a referência à qual todos os computadores são comparados. Passar o Teste de Turing tornou-se um dos maiores objetivos de sempre da inteligência artificial. Mais importantes do que as suas invenções são, todavia, algumas ideias preciosas espalhadas pelos seus artigos. As suas reflexões aparentemente extemporâneas abriram caminhos inteiros de investigação futura para quem veio a seguir. Como reconhecimento pelas suas conquistas, a mais elevada distinção em ciência computacional foi designada Prémio Turing. O prémio, no valor de um milhão de dólares, é oferecido pela Associação de Máquinas de Computação (ACM) às contribuições «de alcance técnico superior e duradouro».

Enquanto Turing estava ocupado a desvendar os códigos Enigma em Bletchley Park, os computadores programáveis e (maioritariamente) eletrónicos estavam em desenvolvimento noutros lugares. Em Berlim, o engenheiro alemão Konrad Zuse construiu uma série de dispositivos de computação baseados em relés. O Z3, um computador programável e totalmente automático, ficou concluído em 1941. Não sendo Turing-completo, o Z3 incluía vários atributos avançados, os quais seriam alvo de diversas reinvenções. Os esforços de Zuse foram grandemente dificultados pela guerra. A falta de componentes, a redução do financiamento e os bombardeamentos aéreos contribuíram para atrasar o desenvolvimento da série Z. Em 1945, o trabalho de Zuse estava praticamente paralisado. O desenvolvimento de um computador Turing-completo, o Z4, foi bruscamente travado. Só em 1949 Zuse voltaria a estabelecer uma empresa para produzir os seus computadores. O Z4 foi finalmente entregue ao ETH Zurich* em 1950. A empresa de Zuse construiu mais de 200 computadores antes de ser adquirida pelo gigante alemão da eletrónica, a Siemens.

Nos Estados Unidos, a Segunda Guerra Mundial favoreceu o desenvolvimento dos primeiros computadores. Inspirado por um modelo de demonstração da máquina diferencial de Babbage, Howard Aiken concebeu um computador eletrónico na Universidade de Harvard. Financiado e construído pela IBM, o Harvard Mark I (também conhecido por Calculador Controlado de Sequências Automáticas) estava pronto em 1944. Totalmente programável e automática, a máquina podia funcionar durante dias seguidos sem ser necessária intervenção alguma. Contudo, não possuía a capacidade de tomada de decisões. Como tal, o Harvard Mark I não era Turing-completo, nem era um computador de uso geral.

* Instituto Federal de Tecnologia de Zurique. [*N. da T.*]

O primeiro computador digital e de uso geral do mundo foi construído na Pensilvânia. Financiada pelo Exército dos Estados Unidos e com uma vocação militar evidente, a máquina foi revelada aos órgãos de comunicação em 1946. Foi o início de uma revolução no desenvolvimento dos algoritmos.

4

Previsões meteorológicas

Durante seis dias e sete noites
O vento soprou, dilúvio e tempestade encheram a terra;
Quando o sétimo dia chegou, a tempestade, o dilúvio e a tormenta,
Depois de lutarem como uma mulher em trabalho de parto, extinguiram-se.
O mar acalmou, o vento imhullu *amainou, o dilúvio recuou.*

Autor desconhecido, tradução para inglês de Stephanie Dalley
Épico de Gilgamesh, circa 2000 A. E. C.

Desde tempos imemoriais, a vida esteve à mercê dos caprichos do tempo. Muitas vezes, uma catástrofe humana poderia ter sido evitada se fossem conhecidas as condições meteorológicas para o dia seguinte. Em 2000 A. E. C., a previsão do tempo estava reservada aos deuses. Marinheiros e agricultores procuravam orientação em adágios e augúrios.

A partir de 650 A. E. C., os Babilónios tentaram prever o tempo de forma mais rigorosa, baseando-se na observação de formações de nuvens. Em 340 A. E. C., o filósofo grego Aristóteles escreveu *Meteorologica*, a primeira obra relevante sobre a natureza das condições meteorológicas. O seu sucessor imediato no *lyceum*, Teofrasto de Éreso, compilou um texto suplementar intitulado *Sobre os ventos e os sinais meteorológicos*, no qual documentou os adágios relacionados com as condições do tempo. Ao longo de quase dois mil anos, estes dois livros subsistiram como os testemunhos definitivos sobre o tema. Infelizmente, ambos estavam errados nos seus fundamentos.

Nos anos que se seguiram ao Iluminismo, os cientistas dedicaram-se ao registo meticuloso de medições das condições meteorológicas. Vários países estabeleceram serviços meteorológicos centralizados. O Reino Unido fundou o Serviço Nacional de Meteorologia em 1854 e, seis anos mais tarde, o Gabinete de Meteorologia dos EUA começou a funcionar. Aproveitando a invenção recente do telégrafo elétrico, estes serviços recolhiam dados meteorológicos de regiões distantes e, com base nessas informações, emitiam previsões meteorológicas. O seu método de previsão era rudimentar. Os meteorologistas limitavam-se a procurar nos registos históricos a aproximação mais rigorosa às condições atuais. De seguida, previam que as condições meteorológicas iriam evoluir da mesma maneira. Por vezes, esta abordagem funcionava. Noutras ocasiões, era desastrosa.

O primeiro vislumbre de um método de previsão mais rigoroso surgiu no início do século XX. Cleveland Abbe, diretor do Gabinete de Meteorologia dos Estados Unidos, observou que a atmosfera da Terra é essencialmente uma mistura de gases. Argumentou que os gases se deveriam comportar da mesma forma na atmosfera e no laboratório. Os cientistas contemporâneos conseguiam prever o comportamento dos gases em laboratório sob a ação de calor, pressão e movimento. Será que os meteorologistas poderiam usar estas mesmas leis científicas para prever o comportamento dos gases na atmosfera sob a ação do aquecimento solar e do fluxo do vento? As leis da hidrodinâmica (ação de forças sobre os fluidos) e da termodinâmica (ação do calor sobre os fluidos) eram conhecidas. Porque não aplicá-las à atmosfera?

Pouco tempo depois, o cientista norueguês Vilhelm Bjerknes propôs um método de previsão em dois passos. No primeiro, é medido o estado atual do tempo. No segundo, é utilizado um conjunto de equações para prever a pressão, temperatura, densidade, humidade e velocidade do vento futuras da atmosfera. Bjerknes deduziu estas equações a partir das leis conhecidas da física. Devido à sua complexidade, ele não foi capaz de extrair uma solução simples a partir das equações. Em vez disso, recorreu a tabelas e gráficos para converter as observações em estimativas das condições futuras. Cada tabela era concebida para antecipar as condições meteorológicas no lapso de uma unidade fixa de tempo. Repetindo estes passos, argumentava Bjerknes, as previsões meteorológicas podiam ser projetadas no futuro. As condições de saída da primeira iteração seriam a entrada para a segunda iteração e assim sucessivamente.

Embora o método iterativo de Bjerknes tenha sido uma inovação, a precisão da sua abordagem era limitada pelo recurso a tabelas e gráficos. Faltava um método fidedigno para calcular as condições futuras a partir de medições atuais. O problema gerava sérias dificuldades. As equações eram complexas e aparentavam ser impossíveis de resolver.

Um homem com pouca experiência prévia em meteorologia decidiu tentar a sua sorte.

Previsões numéricas

Nascido em Newcastle, Inglaterra, em 1881, Lewis Fry Richardson estudou ciência na Universidade de Newcastle e no King's College, em Cambridge. No final do curso, ocupou uma série de posições de investigação de curta duração, trabalhando em dinâmica de fluidos e problemas diferenciais. Em 1913, foi nomeado superintendente do remoto observatório meteorológico de Eskdalemuir. Nas terras altas do sul da Escócia, a paisagem de Eskdalemuir é bela, ventosa e austera. As obrigações de Richardson consistiam em registar as condições meteorológicas, monitorizar as vibrações sísmicas e anotar as variações no campo magnético da Terra. Afortunadamente, o cargo assegurou-lhe uma casa e bastante tempo livre. No meio da «solidão desoladora e nebulosa de Eskdalemuir», Richardson embarcou numa missão para desenvolver e testar um algoritmo numérico para a previsão do tempo. A experiência de Richardson fundamentava-se nas leis invioláveis da física.

Richardson dividiu a atmosfera numa grelha tridimensional imaginária constituída por *células*. Cada célula media 160 km de largura por 160 km de comprimento e 3 km de altura. Ele assumiu que a atmosfera dentro de cada célula era relativamente homogénea. Dito de outra forma, todos os pontos da célula apresentavam sensivelmente a mesma velocidade e direção do vento, a mesma humidade, pressão atmosférica, temperatura e densidade. Para definir o estado da atmosfera, Richardson anotou os valores destas grandezas para cada célula. Deste modo, as condições atuais eram representadas como uma lista de números.

Para determinar como é que as condições evoluíam ao longo do tempo, Richardson dividiu cada dia numa série de escalões de tempo. Cada escalão de tempo compreendia uma hora. Começando pelas condições observadas, calculou o estado provável do clima no escalão seguinte. Para chegar a esta determinação, adaptou as equações de estado dos gases utilizadas em laboratório, calculando o estado de uma célula com base no seu estado e no estado das células vizinhas no anterior escalão de tempo. Richardson realizou estes cálculos para cada célula. A tabela de valores final para um escalão de tempo foi depois usada como entrada para o cálculo das condições no escalão de tempo seguinte. Para as células limítrofes nos pontos mais altos e mais baixos da atmosfera, foram utilizadas equações específicas. Os efeitos do aquecimento solar foram incorporados com base no período horário do dia. Os efeitos da rotação da Terra também foram incluídos. Célula a célula, escalão de tempo após escalão de tempo, Richardson calculou as condições meteorológicas. O seu algoritmo pode ser resumido do seguinte modo:

> Meça as condições iniciais de cada célula.
> Repita a seguinte operação para cada escalão de tempo:
>   Repita a seguinte operação para cada célula:
>   Calcule o estado da célula tendo por base o seu estado e o estado das células vizinhas no anterior escalão de tempo.
>   Repita até todas as células terem sido processadas.
> Repita até todos os escalões de tempo terem sido processados.
> Produza como saída a previsão final.

Hoje em dia, o algoritmo de Richardson seria designado uma *simulação*. Prevê, por via do cálculo, como um sistema físico do mundo real muda ao longo do tempo. As equações que regem a simulação são um *modelo* da dinâmica das condições do mundo real.

Richardson testou o seu algoritmo usando dados meteorológicos históricos medidos na Alemanha no dia 20 de maio de 1910. Tentou prever a pressão atmosférica e a velocidade do vento em dois pontos do mapa, baseando-se nas medições efetuadas seis horas antes. Richardson aplicou com rigor o seu algoritmo, executando cada um dos cálculos manualmente. O processo duraria meses.

No final, as previsões de Richardson revelaram-se espetacularmente incorretas. O seu algoritmo estimou que a pressão atmosférica à superfície ascenderia a 145 hPa — um valor absolutamente irrealista. Na verdade, a pressão quase não sofreu alterações naquele dia. Richardson atribuiu a culpa desta discrepância a erros na forma de representação das condições iniciais do vento.

Sem esmorecer, Richardson publicou as suas descobertas em 1922 num volume intitulado *Previsão do Tempo por Processo Numérico*. Neste livro, idealizou uma grande sala no interior da qual 64 000 computadores humanos auxiliados por calculadores mecânicos computariam a previsão meteorológica em tempo real.

O livro de Richardson não foi bem recebido. O seu algoritmo falhava de forma descontrolada e era anormalmente impraticável. Requeria um volume monumental de computação. A única solução possível era o recurso a uma máquina calculadora de alta velocidade. Decorreriam quase trinta anos até que a previsão numérica do tempo voltasse a ser equacionada.

ENIAC

O primeiro computador de uso geral totalmente operacional foi projetado e construído na Universidade da Pensilvânia durante a Segunda Guerra Mundial. O ENIAC (Computador e Integrador Numérico Eletrónico) foi concebido por John Mauchly e Presper Eckert, dois professores universitários. Devido a uma reviravolta do destino, a maioria dos créditos foram atribuídos ao matemático mundialmente famoso John von Neumann.

Mauchly nasceu em Cincinnati, em 1907. Graças à sua mestria, obteve permissão para iniciar o doutoramento em Física antes de completar o grau menos avançado do bacharelato de Ciência. No final do curso, Mauchly foi convidado para dar aulas na Ursinus College, na Pensilvânia.

Em 1941, Mauchly frequentou um curso de Engenharia Eletrónica na Moore School da Universidade de Pensilvânia. Patrocinado pela Marinha dos Estados Unidos, o curso incidia sobre a eletrónica para fins militares.

Eckert, um recém-finalista da Moore School, era um dos instrutores do curso. Embora não fosse um ás nos estudos, Eckert era um engenheiro soberbo. Apesar da diferença de idades — Mauchly era doze anos mais velho do que Eckert —, os dois simpatizaram imediatamente um com o outro, unidos por um fascínio comum pelas engenhocas. Após o curso, Mauchly foi contratado pela Moore School.

Sob o espectro da Segunda Guerra Mundial, a Moore School hospedava os computadores humanos que trabalhavam para o Exército dos Estados Unidos. Estes computadores humanos eram contratados pelo Laboratório de Investigação Balística situado no adjacente Campo de Testes de Aberdeen, em Maryland. A equipa, auxiliada pelos calculadores mecânicos da Moore School, produzia tabelas balísticas para a artilharia. As tabelas eram usadas por oficiais de armamento no campo de batalha para determinar os ângulos de disparo corretos das suas peças de artilharia. As tabelas permitiam aos militares terem em conta o tipo de equipamento, a pressão do ar, a velocidade e a direção do vento, a extensão e altitude do alvo. O Laboratório de Investigação Balística empregava cem mulheres formadas em Matemática para executarem os minuciosos e demorados cálculos. Mesmo com esta força de trabalho, o laboratório não tinha mãos a medir.

Em abril de 1942, Mauchly redigiu uma proposta na qual delineava o projeto de um computador eletrónico. O seu relatório circulou no interior da Moore School. O tenente Herman Goldstine, reponsável máximo da tabulação das trajetórias, teve conhecimento do documento. Professor de Matemática na Universidade de Michigan, Goldstine reconheceu imediatamente o potencial do computador de Mauchly para atenuar o congestionamento dos cálculos balísticos. Decidiu, pois, entrar em contacto com Mauchly. Satisfeito com o que ouviu, Goldstine solicitou aos seus superiores no Exército o financiamento que permitiria a Mauchly e Eckert construírem a máquina.

Os trabalhos para a construção do ENIAC começaram em 1943. O jovem e energético Eckert foi nomeado engenheiro chefe. O experiente Mauchly seria o consultor de Eckert. Goldstine era o gestor de projeto *cum* matemático.

Projetado inicialmente para a computação de tabelas de artilharia, o ENIAC era um computador de uso geral em todo o seu esplendor. Era programável por meio de fios e fichas. Era capaz de executar cálculos, armazenar valores e tomar decisões. Tal como a máquina analítica de Babbage, o ENIAC processava números decimais. Maioritariamente eletrónico, com alguns componentes eletromecânicos, a máquina era gigantesca, pesando cerca de vinte e sete toneladas e ocupando mais de 140 metros quadrados da área disponível. Sequências de circuitos eletrónicos estavam dispostas em painéis que iam do chão ao teto, forrando as paredes da cave da Moore School. A frente dos painéis era adornada com fileiras de lâmpadas e tomadas. Painéis sobre rodas moviam-se entre os módulos do equipamento. Uma profusão de cabos serpenteava entre as tomadas, formando padrões aparentemente incompreensíveis.

No meio do equipamento eletrónico, um pequeno grupo de programadoras afadigava-se para convencer a máquina temperamental a funcionar. As programadoras do ENIAC foram recrutadas entre o contingente de matemáticas que trabalhavam para o Laboratório de Investigação Balística. Kathleen McNulty (conhecida pelo nome de casada, Mauchly Antonelli), (Betty) Jean Jennings (conhecida pelo nome de casada, Bartik), (Frances) Betty Holberton (conhecida pelo nome de casada, Snyder), Marlyn Wescoff (conhecida pelo nome de casada, Meltzer), Frances Bilas (conhecida pelo nome de casada, Spence) e Ruth Lichterman (conhecida pelo nome de casada, Teitelbaum) descobriram como programar a desconcertante máquina. Era um pesadelo. Múltiplas unidades operavam em simultâneo. As saídas de cada uma tinham de ser sucessivamente cronometradas para sincronizar a transferência de dados. Os componentes sofriam avarias constantes. Para tornar a tarefa um pouco mais fácil, Adele Goldstine (com nome de nascença Katz), esposa de Goldstine e uma das instrutoras da Moore School, compilou o primeiro manual de funcionamento da máquina.

Quando o ENIAC finalmente ganhou forma, Mauchly e Eckert começaram a pensar no seu sucessor. Em agosto de 1944, apresentaram os planos para um dispositivo aperfeiçoado — o EDVAC (Computador Eletrónico Automático de Variáveis Discretas). Mais uma vez, o Laboratório de Investigação Balística aprovou o financiamento. Os trabalhos para a construção do EDVAC começaram pouco tempo depois. Sensivelmente na mesma altura, Goldstine admitiu um novo colaborador no projeto.

John von Neumann nasceu em Budapeste, na Hungria, em 1903. Pertencendo a uma família abastada, ele foi educado em instituições privadas até aos dez anos. No ensino secundário, demonstrou uma aptidão especial para a matemática, tendo escrito o seu primeiro artigo de investigação antes de completar dezoito anos. Viria a prosseguir o estudo da matemática na Universidade de Budapeste. Ao mesmo tempo, formou-se no curso de Química em Zurique, na Suíça. Para isso, não precisou de comparecer nas aulas em Zurique. Limitou-se a aparecer no dia dos exames. Era fluente em inglês, alemão e francês, com latim e grego aceitáveis.

Von Neumann foi nomeado professor da Universidade de Princeton em 1931. Em Princeton, tornou-se membro do Instituto de Estudos Avançados, do qual também fazia parte Einstein. Leon Harmon, um dos investigadores do instituto, descreveu von Neumann do seguinte modo:

> Um verdadeiro génio, o único que alguma vez conheci. Estive com Einstein, Oppenheimer e Teller e muitos outros tipos como eles. Von Neumann foi o único génio com quem alguma vez estive. Os outros eram ultra-espertos e grandes vedetas. Mas a mente de von Neumann era inesgotável. Ele era capaz de resolver problemas em qualquer área e a sua mente estava sempre a trabalhar, sempre inquieta.

Com uma personalidade calorosa e amigável, von Neumann era bastante popular. Todos o conheciam por «Johnny». Ele tinha a humildade de escutar e o dom de absorver ideias. Atraído por fatos de bom corte e carros velozes, Johnny possuía um sentido de humor implacável. O notável intelectual gostava de estar rodeado de pessoas e de uma boa tagarelice.

Durante a Segunda Guerra Mundial, von Neumann teve direito a uma licença sabática de Princeton para se dedicar a projetos militares. Ele estava envolvido no Projeto Manhattan, auxiliando na conceção da primeira bomba atómica. O projeto exigia um grande volume de cálculos. Von Neumann percebeu a necessidade de uma máquina capaz de calcular mais rápido do que um ser humano. Em 1944, von Neumann terá encontrado Goldstine por acaso na gare de uma estação de comboios em Aberdeen, em Maryland. Goldstine apresentou-se. Os dois começaram a conversar e, talvez para impressionar von Neumann, Goldstine mencionou o seu trabalho no ENIAC. Foi quanto bastou para suscitar o interesse do matemático de Princeton. Goldstine lançou o convite, e von Neumann juntou-se ao projeto do ENIAC como consultor.

Nas palavras de Eckert[47]: «Von Neumann compreendeu muito rapidamente o que estávamos a fazer.»

Em junho de 1945, von Neumann escreveu um relatório com 101 páginas intitulado *Primeiro Esboço de um Relatório sobre o EDVAC*. O relatório descrevia pormenorizadamente o novo projeto do EDVAC, mas não mencionava Mauchly e Eckert, os inventores da máquina. Com a aprovação de Goldstine, o relatório foi distribuído por elementos associados ao projeto. Von Neumann, único autor do primeiro relatório sobre o EDVAC, passou a ser visto como o artífice do projeto. Eckert não ficou satisfeito[47]:

> Eu não sabia que ele ia tornar o assunto público e, de alguma forma, reivindicá-lo como se fosse criação sua. Não só fez isso, como fê-lo numa altura em que o material era classificado, e eu não tinha autorização para o divulgar ou falar sobre o assunto.

Concluído em 1945, o ENIAC chegou tarde de mais para ser útil no esforço de guerra. A gigantesca máquina foi revelada ao público no Dia de São Valentim, em 1946, numa conferência de imprensa que ocorreu na Moore School. Um dos elementos da equipa, Arthur Burks, fez uma demonstração das capacidades do ENIAC. A sua apresentação começou por uma soma de 5000 números num segundo. De seguida, Burks explicou que um obus demorava trinta segundos no percurso entre a arma e o alvo. Em contrapartida, o cálculo manual da sua trajetória demorava três dias. Ele informou o auditório de que o ENIAC iria executar o mesmo cálculo naquele preciso momento. Num gesto ligeiramente dramático, as luzes principais foram apagadas para que os repórteres conseguissem observar melhor as luzes tremeluzentes da máquina. Vinte segundos depois — mais rápido do que o voo do projétil —, o cálculo estava concluído.

Nessa noite, os astros do projeto reuniram-se num jantar comemorativo. O jantar era apenas para os administradores e engenheiros eletrónicos. As mulheres que programaram o ENIAC não foram convidadas. Seriam precisos cinquenta anos para que as programadoras do ENIAC recebessem uma pequena parcela do reconhecimento que tanto mereciam.

As manchetes do dia seguinte foram efusivas[51]:

O NOVO CÉREBRO-MARAVILHA DO EXÉRCITO
E OS SEUS INVENTORES
«CÉREBRO» ELETRÓNICO RESOLVE PROBLEMA
QUE LEVARIA 100 ANOS EM 2 HORAS

Em 1947, o ENIAC foi transferido para as instalações do seu proprietário, a sede do Laboratório de Investigação Balística em Aberdeen. A máquina continuou em funcionamento até 1955. Descontentes, Mauchly e Eckert demitiram-se da Moore School em 1947 para fundar a sua própria empresa de computadores. A jovem corporação não tardaria a enfrentar dificuldades financeiras e foi adquirida pela Remington Rand em 1950.

Ao contrário do que seria de esperar, o pedido de patente para o ENIAC efetuado por Eckert e Mauchly foi negado. A decisão do juiz assentou, em parte, na existência prévia do computador de Atanasoff-Berry (ABC), do qual Mauchly tinha conhecimento. Desenvolvido por John Atanasoff, um professor da Universidade do Estado de Iowa, e pelo seu aluno Clifford Berry, o ABC era eletrónico. Contudo, o ABC não era programável e não tinha a capacidade de tomar decisões. Segundo os padrões modernos, o ABC não era, certamente, um computador de uso geral. Era uma calculadora eletrónica de uso específico. Em retrospetiva, o veredicto do juiz Larson é desconcertante. O ENIAC era bastante mais avançado do que o ABC e incluía vários atributos inovadores.

O artigo de von Neumann privou Mauchly e Eckert da fama. O fracasso da sua empresa e do pedido de patente despojou-os da riqueza. Mauchly faleceu em 1980, depois de uma vida dedicada à computação. Eckert, o mais novo do par, trabalhou para a Remington Rand e sucessores desta até à sua morte, em 1995.

Embora o ENIAC tivesse sido concebido para cálculos balísticos, os indícios sugerem que os primeiros processamentos operacionais terão servido objetivos mais ambiciosos. As primeiras operações consistiram em cálculos secretos para o Projeto Manhattan. Por sugestão de von Neumann, um grupo de Los Alamos visitou o ENIAC em 1945. Impressionados, solicitaram que o ENIAC fosse colocado à disposição para auxiliar nos cálculos necessários à conceção de uma bomba de hidrogénio. As suas solicitações foram atendidas e estabeleceu-se uma relação contínua entre o Projeto Manhattan e a equipa do ENIAC. Esta colaboração tornou possível a testagem de um dos mais poderosos algoritmos da história.

Monte Carlo

Stanislaw Ulam nasceu no seio de uma família judaico-polaca abastada em 1909. Estudou matemática, concluindo o grau de doutoramento no Instituto Politécnico de Lviv, na Ucrânia. Em 1935, conheceu John von Neumann em Varsóvia. Von Neumann convidou Ulam para trabalhar consigo durante alguns meses no Intituto de Estudos Avançados, em Princeton. Pouco tempo depois de se juntar a von Neumann, Ulam foi admitido para uma posição de docência na Universidade de Harvard, em Boston. Mudou-se permanentemente para os Estados Unidos em 1939, escapando por pouco à eclosão da Segunda Guerra Mundial na Europa. Dois anos depois, tornou-se num cidadão dos Estados Unidos. Ulam forjou uma reputação de matemático talentoso e, em 1943, foi convidado a juntar-se ao Projeto Manhattan em Los Alamos, no Novo México. O ambiente dinâmico e colaborativo agradou a Ulam. Sobre ele, Nicholas Metropolis, um colega de Los Alamos, escreveria[52]:

> A sua natureza era informal; ele andava por aqui à vontade, sem as habituais formalidades. Preferia trocar ideias de forma mais ou menos livre a dissertar. Os temas alternavam entre a matemática, a física, acontecimentos mundiais, notícias locais, jogos de azar, citações dos clássicos — tratados de forma episódica, mas sempre com uma ideia significativa por trás. A sua mente estava preparada para fazer ligações críticas.

Nos trabalhos para a construção da bomba, Ulam ficou responsável pelo problema do cálculo da distância percorrida pelos neutrões (partículas sem carga elétrica no centro de um átomo) através de um material-barreira. O problema parecia ser insolucionável. A penetração dos neutrões depende da trajetória da partícula e da disposição dos átomos no material-barreira. Imagine uma bola de ténis de mesa lançada displicentemente contra um milhão de pinos dispostos de forma aleatória. Qual será, em média, a distância percorrida pela bola? Visto que existem tantos caminhos possíveis, como é que alguém pode responder a essa pergunta?

Num período em que se encontrava no hospital em convalescença, Ulam entreteve-se a jogar Solitário Canfield, um jogo de cartas para um único jogador. O solitário Canfield utiliza um baralho normal de cinquenta e duas cartas. As cartas são retiradas uma a uma e transferidas entre pilhas de acordo com as regras do jogo e as decisões do jogador. O objetivo é terminar com apenas quatro pilhas de cartas. Cada pilha deve conter todas as cartas de um naipe.

As regras são bastante simples. Quando se retira uma carta, há um pequeno número de jogadas admissíveis entre as quais é possível escolher. Na maior parte dos casos, escolher a melhor jogada é um processo fácil.

Ulam começou a pensar quais eram as suas hipóteses de ganhar um jogo. Ganhar ou perder dependia da ordem pela qual as cartas eram distribuídas. Algumas sequências de cartas conduziam a uma vitória; outras, a uma derrota. Uma das formas de calcular as probabilidades era listar todas as sequências de cartas possíveis e calcular a percentagem que conduzia a vitórias.

Uma vez que um baralho contém cinquenta e duas cartas, existem cinquenta e duas primeiras cartas possíveis (Figura n.º 4.4.). Depois da primeira carta, sobram cinquenta e uma cartas no baralho, ou seja, cinquenta e uma segundas cartas possíveis. Assim, o número de sequências de primeiras e segundas cartas possíveis corresponde a 52 × 51 = 2652. Aplicando este cálculo à totalidade do baralho, obtemos 52 × 51 × 50 × 49 × [...] × 1. Isto equivale a 8 seguido de sessenta e sete dígitos. Ninguém seria capaz de jogar tantas vezes.

Talvez o problema pudesse ser simplificado, pensou Ulam. E se jogasse apenas dez jogos? Poderia calcular a percentagem de vitórias. Isso dar-lhe-ia um indicador da probabilidade real de ganhar. É claro que em apenas dez jogos havia a possibilidade de um golpe de sorte. Isto iria distorcer as probabilidades. E se fossem cem jogos? Um golpe de sorte tão longo é menos provável. Ulam concluiu que podia obter uma estimativa razoável da probabilidade real de ganhar se calculasse a média dos resultados ao longo de um número suficientemente elevado de jogos. O ponto-chave era que ele não precisava de jogar todos os jogos possíveis. Ele só tinha de jogar o suficiente para obter uma estimativa razoável das probabilidades reais.

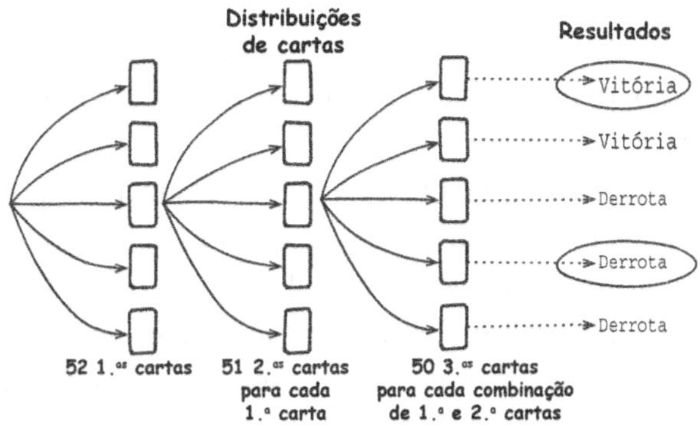

Figura n.º 4.4: Distribuições de cartas possíveis no Solitário Canfield. Os resultados no interior dos círculos são recolhidos utilizando o método de Monte Carlo.

Porém, mesmo que jogasse apenas mil jogos, isso demoraria muito tempo. Ulam verificou que era possível programar um computador para jogar esse número de jogos. O computador podia ser programado para «distribuir» as cartas aleatoriamente e jogar tal como Ulam jogava. Com um número de jogos suficiente, a percentagem de vitórias seria uma estimativa fidedigna da probabilidade real de ganhar.

Resumindo, o algoritmo de Ulam funciona do seguinte modo:

```
Comece por contabilizar zero vitórias.
Repita o seguinte:
    Escolha um baralho novo de cartas.
    Repita o seguinte:
        Retire uma carta do baralho ao acaso.
        Jogue a carta da melhor maneira.
    Repita até já não restarem cartas no baralho.
    Se ganhou o jogo, então contabilize uma vitória.
Repita até concluir um número elevado de jogos.
Produza como saída a percentagem de vitórias.
```

Ulam percebeu que o seu algoritmo poderia funcionar com muito mais do que jogos de cartas. Poderia funcionar com o problema da difusão dos neutrões. A trajetória dos neutrões e as posições dos átomos-barreira podiam ser representadas por números aleatórios. A distância de penetração podia ser calculada para cada trajetória e configuração de barreira. Calculando a média de um número elevado de testes aleatórios, obter-se-ia uma estimativa da distância de penetração esperada dos neutrões no mundo real.

Ulam apresentou a ideia a von Neumann e sugeriu que os cálculos da penetração dos neutrões fossem efetuados pelo ENIAC. Segundo o colega Nicholas Metropolis[55]: «O empenho de von Neumann no método era contagiante e inspirador. Por trás da sua atitude aparentemente descontraída, escondia-se um empenho intenso e uma energia impaciente.»

O ENIAC foi encarregado da tarefa de testar o novo método de Ulam. Os resultados foram considerados «bastante favoráveis» — um discreto eufemismo. Os jogadores de cartas de Los Alamos denominaram o novo algoritmo como o método de Monte Carlo, em homenagem ao célebre casino do Mónaco.

Metropolis e Ulam publicaram o primeiro artigo sobre o método de Monte Carlo em 1949. O método viria a tornar-se num expoente da simulação computacional. Permite aos cientistas estimarem os resultados prováveis de eventos físicos complexos por via da amostragem aleatória de um grande número de casos. Hoje, o método de Monte Carlo é inerente a estudos especulativos em campos tão diversos como a física, a biologia, a química, a engenharia, a economia, os negócios e o direito.

Previsões computacionais

Depois da guerra, von Neumann regressou à vida académica no Instituto de Estudos Avançados em Princeton. No instituto, ele iniciou um projeto para construir um novo computador eletrónico nos mesmos moldes do EDVAC. O computador do Instituto de Estudos Avançados, tal como ficaria conhecido, seria a dádiva de von Neumann à computação. A máquina esteve em funcionamento entre 1952 e 1958. Num gesto que se viria a revelar decisivo, von Neumann distribuiu os planos para a máquina do Instituto por uma panóplia de grupos de investigação e empresas. A máquina do Instituto de Estudos Avançados tornou-se o protótipo para os computadores de todo o mundo.

Simultaneamente, von Neumann equacionou as tarefas que podiam ser realizadas pelos computadores. Talvez como consequência da sua investigação em dinâmica de fluidos na década de 1930, von Neumann terá tido conhecimento do trabalho de Richardson sobre a previsão numérica do tempo. Inspirado por esta pesquisa, von Neumann obteve um subsídio da Marinha dos Estados Unidos para formar o primeiro grupo de investigação em meteorologia computacional. Para pôr a iniciativa em vigor, von Neumann organizou uma conferência em que se reuniram os principais investigadores de meteorologia. O grupo aceitou o desafio de coordenar a primeira previsão das condições meteorológicas executada por um computador.

Um dos membros do grupo, Jule Charney, juntou-se a von Neumann no Instituto de Estudos Avançados. Charney manobrou a complexidade das equações de estado dos gases, tornando-as aptas a serem executadas por um computador. O computador do Instituto de Estudos Avançados ainda não estava pronto e, por isso, von Neumann voltou a solicitar o acesso ao ENIAC.

No primeiro domingo do mês de março de 1950, cinco meteorologistas chegaram ao Laboratório de Investigação Balística, em Aberdeen, para executar a previsão. As equipas de meteorologia e programação trabalharam dia e noite, em turnos de oito horas, durante quase a totalidade dos trinta e três dias seguintes. Calcularam-se as previsões para a América do Norte e Europa relativas a quatro dias dos meses de janeiro e fevereiro de 1949. As datas foram especificamente selecionadas devido à presença de sistemas meteorológicos significativos. As previsões antecipavam a pressão barométrica por um período de vinte e quatro horas. Dados do Gabinete de Meteorologia dos Estados Unidos forneciam as condições iniciais e possibilitavam a avaliação das previsões finais. O modelo tinha como base uma grelha retangular de quinze por dezoito células, cada uma delas com uma extensão de 736 km, e escalões de tempo de uma hora. O ENIAC executou um milhar de milhões de cálculos, tantos quantos eram necessários para cada previsão, em cerca de vinte e quatro horas — acompanhando o desenrolar das condições meteorológicas.

Os resultados foram desiguais. Alguns aspetos foram rigorosamente previstos. Outros, tais como a posição e a forma de um ciclone, estavam incorretos. Os investigadores atribuíram os erros à grande dimensão das células e a limitações das equações. Seja como for, o conceito da previsão numérica do tempo executada por um computador tinha sido provado. Os meteorologistas e programadores só tinham de definir melhor os pormenores.

Finalmente, Richardson redimia-se. Charney enviou a Richardson uma cópia do artigo final onde se descreviam as experiências de previsão com recurso ao ENIAC de 1950. O pioneiro da previsão numérica respondeu, felicitando a equipa. Numa nota autodepreciativa, Richardson observou que o resultado das experiências com o ENIAC era[40]: «[...] um enorme avanço científico sobre [o seu] único, e bastante incorreto, resultado.» Richardson viria a falecer em 1953, apenas dois anos depois desta experiência.

John von Neumann morreu em 1957, aos cinquenta e três anos, após uma longa batalha contra o cancro. Sobre ele, Hans Bethe, laureado com o Prémio Nobel, diria: «Às vezes, questionava-me se um cérebro como o de von Neumann não seria um indício de uma espécie superior ao homem.» O obituário de von Neumann foi escrito por Stanislaw Ulam.

Ulam continuou a fazer contribuições significativas para a física nuclear, a bioinformática e a matemática. Ocupou lugares de docência numa série de universidades americanas prestigiadas e passava os verões a trabalhar em Los Alamos. Morreu em Santa Fé, no Novo México, em 1984.

Na sequência do aprimoramento dos algoritmos, dos avanços no desempenho dos computadores e do aumento do número de estações de monitorização meteorológica, o rigor das previsões subiu de forma constante durante as décadas de 1950 e 1960. Tudo parecia estar a correr bem até Edward Lorenz detetar uma limitação fundamental na abordagem de Richardson.

Caos

Edward Lorenz nasceu no Connecticut em 1917. Estudou matemática, antes de exercer a atividade de meteorologista no Comando de

Aviação do Exército dos Estados Unidos. Prosseguiu os estudos da disciplina no Instituto de Tecnologia de Massachusetts (MIT), onde viria a lecionar. Foi por acaso, em 1961, que descobriu um problema no método de Richardson.

No âmbito de um projeto de investigação, Lorenz processou uma série de simulações de condições meteorológicas num computador de pequenas dimensões. O exercício deveria ter sido rotineiro. O que se seguiu foi completamente improvável.

Lorenz decidiu repetir uma das simulações para analisar os resultados com maior detalhe. Ao regressar ao computador uma hora mais tarde, comparou os novos resultados com os resultados anteriores. Ficou estupefacto ao verificar que as novas previsões nada tinham que ver com as antigas. Naturalmente, suspeitou de que a causa seria uma falha no computador — uma ocorrência comum naquela época. Antes de chamar a manutenção, decidiu verificar os ficheiros de saída da simulação para cada escalão de tempo. No princípio, eles eram equivalentes. Ao final de algum tempo, os valores começavam a divergir. A discrepância crescia rapidamente conforme a simulação progredia. A diferença entre a antiga e a nova simulação quase duplicava a cada quatro dias simulados. No final do segundo mês simulado, os antigos e os novos resultados não ostentavam semelhança alguma entre si.

Lorenz chegou à conclusão de que tanto o computador quanto o programa estavam a funcionar em perfeitas condições. A discrepância surgira a partir de uma diferença mínima nas entradas da simulação. No primeiro processamento, Lorenz tinha inserido o estado da atmosfera como seis algarismos. No segundo processamento, ele tinha digitado apenas três algarismos. A diferença entre um número de seis algarismos e o número mais próximo de três algarismos é pequena. Seria de esperar que uma pequena diferença na entrada conduzisse a uma pequena diferença na saída. Pelo contrário, os cálculos tinham feito que a diferença aumentasse, conduzindo, por fim, a uma grande discrepância entre os resultados. Decisivamente, Lorenz percebeu que não estava perante um artefacto da simulação. A simulação estava a modelar rigorosamente um fenómeno do mundo real.

Uma nova ciência despontou a partir da descoberta acidental de Lorenz. Desde então, a *teoria do caos* determinou que vários sistemas físicos do mundo real são hipersensíveis às suas condições iniciais. Pequenas mudanças no estado inicial podem conduzir a diferenças significativas nas condições futuras. A ideia foi encapsulada no popular epíteto «Efeito Borboleta». Com as condições certas, o bater das asas de uma borboleta no Brasil pode ser a causa de um tornado no Texas poucos dias depois. O exemplo é extremo. Seja como for, a ideia provou o seu valor. O caos foi identificado em diversos sistemas do mundo real, incluindo as órbitas dos asteroides que giram entre os anéis de Saturno.

A teoria do caos estabelece um limite no horizonte temporal da previsão numérica das condições meteorológicas. Pequenos erros na modelação das condições presentes podem conduzir a grandes erros de previsão num estágio mais avançado. Este horizonte temporal para uma previsão rigorosa parecia ser inexpugnável, até Edward Epstein entrar em cena.

Epstein nasceu no Bronx, em 1931. Tal como Lorenz, Epstein teve contacto com a meteorologia durante o serviço militar. Após a sua saída da Força Aérea dos EUA, Epstein trabalhou como investigador e deu aulas em várias universidades norte-americanas. Enquanto investigador visitante da Universidade de Estocolmo, publicou um artigo onde descrevia um algoritmo que poderia mitigar o Efeito Borboleta. A ideia de Epstein propunha uma maneira de alargar o horizonte temporal da previsão meteorológica.

A previsão numérica do tempo, tal como formulada por Richardson, assenta numa simulação única para prever as condições meteorológicas. A simulação começa com a medição das condições presentes e, célula a célula, escalão de tempo após escalão de tempo, calcula como é que as condições meteorológicas evoluem. O pressuposto de Epstein consistia em aplicar o método de Monte Carlo, desenvolvido por Ulam, à simulação numérica de Richardson.

Em vez de uma simulação única, Epstein sugeriu que fossem processadas várias simulações. Cada simulação começa com condições iniciais aleatoriamente *perturbadas*. Estas condições iniciais são geradas pela introdução de pequenas alterações aleatórias, ou perturbações, às condições atmosféricas observadas. Tendo em conta as limitações da medição, os previsores não sabem exatamente quais as condições meteorológicas atuais em cada célula. As perturbações concedem aos previsores a possibilidade de experimentarem vários cenários possíveis.

No final das simulações, é calculada a média dos resultados para obter uma previsão final unificada. Esta média tem em conta um *conjunto* de possibilidades. A média é o cenário moderado mais provável, levando todos os elementos em consideração. A proposta de Epstein pode ser resumida do seguinte modo:

Meça as condições atuais da atmosfera
Repita os seguintes passos:
    Acrescente pequenas perturbações aleatórias às condições atuais.
    Execute uma previsão numérica a partir destas condições iniciais.
    Armazene os resultados.
Repita até ter sido executado um número suficiente de simulações.
Produza como saída a previsão média.

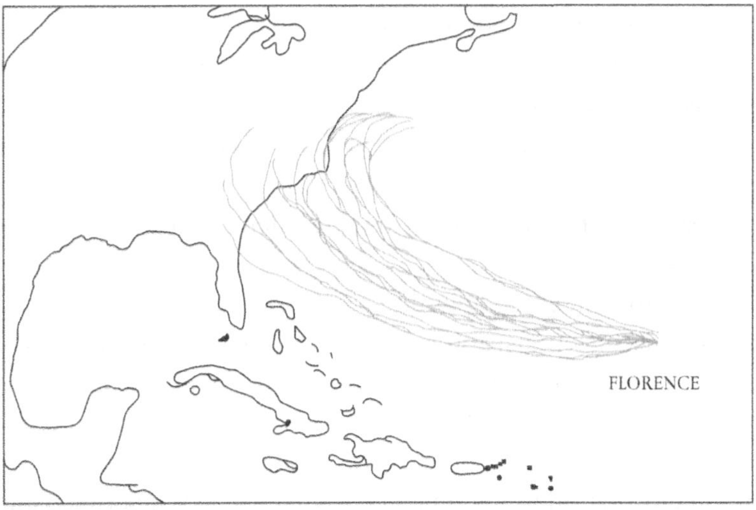

Figura n.º 4.6: Previsões do percurso do furação Florence (2018), obtidas através da utilização de um método de conjuntos.

A desvantagem do algoritmo de Epstein é que requer uma grande quantidade de cálculos. Processar oito simulações Monte Carlo exige oito vezes mais poder de computação do que uma previsão única. Por esta razão, a abordagem de conjunto proposta por Epstein não foi post em prática até ao início dos anos noventa. Hoje, as previsões por conjuntos são o estado da arte (ver Figura n.º 4.6). Por exemplo, o Centro Europeu de Previsões Meteorológicas a Médio Prazo baseia atualmente as suas previsões em cinquenta e uma simulações distintas.

Edward Lorenz viria a colecionar uma longa lista de prémios científicos pelo seu trabalho sobre a teoria do caos. Edward Epstein dedicou toda a sua carreira à meteorologia e à modelação de climas. Foi um dos primeiros proponentes do conceito de alterações climáticas provocadas pelo Homem. Ambos perderam a vida em 2008.

Previsões a longo prazo

À semelhança do ENIAC, os computadores dos anos cinquenta eram colossos dispendiosos e grandes consumidores de energia, nos quais não se podia confiar. A invenção do *transístor* e do *circuito integrado*, em 1947 e 1958, respetivamente, possibilitou a miniaturização do computador.

Os transístores são interruptores eletrónicos. Sem peças móveis, a não ser os elétrodos, os transístores são pequenos, de baixo consumo, fiáveis e incrivelmente rápidos. Grupos de transístores podem ser ligados entre si para criar circuitos lógicos. Por sua vez, estes circuitos lógicos podem ser interconectados de forma que criem unidades de processamento de dados.

Os circuitos integrados permitem a fabricação de um número elevado de minúsculos transístores, juntamente com as suas interconexões metálicas, a um custo incrivelmente reduzido. Dentro de cada *chip* de computador, existe um circuito integrado. Estes *chips* são as peças elementares que formam os computadores modernos.

Ao longo dos anos, os engenheiros eletrónicos aperfeiçoaram o modelo dos transístores e a tecnologia dos circuitos integrados. Em 1965, Gordon Moore, cofundador da Intel, reparou que a sua equipa de engenharia conseguia duplicar o número de transístores fabricados num único circuito integrado a cada dezoito meses. Moore não viu motivos para que esta tendência não pudesse continuar no futuro. A sua profecia, que ficaria conhecida como a «Lei de Moore», tornou-se num marco de referência para a indústria. A Lei de Moore revelar-se-ia uma das grandes profecias da era moderna, mantendo-se válida durante mais de meio século.

Em linha com a profecia de Moore, o desempenho dos computadores teve um crescimento exponencial. Ao mesmo tempo que o seu desempenho melhorava, o tamanho, o custo e o consumo de energia dos computadores caíram abruptamente. Hoje, um *chip* de computador mais avançado contém dezenas de milhares de milhões de transístores. A Lei de Moore é a força motriz por trás da ascensão vertiginosa do computador.

Em 2008, Peter e Owen Lynch (University College de Dublin e IBM Ireland) repetiram as previsões originais do ENIAC num telemóvel. O seu programa — PHONIAC — foi processado num telemóvel genérico *Nokia 6300*. O ENIAC demorou vinte e quatro horas para executar uma única previsão. Em contrapartida, o *Nokia 6300* demorou menos de um segundo. Enquanto o ENIAC pesava vinte e sete toneladas, um *Nokia 6300* pesa somente noventa e um gramas. Isto é a Lei de Moore em ação.

Os avanços na tecnologia dos computadores permitiram o desenvolvimento de novos algoritmos. Atualmente, os algoritmos cuja execução costumava levar demasiado tempo são rotineiros. Certos caminhos de investigação algorítmica, que em tempos pareciam ser absolutamente teóricos, são hoje uma realidade. O aparecimento de novos dispositivos de computação possibilitou aplicações inéditas e criou a necessidade de algoritmos diferentes. Por último, mas não menos importante, o sucesso da indústria dos computadores conduziu a um enorme aumento no número de pessoas dedicadas ao desenvolvimento de *softwares* e algoritmos.

Nestas condições, a Lei de Moore acabou por conduzir a um crescimento exponencial do número de algoritmos.

5

O advento da inteligência artificial

A máquina não é um ser pensante, mas simplesmente um autómato que age segundo as leis que lhe foram impostas.

Luigi Federico Menabrea e Ada Lovelace
Sketch of the analytical engine invented by Charles Babbage, 1843[28]

Nas décadas de quarenta e cinquenta, um computador era considerado, essencialmente, um tipo de calculador rápido. Devido ao seu elevado custo e às suas dimensões consideráveis, o computador era um recurso centralizado e partilhado. Computadores *mainframe* processavam, sem interrupções, grandes quantidades de cálculos aritméticos repetitivos. Operadores humanos eram recrutados como controladores destas engenhocas aparatosas, repartindo o tempo valioso de computação entre vários clientes. Os computadores *mainframe* executavam sucessivamente *tarefas* substanciais de processamento de dados, sem interação do utilizador. Os extensos ficheiros de saída em lote (*batch*) eram entregues pelos operadores a clientes agradecidos.

Neste cenário de expansão da aritmética à escala industrial, um pequeno número de visionários começou a pensar que talvez os computadores pudessem fazer mais do que isto. Este clã entendia que os computadores eram, fundamentalmente, manipuladores de símbolos. Os símbolos podiam representar qualquer tipo de informação. Na sua opinião, se os símbolos fossem manipulados corretamente, um computador seria capaz de executar tarefas que, até àquele momento, requeriam inteligência humana.

Mais do que matemática

Em 1947, Alan Turing deixou o Laboratório Nacional de Física para cumprir um ano sabático na Universidade de Cambridge. Ao sair do NPL, Turing abandonou a sua criação, a máquina automática de computação (ACE). A ACE pretendia ser o primeiro computador de uso geral do Reino Unido. Todavia, o projeto não correu bem. A construção da máquina revelou-se extremamente difícil. Além disso, Turing não era alguém com quem fosse fácil trabalhar.[67] Após a sua saída, a equipa retomou o projeto. Um modelo simplificado, a ACE Piloto, ficou concluído em 1950.

Nesse outono, o grupo recebeu um pedido inesperado. Christopher Strachey, um professor da Harrow School, perguntava se poderia participar na tarefa de programar a ACE Piloto. Strachey era um novato na programação, mas, em 1950, não havia ninguém que não fosse novato na programação.

Nascido em 1916, Strachey era o herdeiro de uma abastada família inglesa de intelectuais. Formou-se no King's College, em Cambridge, com um diploma em Física. No seu terceiro ano, sofreu um esgotamento nervoso. Mais tarde, a sua irmã atribuiria o esgotamento de Strachey ao processo de aceitação da sua homossexualidade.[68] Durante a Segunda Guerra Mundial, Strachey trabalhou no desenvolvimento de radares. Acabou por aceitar um emprego como professor em Harrow, uma das mais prestigiadas escolas particulares de Inglaterra.

O pedido de Strachey foi aprovado. Durante um dia das suas férias de Natal, visitou o Laboratório Nacional de Física e absorveu toda a informação que conseguiu sobre a nova máquina. De volta a Harrow, Strachey começou a escrever um programa para a ACE Piloto. Sem uma máquina à sua disposição, Strachey escreveu o programa manualmente e testou-o imaginando as ações do computador. A maior parte dos iniciantes começa com tarefas de programação simples. Por ambição ou ingenuidade, Strachey lançou-se na escrita de um programa para o jogo de damas (*draughts*, no Reino Unido). Este não era, certamente, um exercício aritmético. O jogo de damas obriga ao raciocínio lógico e à antevisão. Por outras palavras, o jogo de damas requer inteligência.

Na primavera, Strachey ouviu rumores sobre a existência de um novo computador na Universidade de Manchester. O projeto tinha sido iniciado por Max Newman, veterano de Bletchley Park, após a guerra. Mais potente do que a ACE Piloto, o Manchester Baby parecia ser mais indicado para o trabalho de Strachey. O professor contactou Turing, à data diretor-adjunto do Laboratório de Máquinas de Computação de Manchester. Aproveitando o facto de terem sido colegas nos tempos do King's College, Strachey conseguiu convencer Turing a entregar-lhe uma cópia do manual de programação. Nesse verão, Strachey visitou Turing para obter mais informações.

Alguns meses mais tarde, Strachey regressou para testar um programa escrito sob a orientação de Turing. De um momento para o outro, Strachey passou de notas manuscritas para um programa de mil linhas pronto a funcionar. O programa resolvia o problema que Turing tinha definido e ainda tocava o hino nacional no altifalante do computador. Esta foi a primeira música alguma vez tocada por um computador. O próprio Turing estava impressionado. Não havia dúvidas de que Strachey era um programador nato.

Strachey foi recrutado pela Corporação Nacional de Investigação e Desenvolvimento (NRDC — National Research and Development Corporation). O intuito da corporação era a transferência de novas tecnologias das agências governamentais para o setor privado. Naquela época, a NRDC não tinha muito trabalho para Strachey e ele pôde continuar a programar, inventando, entre outras coisas, um programa para redigir cartas de amor.

O programa de Strachey considerava como entrada uma carta de amor modelo e selecionava os adjetivos, verbos, advérbios e substantivos aleatoriamente a partir de listas pré-armazenadas. É da sua autoria a fervorosa epístola[72]:

Meu doce,

A minha afeição terna atrai graciosamente o teu entusiasmo afetuoso. És a minha adoração gentil: a minha adoração arquejante. O meu prezado sentimento contempla arquejantemente a tua querida ânsia. A minha adoração febril acalenta o teu ardor insaciável.

O teu saudoso,

M. U. C. [Computador da Universidade de Manchester]

Para divertimento dos seus colegas, Strachey afixou as cartas de amor no quadro de avisos do Laboratório. Apesar da sua natureza excêntrica, o programa de Strachey foi o primeiro vislumbre de criatividade computacional.

Strachey concluiu o seu programa para o jogo de damas em 1952, descrevendo-o num artigo intitulado *Programas Lógicos ou Não-Matemáticos*.

As damas são um jogo de tabuleiro para dois jogadores que utiliza uma grelha de oito por oito idêntica à do xadrez. Cada jogador posiciona-se num dos lados do tabuleiro e recebe doze damas (discos). A um dos jogadores é atribuída a cor branca, ao outro, a cor preta. No início, as peças são colocadas nos quadrados pretos das três filas que se encontram mais próximas do jogador (Figura n.º 5.2). À vez, os jogadores deslocam uma única peça. Normalmente, as damas avançam uma casa na diagonal. As peças podem saltar por cima de uma peça contígua do adversário se a casa seguinte estiver vaga. Numa única jogada, pode ser executada uma sequência destes saltos. As peças «capturadas» do adversário são removidas do tabuleiro. O objetivo do jogo é eliminar todas as peças do outro jogador. No começo, as peças só podem mover-se para a frente. Quando uma peça alcança o extremo oposto do tabuleiro, é «coroada» pela sobreposição de uma peça capturada. As peças coroadas podem deslocar-se, na diagonal, para a frente ou para trás.

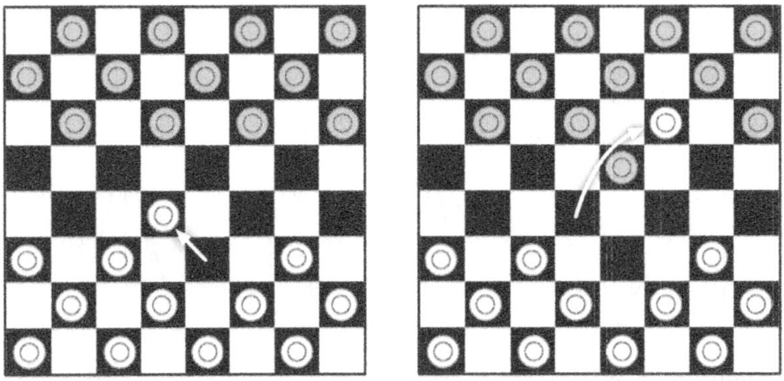

Figura n.º 5.2: Tabuleiros de damas ilustrando uma jogada simples das peças brancas (esquerda) e o salto consecutivo para capturar uma peça preta (direita).

O jogo de damas é complexo. Não existe uma estratégia simples que conduza inevitavelmente a uma vitória. Potenciais jogadas têm de ser avaliadas imaginando como é que o jogo irá evoluir. Uma jogada aparentemente inócua pode ter repercussões imprevistas.

O algoritmo de Strachey utiliza números para registar a posição das damas no tabuleiro. Quando é a sua vez de jogar, o algoritmo examina todas as jogadas seguintes possíveis (em média, dez). No jargão dos jogos de tabuleiro, um *lance* consiste em duas jogadas, uma para cada jogador. Uma jogada individual (ou meio lance) é denominada *ply*. Para cada jogada seguinte possível, o algoritmo avalia as potenciais respostas do adversário. Este procedimento de antevisão é aplicado com o vislumbre de três lances. Os resultados da antecipação podem ser visualizados como uma *árvore* (Figura n.º 5.3). Cada posição no tabuleiro é um *nó*, ou ponto de ramificação, da árvore. Cada jogada possível a partir dessa posição dá origem a um ramo que conduz à próxima posição no tabuleiro. Quanto maior for a antecipação, mais camadas terá a árvore. Para cada nó no final da antevisão, o algoritmo conta o número de peças que cada jogador retém no tabuleiro. Depois, seleciona a jogada na raiz da árvore que conduz à maior vantagem numérica para o computador no final da antecipação.

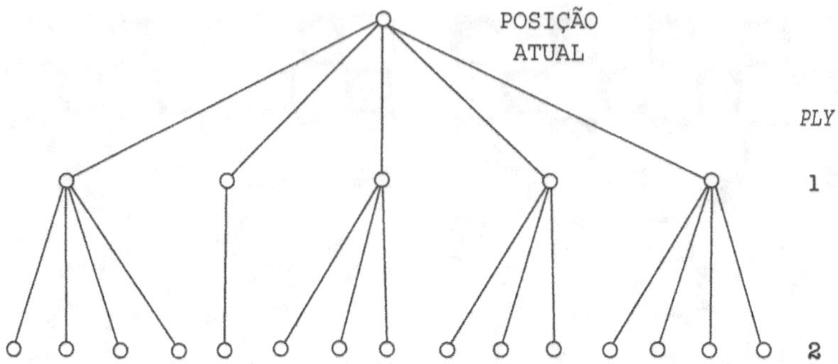

Figura n.º 5.3: Esquema da árvore de antecipação do jogo de damas. Cada nó representa uma posição no tabuleiro. Cada ramo, uma jogada.

No Ferranti Mark I, uma versão comercial do Manchester Mark I, cada jogada demorava um a dois minutos a ser computada. Ao contrário do que seria de esperar, o programa de Strachey não era muito bom jogador. Em retrospetiva, a capacidade de antecipação do programa era insuficiente, a lógica de tomada de decisões era pouco sofisticada e a avaliação de posições, imprecisa. Fosse como fosse, a hegemonia da aritmética computacional tinha sido interrompida. Estávamos perante o primeiro exemplo prático de *inteligência artificial*.

Strachey viria a ser o primeiro professor de Ciência Computacional da Universidade de Oxford. Infelizmente, muito do seu trabalho subsequente permanece sem reconhecimento devido à sua relutância em publicar artigos académicos, mesmo sendo um académico respeitado. Após um período breve de doença, Strachey perdeu a vida em 1975, aos cinquenta e oito anos.

Os jogos de tabuleiro converteram-se nos barómetros da inteligência artificial (IA). Para tal, contribuem razões técnicas e outras muito humanas. Os jogos de tabuleiro definem claramente objetivos e regras suscetíveis de programação computacional. Em cada momento, existe um número limitado de opções disponíveis para o computador, o que torna o problema tratável. O jogo entre humanos é um indicador de progresso de fácil compreensão. Além disso, as pessoas adoram uma boa competição. Uma máquina que talvez consiga vencer o campeão do mundo irá sempre despertar o interesse do público. Nem os investigadores da IA escapam ao desejo de público.

O problema da IA

O termo «inteligência artificial» foi cunhado em 1955 por John McCarthy numa proposta submetida à Fundação Rockefeller. O documento solicitava financiamento para um projeto de investigação com a duração de dois meses durante o verão e que empregaria uma equipa de dez pessoas, entre as quais se incluíam nomes como Claude Shannon e Marvin Minsky. McCarthy, professor assistente de Matemática na Dartmouth College em New Hampshire, EUA, escreveu[74]:

> Para o caso em apreço, o problema da inteligência artificial é entendido como o de conseguir que uma máquina tenha um comportamento que seria considerado inteligente se um humano se comportasse da mesma forma.

O termo ficou célebre, mas a definição de McCarthy revelar-se-ia problemática.

A inteligência possui múltiplos aspetos, mas consideremos, por agora, um exemplo específico. Antes de 1940, a maior parte das pessoas teria dito que o jogo de damas requer inteligência. O jogador deve compreender a sua posição no tabuleiro e levar a cabo um conjunto de jogadas que conduzam à vitória. Por outro lado, a maior parte das pessoas concordaria que executar um algoritmo não requer inteligência. Cumprir obsequiosamente uma série de passos bem definidos é trivial. Até uma máquina consegue fazê-lo.

Aqui reside o busílis da questão. O jogo de damas requer inteligência quando o algoritmo do jogo é desconhecido. Assim que o algoritmo passa a ser conhecido, o jogo de damas já não requer inteligência.

A inteligência artificial — tal como definida por McCarthy — é sempre o problema não-resolvido. Assim que o algoritmo é conhecido, o problema já não requer inteligência. Sentimos que a inteligência está reservada a tarefas intelectuais que os computadores não são capazes de executar. De certa forma, a IA assemelha-se a um truque de ilusionismo. Quando sabemos como o truque funciona, a magia deixa de existir.

A fronteira da inteligência humana foi continuamente redefinida à medida que os algoritmos e os computadores se tornaram melhores. Antes das calculadoras, talvez disséssemos que a aritmética requer inteligência.

Antes de Strachey, talvez afirmássemos que os jogos de tabuleiro requerem inteligência. Olhando para o futuro, resta-nos imaginar onde se situa a última fronteira entre os algoritmos e a inteligência. Talvez venhamos a descobrir que a inteligência humana não é mais do que um algoritmo.

A definição da Inteligência Artifical proposta por McCarthy deu azo a muitos equívocos. Uma pessoa leiga imagina que a IA tem uma forma definida, equivalente à inteligência humana. Na verdade, a inteligência humana é multifacetada e ampla. É multifacetada no sentido em que a nossa inteligência se apresenta em diversas vertentes. Somos capazes de aprender, recordar, desempenhar várias tarefas em simultâneo, inventar, aplicar conhecimentos, imaginar, percecionar, abstrair e muitas outras coisas. A inteligência humana é ampla no sentido em que somos capazes de executar uma grande variedade de tarefas. Somos capazes de fazer o almoço, participar numa discussão, planear uma rota, fazer desporto, consertar máquinas avariadas e muito mais. Para ser considerado «artificialmente inteligente», um computador só precisa de executar uma única tarefa para a qual se julgava ser indispensável inteligência humana. Um computador só precisa de saber jogar damas para ser considerado que tem inteligência artificial. O termo que designa uma inteligência comparável à nossa é *inteligência artificial geral de nível humano* (HLAGI). HLAGI é o que vemos nos filmes de ficção científica. Facto científico — a IA está muito longe da HLAGI.

Um aspeto importante da definição de McCarthy é que ele descreveu a inteligência artificial tendo em consideração o resultado. Não era obrigatório que as máquinas resolvessem os problemas do mesmo modo que os humanos. Desde que um humano e uma máquina produzissem resultados equiparáveis, ele considerava que a IA estava a par com a inteligência humana. Para McCarthy, o mecanismo não era importante.

Ao longo dos anos, a dicotomia entre o modo como os computadores e os humanos executam tarefas que requerem inteligência gerou um amplo debate filosófico. O cerne do assunto está bem patente na simples interrogação: «Podem as máquinas pensar?» A resposta, claro, depende daquilo a que se refere a palavra «pensar». Se o pensamento for entendido como um processo biológico do cérebro, então é evidente que os computadores não são capazes de pensar. Para a maior parte das pessoas, este requisito parece ser demasiado restritivo. Porque deveria o substrato separar o pensamento do não-pensamento? Se fôssemos visitados por extraterrestres vindos de outro planeta, negaríamos a sua capacidade de pensar por serem formas de vida baseadas em silicone e não em carbono? Julgo que não o faríamos.

Para a maior parte das pessoas, os pré-requisitos para o pensamento são a inteligência e a consciência. A consciência, o estado de estar ciente de si próprio, permite que os seres sencientes se «ouçam» a si mesmos a «pensar». Para a maior parte das pessoas, a consciência é central para o pensamento. Tanto quanto sabemos, os computadores não são conscientes. Além disso, não sabemos como os tornar conscientes. As máquinas pensantes estão muito longe de existir. Talvez sejam impossíveis.

McCarthy insinuou que a pergunta «Podem as máquinas pensar?» é irrelevante. Alan Turing corroborou esta ideia[36]:

> A questão primária, «Podem as máquinas pensar?», é demasiado insignificante para merecer ser discutida. Creio, ainda assim, que no final do século o uso das palavras e a opinião informada vigente se terão alterado tanto, que já ninguém poderá referir-se a máquinas que pensam sem esperar ser contradito.

Para Turing, se o comportamento de uma máquina é indistinguível da inteligência humana, então podemos concluir que a máquina «pensa». Para ele, se a máquina realmente «pensa» ou não é um assunto que só interessa aos filósofos.

Por outro lado, saber se a máquina «sente» ou não tem implicações de peso. Se a máquina for detentora de inteligência e emoções, então é certo que temos responsabilidades éticas em relação a ela. Estas questões irão tornar-se cada vez mais prementes conforme a tecnologia avança.

O financiamento para a iniciativa de McCarthy foi aprovado pela Fundação Rockefeller. A Conferência de Dartmouth realizou-se no verão de 1955. O encontro assinalava o início da IA como um campo de investigação.

Malogradamente, a conferência acabou por consistir numa série de eventos dispersos para um conjunto de pessoas se conhecerem umas às outras. Os participantes entravam e saíam da conferência, promovendo os seus próprios interesses. Poucos retiraram de lá novas ideias. Na opinião da maioria, a conferência não produziu grandes resultados.[45] Em retrospetiva, uma apresentação ofereceu uma orientação para o futuro. Dois cientistas americanos, Allen Newell e Herbert Simon, desvendaram um programa de computador capaz de executar álgebra.

Raciocínio automático

A álgebra é o ramo da matemática respeitante às equações que incluem valores desconhecidos. Os termos desconhecidos são representados por letras. Usando as regras da álgebra, os matemáticos redispõem e combinam equações, de forma que os valores dos termos desconhecidos possam ser determinados. Durante milhares de anos, a manipulação de equações foi o domínio dos matemáticos. Isto era algo que os ábacos, as calculadoras e os primeiros programas de computador não eram capazes de fazer. Em 1946, John Mauchly, coinventor do ENIAC, escreveu[51]: «Devo assinalar que uma máquina calculadora não sabe como executar álgebra, mas tão-só aritmética.»

Na época da Conferência de Dartmouth, Newell e Simon trabalhavam para a RAND Corporation. Com sede em Santa Mónica, Califórnia, a RAND era um instituto de investigação sem fins lucrativos que perdura até aos dias de hoje. Formada após a Segunda Guerra Mundial, a RAND especializou-se em investigação sobre planeamento, definição de políticas e tomada de decisões para órgãos governamentais e empresas. Nos anos cinquenta, o principal cliente da RAND era a Força Aérea dos Estados Unidos. A RAND era o paraíso de qualquer investigador — liberdade intelectual, colegas dinâmicos, orçamentos robustos e nada de atividade docente. Na prática, estas eram as instruções recebidas pelos funcionários da RAND[45]: «Aqui está um saco de dinheiro, leva-o contigo e gasta-o no melhor interesse da Força Aérea.»

Simon, onze anos mais velho do que o seu colega, era oriundo do Milwaukee. Na década de 1950, era um cientista político e economista com provas dadas. Integrava o corpo docente do Instituto de Tecnologia de Carnegie, em Pittsburgh, e passava os verões a trabalhar na RAND.

Newell cresceu em São Francisco, Califórnia. Concluiu os estudos em Física na Universidade de Stanford. Desistiu do curso avançado de Matemática em Princeton para se juntar à RAND.

A dupla começou por se interessar por computadores enquanto trabalhava em projetos que tinham como objetivo melhorar a eficiência organizacional dos centros de defesa aérea. O computador da RAND, JOHNNIAC, fora baseado no projeto do Instituto de Estudos Avançados. O próprio John von Neumann era um conferencista convidado na RAND. Porém, foi uma palestra de Oliver Selfridge — Laboratório Lincoln do MIT — que cativou a imaginação de Newell. Nessa exposição, Selfridge descreveu o seu trabalho sobre o reconhecimento de letras simples (xis e ós) em imagens. Mais tarde, Newell recordaria: «[A palestra] mudou a minha vida. Foi a partir desse momento que eu comecei a trabalhar em inteligência artificial. É muito claro: tudo aconteceu numa tarde.»

Ao longo do ano seguinte, Newell e Simon desenvolveram um programa de inteligência artificial ao qual chamaram *Logic Theorist*. Newell trocou Santa Mónica por Pittsburgh para trabalhar ao lado de Simon no Instituto de Tecnologia de Carnegie. Visto que o Instituto não dispunha de um computador, a dupla testou o programa reunindo uma equipa de estudantes numa sala de aula e pedindo-lhes para simular o comportamento da máquina. O grupo «demonstrou» o programa, gritando instruções e atualizações de dados durante o processo. Após a validação, Simon e Newell enviaram o programa a Cliff Shaw, que se encontrava na RAND, em Santa Mónica, via teletipo. Shaw introduziu o programa no JOHNNIAC e enviou os resultados de volta para serem analisados em Pittsburgh.

A equipa declarou o *Logic Theorist* operacional no dia 15 de dezembro de 1955. No final do período letivo, Simon estava triunfante. Anunciou a novidade nos seguintes termos[45]: «Para o Natal, eu e Allen Newell inventámos uma máquina pensante.»

O *Logic Theorist* executa álgebra em *equações lógicas*. Uma equação lógica relaciona variáveis entre si por meio de *operadores*. As variáveis são representadas por letras e podem ter valor verdadeiro ou falso. As operações lógicas mais comuns são: «=», «E» e «OU». Por exemplo, se atribuirmos os seguintes significados às variáveis *A*, *B* e *W*:

A = «Hoje é sábado»
B = «Hoje é domingo»
W = «Hoje é fim de semana»

Podemos construir a equação:

$$W = A \text{ XOU } B$$

Isto é, «Hoje é fim de semana» é verdadeiro se «Hoje é sábado» for verdadeiro OU «Hoje é domingo» for verdadeiro, excluindo o caso de ambos serem verdadeiros.

Com recurso à álgebra, as equações como esta podem ser manipuladas para revelar novas relações entre variáveis. A série de manipulações que conduzem de um conjunto inicial de equações a uma conclusão é designada *prova*. A ideia é que, se o conjunto inicial de equações for válido e as regras de manipulação tiverem sido devidamente aplicadas, a conclusão também deverá ser válida. As equações iniciais são designadas *premissas* e a conclusão final, *dedução*. A prova fornece uma evidência formal passo a passo de que a dedução é válida tendo em conta a premissa. Por exemplo, considerando que:

$$W = A \text{ XOU } B$$

Podemos provar que:

$$A = W \text{ E NÃO } B$$

Por outras palavras, «Hoje é sábado» deve ser verdadeiro se «Hoje é fim de semana» for verdadeiro e «Hoje é domingo» for falso.

Os humanos produzem provas por intuição e experiência. O *Logic Theorist* adota uma abordagem de força bruta para encontrar uma prova. São experimentadas todas as manipulações algébricas possíveis sobre as afirmações de entrada. O processo é repetido para as equações subsequentes e assim sucessivamente. Quando o *Logic Theorist* encontra a conclusão de que está à procura, a busca termina. Nessa altura, o programa retrocede e produz como saída a cadeia de transformações que liga a dedução às premissas iniciais. Esta cadeia é apresentada ao utilizador como a prova.

O *Logic Theorist* forneceu provas passo a passo para trinta e oito dos cinquenta e dois teoremas incluídos no clássico manual *Principia*

Mathematica. Na verdade, uma das provas do *Logic Theorist* é mais elegante do que a versão do livro.

Em 1959, Newell, Shaw e Simon apresentaram um novo programa. O *General Problem Solver* utilizava uma abordagem semelhante à do *Logic Theorist*. Porém, tal como o nome sugere, o novo programa dava resposta a uma maior variedade de problemas algébricos, incluindo a geometria. Para acelerar a busca, o algoritmo do *General Problem Solver* não experimenta todas as manipulações possíveis. São priorizadas as equações que se assemelham à dedução pretendida. Isto significa que se gasta menos tempo a explorar caminhos fúteis. Obviamente, existe o consequente risco de uma linha de raciocínio importante ser ignorada e a conclusão pretendida nunca ser alcançada. A pesquisa orientada por regras, ou *heurística*, é hoje um lugar-comum graças à sua velocidade.

A investigação de Newell, Simon e Shaw em torno do raciocínio teria enormes repercussões. Um campo de estudo da inteligência artificial (*raciocínio simbólico*) desenvolveu-se a partir do conceito de processamento das asserções lógicas como listas de símbolos. Simon chegou mesmo a afirmar que o *General Problem Solver* imitava o raciocínio humano. É certo que existem semelhanças no modo como os humanos, por vezes, derivam provas matemáticas formais por tentativa e erro. Mas o raciocínio humano é, aparentemente, mais intuitivo e menos rigoroso do que a abordagem do *General Problem Solver*.

Newell, o desistente de Princeton, acabaria por receber o grau de doutoramento no Instituto de Tecnologia de Carnegie. Em 1967, o Instituto de Carnegie fundiu-se com o Instituto Mellon para criar a Universidade Carnegie Mellon. Na universidade, Newell e Simon foram responsáveis pela criação de um dos mais importantes grupos de investigação em inteligência artificial do mundo. Em 1975, foram galardoados com o Prémio Turing pelo seu trabalho nos campos da IA e da psicologia cognitiva. Três anos depois, Simon recebeu o Prémio Nobel pelo seu contributo para a microeconomia, o seu outro interesse de investigação. Newell e Simon viveram o resto da vida em Pittsburgh. Newell faleceu em 1992 (aos sessenta e cinco anos), e Simon, em 2001 (aos oitenta e quatro anos).

Aprendizagem automática

A possibilidade de aprender é central para a inteligência humana. Todavia, os primeiros computadores só eram capazes de armazenar e recuperar dados. A aprendizagem é algo inteiramente diferente. É a capacidade de aperfeiçoar o comportamento com base na experiência. Uma criança aprende a andar copiando os adultos e por tentativa e erro. Após a hesitação inicial, a coordenação e locomoção de uma criança de tenra idade melhoram de forma gradual até os petizes se tornarem peões competentes.

O primeiro programa de computador a evidenciar uma capacidade de aprendizagem foi apresentado na televisão pública no dia 24 de fevereiro de 1956. Esse programa foi escrito por Arthur Samuel, da IBM. O programa de Samuel, tal como o de Strachey, era dedicado ao jogo de damas. A demonstração televisiva foi tão impressionante, que lhe subiram os créditos em quinze pontos no preço das ações da IBM no dia seguinte.

Samuel nasceu no Kansas, em 1901. Concluiu o mestrado em Engenharia Eletrónica no MIT, antes de aceitar um emprego nos laboratórios Bell. Após a Segunda Guerra Mundial, foi admitido na Universidade de Illinois como professor. Embora a universidade não dispusesse de um computador, Samuel começou a trabalhar num algoritmo para o jogo de damas. Três anos mais tarde, já na IBM, Samuel teve finalmente acesso a um computador verdadeiro. Na mesma altura em que Strachey publicava o seu artigo sobre o algoritmo para o jogo de damas, Samuel conseguiu pôr a funcionar as primeiras versões do seu programa de jogo. Quando deparou com o artigo de Strachey, Samuel sentiu que alguém se tinha antecipado ao seu trabalho. Numa análise mais atenta, afigurou-se evidente que o programa de Strachey era um fraco jogador de damas. Confiante de que era capaz de fazer melhor, Samuel continuou a trabalhar no projeto.

Em 1959, Samuel publicou um artigo no qual descrevia o seu novo programa para o jogo de damas. O título discreto — *Estudos sobre Aprendizagem Automática com recurso ao Jogo de Damas* — não fazia jus à importância das suas ideias.

O algoritmo de Samuel é mais meticuloso na avaliação das posições do que o de Strachey. Para isso, recorre a um habilidoso algoritmo de pontuação. São dados pontos a diversos *atributos* do tabuleiro. Um atributo é qualquer elemento que indique a força, ou a fragilidade, de uma posição. Um dos atributos é a diferença entre o número de peças que cada jogador conserva no tabuleiro. Outro é o número de peças coroadas. Outro ainda é a posição relativa das peças. Elementos estratégicos, tais como a liberdade de movimentação ou o controlo do centro do tabuleiro, também são considerados atributos. A cada atributo é atribuído pontos. Os pontos atribuídos a um dado atributo são multiplicados por um *peso*. Os valores resultantes são somados para se obter uma pontuação global da posição.

Os pesos determinam a importância relativa de cada atributo, podendo ser positivos ou negativos. Um peso positivo significa que o atributo é vantajoso para o jogo do computador. Um peso negativo significa que o atributo reduz as hipóteses de o computador vencer. Um peso elevado significa que o atributo tem uma forte influência na pontuação total. Uma combinação de múltiplos atributos com pesos reduzidos pode, todavia, influenciar a pontuação global e, consequentemente, a decisão final.

Em suma, o método de avaliação da posição proposto por Samuel funciona do seguinte modo:

```
Considere como entrada uma posição no tabuleiro.
Estipule uma pontuação total de zero.
Repita o seguinte para cada atributo:
    Meça o atributo no tabuleiro.
    Calcule os pontos do atributo.
    Multiplique pelo peso do atributo.
    Some o resultado à pontuação total.
Repita até todos os atributos terem sido pontuados.
Produza como saída a pontuação total.
```

Este mecanismo de pontuação é crucial para o algoritmo de Samuel. Quanto mais rigorosamente as pontuações refletirem as hipóteses de o computador vencer, melhores serão as decisões feitas pelo programa. É importante selecionar os melhores atributos para a análise. Mas, além disso, é essencial determinar os pesos indicados. Porém, não é fácil descobrir os valores indicados para os pesos.

Samuel concebeu um algoritmo de *aprendizagem automática* para determinar os pesos ótimos. O algoritmo começa por elaborar um palpite sobre os pesos. De seguida, o computador joga um número considerável de jogos contra si próprio. Uma cópia do programa joga com as peças brancas; a outra, com as peças pretas. À medida que o jogo se desenrola, o algoritmo ajusta os pesos para que o cálculo das pontuações preveja de forma mais rigorosa o resultado do jogo. Se o programa ganhar, os pesos que contribuíram positivamente para a decisão são ligeiramente aumentados. Da mesma forma, os pesos que contribuíram negativamente são reduzidos. Isto *reforça* o comportamento vencedor. Na prática, encoraja o programa a continuar a jogar desta forma no futuro. Se o programa perder o jogo, acontece o oposto. O algoritmo desencoraja o programa de jogar daquela forma nos jogos seguintes. Ao longo de vários jogos, o algoritmo de aprendizagem apura a maneira de jogar do programa.

O algoritmo de Samuel apresenta uma dupla vantagem relativamente à seleção manual dos pesos. Em primeiro lugar, o computador nunca esquece — cada uma das jogadas influencia os pesos. Em segundo lugar, o computador é capaz de jogar muito mais jogos contra si próprio do que qualquer humano conseguiria. Deste modo, uma quantidade maior de informação está disponível para o processo de aprendizagem.

O desenvolvimento da aprendizagem automática forjado por Samuel seria revolucionário. Antes, era necessário modificar manualmente a lista de instruções para alterar o comportamento de um programa. Por oposição, as decisões tomadas pelo programa de Samuel são regidas pelos pesos, os quais são valores numéricos simples. Assim, o comportamento do programa pode ser ajustado ao alterar-se os pesos. Não é necessário modificar o código do programa. Se alterar o código de um programa é complicado, substituir alguns pesos numéricos é trivial. É algo que pode ser feito por um algoritmo. Este conceito engenhoso tornou possível a automatização da aprendizagem.

Samuel incluiu um procedimento *minimax* para a seleção de jogadas. O algoritmo executa um procedimento de antecipação para gerar uma árvore de todos os lances futuros possíveis (Figura n.º 5.6). São calculadas as pontuações para cada um dos estados do tabuleiro no final da antecipação. Alguns dos estados do tabuleiro com a pontuação mais elevada são bastante improváveis num jogo real, já que são o resultado de jogadas particularmente fracas do adversário. Devemos assumir que ambos os jogadores realizam boas jogadas. Neste sentido, o algoritmo retrocede na árvore de jogadas. O programa começa pelas folhas da árvore de antecipação. Quando é a sua vez de jogar, o algoritmo de retrocesso seleciona a jogada que conduz à pontuação máxima. Na vez do seu oponente, o programa seleciona a jogada que conduz à pontuação mínima. Em cada momento de decisão, a pontuação associada à jogada escolhida é trazida até ao nó-fonte. Quando o processo de retrocesso alcança a raiz da árvore, o programa efetua a jogada associada à pontuação retrocedida mais alta.

O procedimento *minimax* funciona do seguinte modo:

Considere como entrada a árvore de jogadas possíveis.
Comece pela penúltima camada.
Repita o seguinte para cada camada:
    Repita o seguinte para cada nó da camada:
        Se for a vez de o computador jogar,
        então selecione a jogada com a pontuação máxima,
        senão selecione a jogada com a pontuação mínima.
        Copie a pontuação *minimax* para o nó atual.
    Repita até todos os nós desta camada terem sido examinados.
Repita até alcançar a raiz da árvore.
Produza como saída a jogada com a máxima pontuação retrocedida.

Imagine uma antecipação simples com uma profundidade de 2 *ply* (Figura n.º 5.6). A árvore inclui as potenciais jogadas seguintes do computador e as respostas possíveis do seu adversário. As pontuações das folhas da árvore (*ply* 2) são analisadas para a determinação da pontuação mínima em cada sub-árvore. Isto reflete a escolha do adversário da melhor jogada segundo o seu ponto de vista. Estas pontuações mínimas são copiadas para os nós imediatamente acima (*ply* 1). Isto atribui as pontuações de 1, 3, 7, 5 e 6 aos nós na *ply* 1. De seguida, o algoritmo seleciona a jogada com a pontuação mais alta. Isto significa que o computador escolhe a melhor jogada do seu ponto de vista. Assim, o valor máximo, 7, é copiado para a raiz da árvore. A jogada que conduz a um estado do tabuleiro com a pontuação 7 é a melhor escolha, admitindo que o adversário é um bom jogador. Esta jogada obriga o adversário a uma escolha entre posições com as pontuações 8, 7 e 10. O melhor que o oponente pode fazer é aceitar a posição com a pontuação 7.

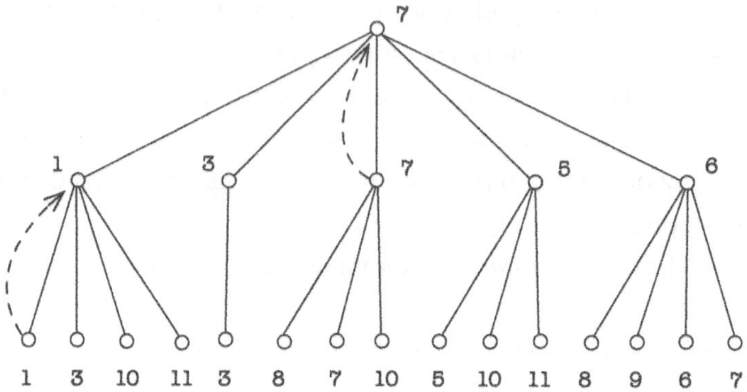

Figura n.º 5.6: Árvore de antecipação com as pontuações retrocedidas obtidas através do algoritmo *minimax*.

Para um uso eficaz do tempo de computação disponível, o programa de Samuel ajusta a profundidade e a amplitude da pesquisa por antecipação de acordo com um conjunto de regras (isto é, utiliza a pesquisa heurística). Quando uma posição é instável — por exemplo, antes de um salto —, o programa aumenta o alcance da antecipação. As más jogadas não são exploradas em profundidade. A *poda* da pesquisa garante mais tempo para a avaliação de cenários prováveis. Para acelerar ainda mais o processamento, o programa de Samuel armazena as pontuações *minimax* das posições no tabuleiro mais frequentes. Estas pontuações não precisam de ser recalculadas durante a execução do programa, bastando realizar uma pesquisa em tabela.

Em 1962, o programa de Samuel para o jogo de damas teve como adversário Robert Nealey, um mestre de damas às cegas*. A vitória do computador foi saudada em toda a parte, mas Nealey nem sequer era um campeão estatal. Seriam precisos trinta anos (1994) para que um

* Modalidade em que os jogadores veem o tabuleiro, sendo as jogadas do adversário memorizadas e as próprias jogadas comunicadas a um «declamador» responsável por mover as peças no tabuleiro. [*N. da T.*]

programa de computador finalmente derrotasse o campeão mundial do jogo de damas.

Samuel deixou o seu cargo na IBM em 1966 para ocupar uma cátedra de investigação na Universidade de Stanford. Continuou a programar até aos oitenta e cinco anos, altura em que a doença de Parkinson o obrigou a parar de trabalhar. Deixou-nos em 1990.

As primeiras noções dos mais avançados algoritmos atuais para jogos de tabuleiro podem ser encontrados no trabalho realizado por Samuel na década de 1950. *Minimax*, aprendizagem por reforço e autojogo são a base de quase toda a inteligência artificial moderna para jogos como as damas, o xadrez e o *go*. Tal como veremos de seguida, a aprendizagem automática revelou-se ainda incrivelmente eficaz para resolver problemas complexos de análise de dados com uma grande variedade de aplicações.

Os invernos da IA

No final dos anos cinquenta e sessenta, as expetativas associadas à inteligência artificial estavam nos píncaros. Custeados pelo financiamento militar durante a Guerra Fria, os grupos de investigação em IA conheceram um período próspero, destacando-se os do MIT, Universidade Carnegie Mellon, Universidade de Stanford e Universidade de Edimburgo. Em 1958, Newell e Simon faziam previsões para dali a dez anos[83]: «[Um] computador digital será o campeão mundial de xadrez, a não ser que as regras o excluam da competição.» Quatro anos depois, Claude Shannon, o fundador da teoria da informação, proclamou com o ar mais impassível do mundo diante de uma câmara de televisão[84]: «Estou confiante de que, dentro de dez ou quinze anos, sairá do laboratório algo que não estará muito longe do robô que conhecemos da ficção científica.» Em 1968, Marvin Minsky, diretor de investigação em inteligência artificial no MIT, vaticinou[85]: «[D]entro de trinta anos, teremos máquinas cuja inteligência será comparável à do homem.» Escusado será dizer que nenhuma destas previsões se tornou realidade.

Porque se enganaram tão redondamente tantos pensadores ilustres? A resposta é simples: arrogância. Os autores destas previsões eram matemáticos. Para eles, a matemática era o pináculo da inteligência. Se os computadores eram capazes de executar aritmética, álgebra e lógica, não faltaria muito para que despontassem formas mais mundanas de inteligência. Não contaram com a variabilidade do mundo real e a complexidade do cérebro humano. Processar imagens, sons e linguagem revelar-se-ia, afinal, bem mais complexo do que resolver equações.

A falha endémica dos projetos de IA fez que as agências de financiamento e os políticos questionassem o valor deste tipo de pesquisas. No Reino Unido, o Conselho de Investigação em Ciência pediu a Sir James Lighthill, professor lucasiano de Matemática na Universidade de Cambridge, para levar a cabo uma revisão da investigação em IA. Publicado em 1973, o seu relatório foi arrasador:[86] «Em nenhum domínio do campo de investigação, as descobertas feitas até hoje produziram o impacto substancial que, na altura [cerca de 1960], foi prometido.» O financiamento destinado à investigação em IA no Reino Unido sofreu um duro golpe. Ao mesmo tempo, sob o espectro da Guerra do Vietname, as Emendas de Mansfield de 1969 e 1973 impuseram limites aos gastos com investigação do governo norte-americano. Só os projetos com aplicações militares diretas deveriam receber dinheiro.

Instalou-se o primeiro de uma sucessão de «invernos da IA». Devido à míngua de recursos, os grupos de investigação em inteligência artificial retraíram-se e definharam.

Com a inteligência artificial num marasmo, a ciência computacional articulou-se em torno de aplicações mais práticas. Dadas as limitações no desempenho dos computadores, alguns cientistas procuraram desenvolver algoritmos rápidos para a resolução de problemas básicos, mas com elevada complexidade computacional. Esta cruzada pela velocidade culminaria num dos maiores enigmas por resolver da matemática.

6

Agulhas em palheiros

Der Handlungsreisende — wie er sein soll und was er zu thun hat, um Aufträge zu erhalten und eines glücklichen Erfolgs in seinen Geschäten gewiß zu sein.

EIN ALTER COMMIS-VOYAGEUR
Mit einem Titelkupfer, 1832[87]

Nos anos setenta, um dos maiores mistérios da matemática foi desvelado por um grupo de pesquisadores que investigavam as propriedades dos algoritmos. Apesar do prémio de um milhão de dólares envolvido, o mistério continua por resolver. No cerne da questão, está um problema aparentemente inócuo.

O problema do caixeiro-viajante

O problema do caixeiro-viajante visa determinar a rota mais curta para percorrer um conjunto de cidades. Os nomes das cidades e as distâncias entre elas são definidos à partida. Todas as cidades devem ser visitadas uma e só uma vez. As cidades podem ser visitadas por qualquer ordem, desde que a viagem comece e termine na cidade natal do caixeiro-viajante. O desafio consiste em descobrir a rota que oferece a menor distância total de viagem.

Os primeiros registos conhecidos do problema do caixeiro-viajante datam do século XIX. Nessa altura, tratava-se de uma consideração prática para os vendedores ambulantes que cruzavam as cidades da Europa continental. Mais tarde, o problema foi reformulado como charada matemática por William Hamilton e Thomas Kirkman.

Imaginemos que Berlim é a cidade natal do nosso caixeiro-viajante e que este deve visitar Hamburgo, Frankfurt e Munique (Figura n.º 6.1). A maneira mais simples de encontrar a rota mais curta é através de uma pesquisa *exaustiva.* A pesquisa exaustiva, ou por força bruta, calcula o comprimento de todas as rotas possíveis e escolhe a menor delas. Um algoritmo de pesquisa exaustiva procede do seguinte modo:

```
Considere como entrada um conjunto de nomes de cidades.
Se o conjunto incluir apenas uma cidade,
então produza como saída uma rota que contenha essa única cidade,
senão:
    Crie uma lista vazia.
    Repita o seguinte para cada cidade no conjunto:
        Crie uma cópia do conjunto, omitindo a cidade selecionada.
        Aplique este algoritmo ao conjunto reduzido.
        Insira a cidade selecionada no início de todas as rotas devolvidas.
        Acrescente estas rotas à lista.
    Produza como saída todas as rotas encontradas.
```

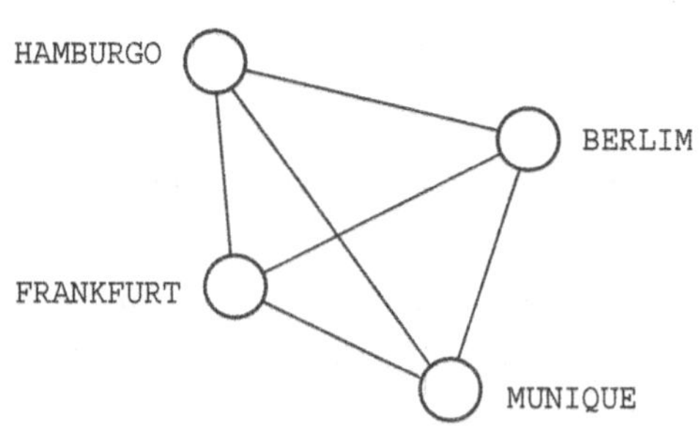

Figura n.º 6.1: Problema do caixeiro-viajante: encontre a menor rota para visitar todas as cidades uma vez e regressar a casa.

No início, o conjunto de todas as cidades, excluindo a cidade natal, é a entrada do algoritmo. A cidade natal constitui o ponto de partida e o ponto final conhecidos de cada rota, pelo que não é necessário incluí-la na pesquisa. O algoritmo cria uma árvore de visitas às cidades a partir do conjunto de entrada (Figura n.º 6.2). Isto assenta em dois mecanismos. Em primeiro lugar, é utilizada a repetição — o algoritmo seleciona cada cidade do conjunto de entrada, uma após a outra, como a próxima a ser visitada. Em segundo lugar, é utilizada a recursividade (ver Capítulo 1). Para cada cidade, o algoritmo chama uma cópia, ou *instância*, de si mesmo. Uma instância de um algoritmo é uma representação distinta e isolada do algoritmo operada sobre os seus próprios dados. Neste caso, cada instância cria uma nova sub-árvore no diagrama. Confome cada cidade é visitada, o conjunto de cidades de entrada para a instância seguinte do algoritmo é reduzido. Assim, as instâncias têm cada vez menos cidades para processar até que sobra apenas uma cidade no conjunto. Quando isto acontece, a instância correspondente às folhas da árvore termina ao devolver uma rota que contém uma única cidade. As instâncias anteriores do algoritmo consideram esta saída e acrescentam as cidades selecionadas pela ordem contrária. Desta forma, o algoritmo processa-se em sentido inverso, criando rotas à medida que sobe a árvore. Quando todas as rotas tiverem sido rastreadas até à raiz da árvore, a instância original do algoritmo termina e produz como saída a lista completa de rotas.

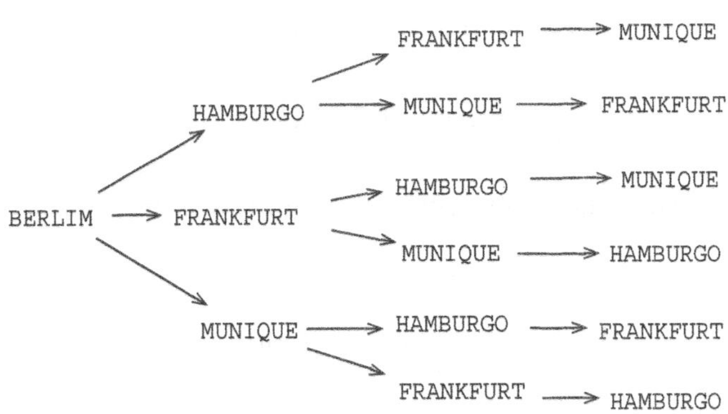

Figura n.º 6.2: Árvore com a demonstração de todas as rotas possíveis. Todas as rotas terminam em Berlim (não representada).

Ao mesmo tempo que é gerada a lista de rotas, o comprimento das rotas é calculado somando as distâncias entre cidades.

O funcionamento do algoritmo pode ser visualizado como um movimento constante. O algoritmo constrói a árvore começando pela raiz. A partir da raiz, é produzido o caminho superior, cidade após cidade, até à última folha. Depois, o algoritmo retrocede até à camada anterior e produz a segunda folha. De seguida, recua duas camadas antes de acrescentar a terceira e quarta folhas. O algoritmo continua a mover-se para trás e para a frente até que a criação da árvore esteja concluída. No final, o algoritmo regride até à raiz e termina.

No exemplo, Berlim é selecionada como cidade natal, sendo, por isso, excluída do conjunto de entrada, {Hamburgo, Frankfurt, Munique}. A primeira instância do algoritmo seleciona alternadamente Hamburgo, Frankfurt e Munique como a primeira cidade a visitar. Cada vez que é selecionada uma cidade, o algoritmo gera uma nova instância para explorar uma sub-árvore. Após a escolha de Hamburgo como primeira cidade a visitar, a segunda instância do algoritmo escolhe Frankfurt do conjunto {Frankfurt, Munique}. Depois, o algoritmo cria uma terceira instância para processar a última cidade: {Munique}. Já que resta apenas uma cidade:

Munique

Esta é devolvida como a única rota possível. Em seguida, a instância de chamada prefixa Frankurt, produzindo a rota:

Frankfurt, Munique.

Depois, a mesma instância explora a ramificação alternativa, obtendo a rota:

Munique, Frankfurt.

Estas rotas parciais são devolvidas à instância de chamada, que acrescenta a sua seleção, obtendo as rotas:

Hamburgo, Frankfurt, Munique;
Hamburgo, Munique, Frankfurt.

As sub-árvores com início em Frankfurt e Munique são exploradas de um modo semelhante. Por fim, é produzida como saída a lista completa de rotas, e a instância original do algoritmo termina.

É garantido que uma pesquisa exaustiva deste tipo encontra a menor rota. Infelizmente, a força bruta é lenta. Para determinarmos quão lenta ela é, temos de ponderar o tamanho da árvore. No exemplo, o itinerário inclui quatro cidades. Todas as cidades estão interligadas, pois cada cidade está diretamente ligada a todas as outras. Assim, ao partir de Berlim, há três paragens possíveis. Para cada uma destas paragens, há duas cidades seguintes possíveis, já que o caixeiro-viajante não pode voltar para casa ou regressar ao ponto de partida. Após a primeira e segunda paragens, existe apenas uma terceira cidade possível. A expansão algébrica disto dá-nos o número de rotas possíveis como sendo de $3 \times 2 \times 1 = 6$, ou seja, fatorial de 3 (3!).

Calcular os comprimentos de seis rotas é uma computação passível de ser feita manualmente. E se tivermos 100 cidades? Cem cidades interligadas dariam o fatorial de noventa e nove rotas possíveis, aproximadamente, 9×10^{155} (um 9 seguido de 155 zeros). Isto seria demasiado para um computador portátil moderno! No problema do caixeiro-viajante, a pesquisa exaustiva é inusitadamente lenta, mesmo para itinerários que aparentam ser de tamanho médio.

Se é verdade que foram descobertos algoritmos mais eficientes, o mais rápido deles não é muito mais rápido do que a pesquisa exaustiva. A única forma de acelerar a busca de modo significativo é aceitar um compromisso. Temos de aceitar que o algoritmo pode não conseguir encontrar a menor rota possível. Até à data, o melhor algoritmo rápido de aproximação só garante uma rota dentro do intervalo de quarenta por cento da otimização da rota mínima. É claro que os compromissos e as aproximações nem sempre são aceitáveis. Por vezes, é mesmo necessário encontrar o caminho mais curto possível.

Ao longo dos anos, vários investigadores têm feito experiências com programas que procuram as rotas mais curtas para itinerários reais. No início da era dos computadores (1954), o mais longo problema do caixeiro-viajante com uma solução conhecida incluía apenas quarenta e nove cidades. Cinquenta anos depois, a maior rota processada incluía 24 978 cidades suecas. O desafio mais recente é um mapa-mundo com 1 904 711 cidades. A rota mais curta encontrada nesse mapa atravessa 7 515 772 212 km. Identificada em 2013 por Keld Helsgaun, ninguém sabe se é ou não a menor rota possível.

A medida da complexidade

A maior dificuldade no problema do caixeiro-viajante é a complexidade computacional do algoritmo necessário para a sua resolução. A complexidade computacional é o número de operações básicas — acessos à memória, adições ou multiplicações — requeridas para executar um algoritmo. Quanto mais operações um algoritmo requer, mais tempo de computação é necessário. O ponto mais elucidativo é o número de operações aumentar ao mesmo tempo que o número de elementos da entrada aumenta (Figura n.º 6.3).

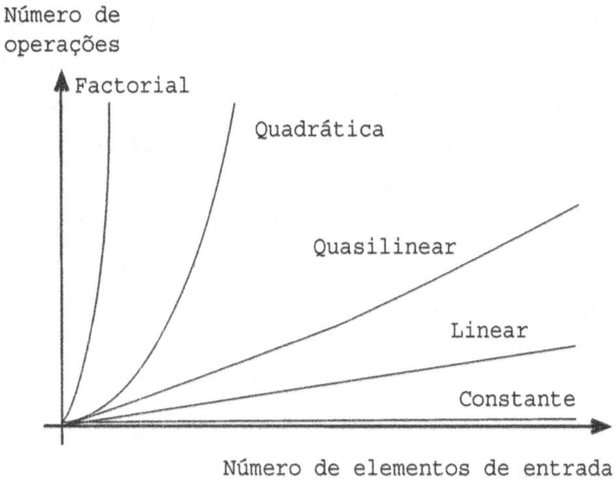

Figura n.º 6.3: Gráfico ilustrativo da relação entre a complexidade computacional e o número de entradas de um algoritmo.

Um algoritmo elementar tem uma complexidade *constante*. Por exemplo, arrumar um livro no topo de uma pilha desordenada de romances tem uma complexidade computacional de apenas uma operação. A complexidade da arrumação do livro na pilha é fixa, independentemente do número de livros que já se encontram no monte.

Encontrar um título específico numa estante repleta de livros exige um número maior de operações. Se os livros estiverem desordenados, o bibliotecário poderá ter de verificar cada um dos títulos antes de encontrar o exemplar almejado. Cada vez que é colocado um novo livro na estante, a complexidade computacional da busca no pior cenário regista um aumento de uma operação. Por outras palavras, a complexidade da pesquisa de títulos aumenta em proporção com o número de livros nas prateleiras. Neste problema, a complexidade computacional é *linear* relativamente ao número de livros.

Os algoritmos para a ordenação de livros caracterizam-se por uma maior complexidade. A Ordenação por Inserção (ver Introdução) organiza os livros um a um. Colocar um livro na prateleira implica que todos os livros que já lá se encontram sejam verificados ou deslocados. Sendo assim, a Ordenação por Inserção possui uma complexidade computacional proporcional ao número de livros elevado ao quadrado. Isto constitui uma relação *quadrática* entre o número de livros e o número de operações.

Como já seria de esperar, a Ordenação Rápida (ver Introdução) possui uma menor complexidade. A Ordenação Rápida divide os livros em várias pilhas com base nas letras-pivô selecionadas. Quando as pilhas contêm cinco ou menos livros, a Ordenação por Inserção é aplicada a cada uma das pilhas, e estas são, depois, transferidas para a prateleira. Em média, a complexidade da Ordenação Rápida é igual ao número de livros multiplicado pelo logaritmo do número de livros. Visto que o logaritmo de uma grandeza aumenta mais lentamente do que a própria grandeza, a complexidade da Ordenação Rápida é menor do que a da Ordenação por Inserção. A complexidade computacional média da Ordenação Rápida é *quasilinear*.

Os algoritmos para arrumação, pesquisa e ordenação de livros possuem aquilo a que se chama uma complexidade computacional *polinomial*. Um algoritmo em tempo polinomial tem uma complexidade computacional proporcional ao número de entradas elevado a um valor constante. Num cenário de complexidade constante, a potência é zero. Na complexidade linear, a potência é um; na quadrática, dois. Os algoritmos em tempo polinomial talvez sejam lentos para números muito grandes de entradas, mas, no geral, são tratáveis por computadores modernos.

Os algoritmos mais desafiantes são os que possuem uma complexidade computacional *superpolinomial*. Estes métodos têm uma complexidade em tempo polinomial excessivo. O número de operações necessárias para executar algoritmos de tempo superpolinomial explode conforme o número de entradas aumenta. O algoritmo de pesquisa exaustiva para resolver o problema do caixeiro-viajante tem uma complexidade de tempo superpolinomial. Como vimos, o número de operações necessárias é igual ao fatorial do número de cidades. Acrescentar uma cidade a uma das rotas multiplica o número de operações necessárias pelo número de cidades que já constam do itinerário. Este efeito multiplicativo provoca uma expansão tremendamente rápida da complexidade à medida que o número de cidades aumenta.

A redução da complexidade computacional deste tipo de algoritmos tem sido o mote de diversas pesquisas. Os estratagemas que podem ser utilizados dependem das especificidades do problema. Por vezes, a estrutura dos dados de entrada pode ser aproveitada para identificar rapidamente soluções óbvias ou parciais. Noutros casos, o recurso ao armazenamento de dados suplementar permite a redução do número de operações. Da mesma forma, o índice de um livro aumenta o número de páginas, mas reduz consideravelmente o tempo necessário para encontrar uma determinada palavra-chave.

Está visto que, para cada problema, deverá existir um algoritmo mais rápido. O segredo está em o encontrar. Nos anos sessenta e setenta, um pequeno número de teóricos começou a investigar os limites da complexidade algorítmica. Muito do que hoje sabemos sobre o tema provém desse trabalho formativo.

Classes de complexidade

Os problemas computacionais são classificados de acordo com a complexidade do algoritmo mais rápido conhecido para a sua resolução (Figura n.º 6.4; Tabela n.º 6.1). Os problemas que podem ser resolvidos com algoritmos em tempo polinomial são designados *problemas P* (tempo polinomial). Os problemas P são considerados de rápida resolução. Por exemplo, a ordenação é um problema P.

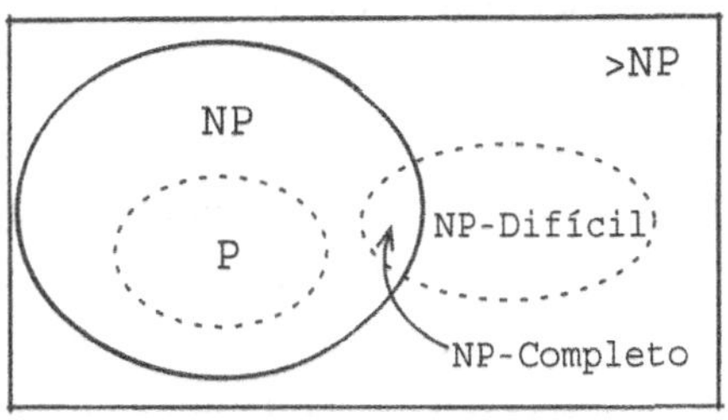

Figura n.º 6.4: Classes de complexidade associadas a problemas comuns.

Tabela n.º 6.1: Lista das classes de complexidade comum.

Classe	Tempo de solução	Tempo de verificação
P	polinomial	polinomial
NP	não especificado	polinomial
NP\P	> polinomial	polinomial
>NP	> polinomial	> polinomial
NP-Completo	P mais complexo	polinomial
NP-Difícil	P convertido em NP-Completo	não especificado

Os problemas cujas soluções podem ser verificadas utilizando um algoritmo em tempo polinomial são designados *problemas NP* (tempo polinomial não-determinístico). Não se determina quanto tempo demora a resolução dos problemas NP. Alguns podem ser resolvidos em tempo P, outros, não. Uma vez que resolver um problema é um modo de verificar uma dada solução, os problemas P são também, por definição, problemas NP. Por outras palavras, o conjunto de todos os problemas P é um subconjunto do conjunto de problemas NP.

Os problemas que pertencem à classe NP, mas não à P, são designados *problemas NP\P* (NP menos P). Estes problemas são de resolução lenta, mas as suas respostas são de verificação rápida, a partir do momento em que são conhecidas. O *sudoku* é um problema NP\P.

O *sudoku* é um quebra-cabeça com números, de origem japonesa, jogado numa grelha de 9 por 9. No início do quebra-cabeça, alguns quadrados estão vazios e outros contêm algarismos. O objetivo é preencher todos os quadrados vazios com um algarismo entre 1 e 9. A dificuldade reside em cada algarismo só poder estar presente uma vez em cada linha e uma vez em cada coluna. Uma abordagem com recurso a força bruta experimenta todas as distribuições de algarismos possíveis. Como consequência, a pesquisa com bruta força é lenta. A sua complexidade é superpolinomial em relação ao tamanho da grelha. Em contrapartida, a verificação de uma grelha preenchida é rápida. O verificador só tem de inspecionar linhas e colunas para detetar quadrados vazios ou algarismos duplicados. Assim, a verificação pode ser concluída em tempo polinomial. Tal como outros problemas NP\P, o *sudoku* é de resolução lenta, mas de verificação rápida.

Além destes, existem *problemas maiores do que NP* (>NP). Estes são os problemas que não podem ser resolvidos ou verificados em tempo polinomial. Solucioná-los e verificá-los requer tempo superpolinomial. O problema do caixeiro-viajante é um destes problemas: resolvê-lo requer tempo fatorial. O único modo de verificar se uma resposta corresponde à rota mínima é executar novamente a resolução. Deste modo, a verificação da solução também requer tempo fatorial. Os problemas de resolução lenta e verificação lenta são problemas >NP.

Em 1971, um professor da Universidade de Toronto, Stephen Cook, publicou um artigo que teria repercussões importantes para a complexidade. Cook tinha sido admitido recentemente na universidade canadiana, depois de lhe ter sido negada uma posição permanente na Universidade da Califórnia, em Berkeley. O artigo de Cook desvendou as relações profundas entre determinados tipos de problema. Pelo caminho, foi responsável por um dos grandes mistérios da matemática, o designado «Problema P *versus* NP», que lança a seguinte pergunta: «Pode existir um algoritmo em tempo polinomial para resolver todos os problemas NP?»

A relevância da pergunta é evidente. Um algoritmo em tempo polinomial para solucionar todos os problemas NP revolucionaria um conjunto de aplicações. Problemas outrora considerados intratáveis poderiam ser rapidamente resolvidos. Setores como os transportes ou a produção industrial beneficiariam de horários mais eficientes. Seria possível prever interações moleculares, acelerando o desenvolvimento de fármacos e de painéis solares.

Os problemas NP mais complexos são designados *problemas NP-Completos*. Cook demonstrou que um algoritmo em tempo polinomial para resolver um problema NP-Completo poderia ser usado para resolver todos os problemas NP em tempo polinomial. Dito de outra forma, um algoritmo rápido para resolver um problema NP-Completo transformaria automaticamente todos os problemas NP\P em meros problemas P. Assim sendo, o conjunto NP tornar-se-ia equivalente ao conjunto P.

A investigação de Cook provou ainda que alguns problemas >NP podem ser *transformados* em problemas NP-Completos com redução de tempo polinomial. Esta transformação é conseguida processando as entradas dos problemas >NP de tal forma, que um algoritmo NP-Completo consiga levar a cabo a computação. Assim, um algoritmo rápido para resolver um problema NP-Completo proporcionaria resoluções mais rápidas para estes problemas >NP. Coletivamente, o grupo de problemas NP-Completos e problemas >NP suscetíveis de uma transformação para problemas NP-Completos com redução para tempo polinomial são chamados *problemas NP-Difíceis*. Um algoritmo de tempo polinomial para resolver um problema NP-Completo conduziria também a resoluções rápidas para todos os problemas NP-Difíceis.

Os problemas NP-Completos são venerados. Um algoritmo em tempo polinomial que solucionasse qualquer um deles garantiria ao seu criador uma Medalha Fields, o equivalente em matemática ao Prémio Nobel.

O problema do caixeiro-viajante é NP-Difícil. Uma versão simplificada do problema do caixeiro-viajante, o problema de decisão do caixeiro-viajante, é um exemplo de problema NP-Completo. A pergunta que se faz é: «Para um dado itinerário, pode existir uma rota menor do que uma distância-alvo especificada?» Se verificar uma solução para o problema do caixeiro-viajante implica resolver novamente o problema (>NP), verificar uma dada solução para o problema de decisão é rápido — basta medir o comprimento da rota obtida e comparar o resultado com a distância especificada. Deste modo, o problema de decisão é de solução lenta, mas de verificação rápida (NP\P). O conjunto de Problemas NP-Completos inclui o problema da mochila, o jogo da batalha naval e o problema de coloração de grafos.

No ano 2000, o Instituto Clay de Matemática da Universidade de Cambridge, em Massachusetts, anunciou prémios de um milhão de dólares para as soluções de sete problemas do milénio. Estes problemas foram eleitos como os mais importantes de toda a matemática. O «Problema P *versus* NP» foi um dos sete escolhidos. O instituto oferece o prémio a quem for capaz de apresentar um algoritmo em tempo polinomial para resolver um problema NP-Completo ou uma prova definitiva de que esse algoritmo não existe.

Atualmente, a maioria dos investigadores supõe que P não é igual a NP, nem nunca será. Esta conclusão está enraizada em quase quarenta anos de tentativas falhadas para encontrar algoritmos rápidos que resolvam os problemas NP-Completos. Por outro lado, a prova de que este algoritmo não existe ainda não foi encontrada. Até hoje, o prémio de um milhão de dólares do Instituto Clay de Matemática continua por reclamar.

Em 1982, Cook recebeu o Prémio Turing. A nota oficial dedicou-lhe palavras de louvor por ter transformado «o nosso entendimento da complexidade computacional». Em tom pesaroso, Richard Kamp, professor emérito de Engenharia Eletrónica e Ciência Computacional na Universidade da Califórnia, em Berkeley, acabaria por confessar[91]: «A nossa vergonha é eterna por não termos conseguido persuadir o departamento de matemática a atribuir-lhe uma posição permanente.»

Atalhos

O problema do caixeiro-viajante é um exemplo clássico dos problemas de *otimização combinatória*, nos quais diversos elementos fixos devem ser combinados da melhor maneira possível. No caso do problema do caixeiro-viajante, os elementos fixos são as distâncias entre cidades e «a melhor maneira possível» é a rota mais curta. Os elementos fixos podem assumir uma miríade de conformações. O objetivo é encontrar a melhor conformação possível.

Existem inúmeros problemas práticos de otimização combinatória. Qual a melhor forma de alocar os funcionários às tarefas numa grande fábrica? Que horário de voos maximiza a receita para uma companhia aérea? Qual dos táxis deve transportar o próximo cliente, de forma que se maximize o lucro? Todas estas perguntas requerem que um conjunto fixo de recursos seja atribuído da melhor maneira possível.

Como vimos, os algoritmos de pesquisa por força bruta experimentam todas as combinações possíveis e selecionam a melhor delas. Em 1952, Edsger Dijkstra descortinou um algoritmo rápido para resolver o mais comum problema de otimização combinatória do mundo. O seu algoritmo está hoje incorporado em milhares de milhões de dispositivos eletrónicos.

Dijkstra foi o primeiro programador profissional da Holanda. Tendo concluído o curso de Programação em Inglaterra em 1951, foi-lhe oferecido um trabalho a tempo parcial como programador de computadores no Mathematisch Centrum (Centro Matemático), em Amesterdão. O único inconveniente era o centro não dispor de computadores. Com um financiamento limitado e a computação a dar os seus primeiros passos, o centro tinha iniciado o processo de construção de um computador. Dijkstra trabalhava a tempo parcial no centro enquanto estudava Matemática e Física na Universidade de Leiden. Decorridos três anos, sentiu que já não era possível conciliar a programação com a física. Tinha de escolher entre uma e outra. Ele adorava programar. Mas seria uma profissão respeitável para um jovem cientista sério? Dijkstra decidiu consultar Adriaan van Wijngaarden, o diretor do departamento de computação. Van Wijngaarden concordou que a programação ainda não era uma disciplina de pleno direito. Porém, van Wijngaarden estava convencido de que os computadores tinham vindo para ficar e que isto era só o começo. Poderia Dijkstra ser um dos cientistas que transformariam a programação numa disciplina respeitável? Quando Dijkstra saiu do escritório de van Wijngaarden uma hora mais tarde, o rumo da sua vida estava decidido. Sem mais demoras, pôs um ponto final no estudo da física.

No ano seguinte, Dijkstra viu-se perante outro dilema. O centro preparava-se para ser o anfitrião de alguns convidados importantes. O ponto alto da sua visita seria o novo computador do centro, que já se encontrava operacional. Dijkstra ficou encarregado de realizar uma demonstração das capacidades da máquina. Tendo em conta que os seus convidados sabiam pouco sobre computadores, Dijkstra decidiu que a sua demonstração deveria concentrar-se numa aplicação prática. De súbito, surgiu-lhe a ideia de escrever um programa para determinar a rota de condução mais curta entre duas cidades holandesas. Embora o conceito lhe agradasse, subsistia uma dificuldade. Não existia um algoritmo rápido para encontrar a menor rota entre duas cidades.

Certa manhã, Dijkstra e a sua noiva saíram para fazer compras e fizeram uma paragem num café. Enquanto sorvia o café na esplanada, Dijkstra inventou um algoritmo eficiente para a definição de rotas, demorando cerca de vinte minutos a fazê-lo. Seriam precisos três anos para que se decidisse a publicá-lo. Não parecia ser algo que merecesse importância.

O algoritmo de Dijkstra é comparável a um jogo de tabuleiro. Encontra a menor rota deslocando um peão entre cidades num itinerário. À medida que o peão se desloca pelo mapa, as cidades são anotadas juntamente com a rota seguida e a distância acumulada desde o ponto de partida. Quando o peão parte de uma cidade, o nome dela é riscado da lista de cidades a visitar, para que ele não possa lá voltar.

No início, o peão está posicionado na cidade de origem. Ao lado dele, são registados o nome da cidade e uma distância de zero. De seguida, são consideradas todas as cidades com ligação direta à cidade de origem. É computada a distância percorrida desde o ponto de partida até estas cidades. Isto é feito somando o número que se encontra junto do peão ao comprimento da ligação entre o peão e a cidade com a qual tem ligação direta. Se a cidade já tiver sido anotada com uma distância menor do que o valor computado, a anotação existente é mantida. Se o novo valor calculado for menor do que a distância registada, a anotação é substituída. A nova distância é registada juntamente com a rota seguida. A rota seguida é a lista de cidades ao lado do peão, a que se junta o nome da nova cidade. Quando estes passos tiverem sido realizados para todas as cidades com ligação direta, o peão é encaminhado para a cidade com a menor distância anotada e que ainda não tenha sido visitada. Este processo — verificação e atualização das cidades com ligação direta, deslocação do peão — é repetido até que o peão chegue ao destino desejado.

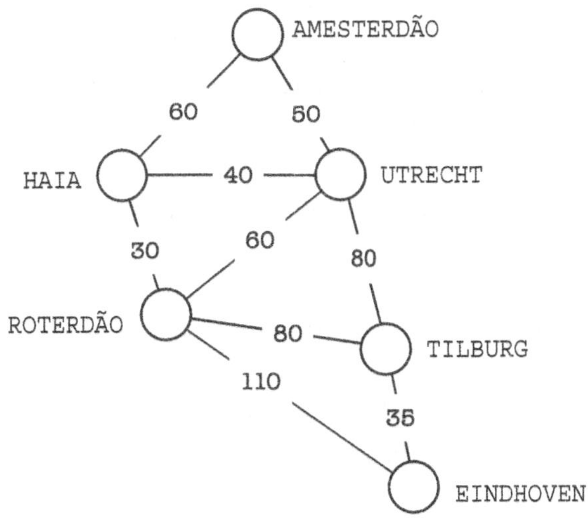

Figura n.º 6.6: O problema da definição de rotas consiste em encontrar a menor rota entre duas cidades. Este itinerário mostra as distâncias em quilómetros entre as principais cidades holandesas.

Imagine o algoritmo de Dijkstra aplicado a um itinerário holandês (Figura n.º 6.6). Suponhamos que o ponto de partida é Amesterdão e que o destino é Eindhoven. No início, o peão é posicionado em Amesterdão. A capital é anotada:

Amesterdão 0.

Haia e Utrecht têm ligação direta a Amesterdão e, por isso, são anotadas:

Amesterdão–Haia 60;
Amesterdão–Utrecht 50.

A distância total até Utrecht é menor, pelo que o peão é deslocado para essa cidade. De seguida, são consideradas as cidades com ligação direta a Utrecht. Desta maneira, Tilburg e Roterdão são anotadas:

Amesterdão–Utrecht–Tilburg 50 + 80 = 130;
Amesterdão–Utrecht–Roterdão 50 + 60 = 110.

Haia e Amesterdão não são atualizadas, já que as distâncias entre Amesterdão e as duas cidades via Utrecht (90 e 100, respetivamente) são maiores do que os caminhos já registados (60 e 0).

O peão é transferido para Haia, a cidade com a menor distância cumulativa (60) que ainda não foi visitada. Ir de Amesterdão a Roterdão via Haia é uma jornada mais curta do que a viagem anterior via Utrecht. Assim, Roterdão é atualizada:

Amesterdão–Haia–Roterdão 60 + 30 = 90.

O peão é agora deslocado para Roterdão. Eindhoven, cidade com ligação direta, é então atualizada:

Amesterdão–Haia–Roterdão–Eindhoven 90 + 110 = 200.

O caminho para Tilburg é mais longo (170 via Roterdão) do que a anotação já existente (130 via Utrecht), pelo que Tilburg não é atualizada.

A cidade ainda por visitar com a menor distância acumulada é Tilburg, por isso, o peão é deslocado para essa cidade. A distância total até Eindhoven via Tilburg é de 165, que é menos do que a anotação atual (200 via Roterdão). Assim sendo, a anotação de Eindhoven é substituída por:

Amesterdão–Utrecht–Tilburg–Eindhoven 165.

O peão é transferido para Eindhoven e o algoritmo chega ao fim. O caminho mais curto é Amesterdão–Utrecht–Tilburg–Eindhoven com uma distância total de 165 km.

Substituindo o tempo pela distância, o algoritmo de Dijkstra permite encontrar a rota mais rápida, em vez da rota mais curta.

O algoritmo de Dijkstra é importante por duas razões. Em primeiro lugar, dá-nos a certeza de encontrar a menor rota. Em segundo lugar, o algoritmo é rápido. A poda da pesquisa enquanto o programa está a ser executado evita as más soluções e concentra os esforços nas soluções boas. Em terceiro lugar, os problemas de escolha de rotas são ubíquos. Não há nenhuma pessoa ou veículo no mundo que dispense a orientação.

O algoritmo de Dijkstra tornou-se rapidamente popular nos círculos da computação. Em 1968, o algoritmo para a definição de rotas foi aperfeiçoado por três investigadores do Instituto de Pesquisa de Stanford (SRI — Stanford Research Institute), na Califórnia. Os investigadores faziam parte da equipa responsável pela construção de *Shakey, o Robô*. *Shakey* foi o primeiro robô móvel de uso geral com capacidade de raciocínio. Desengonçado à luz dos padrões modernos, o *Shakey* era, essencialmente, uma grande caixa que continha um pequeno computador montado sobre rodas motorizadas. A sua «cabeça» metálica e pontiaguda suportava uma câmara de vídeo de grandes dimensões e um telémetro ultrassónico. Por mais absurdo que hoje nos pareça, a revista *Life* chegou ao ponto de atribuir a *Shakey* o título de «primeira pessoa eletrónica».

Como *Shakey* era móvel, tinha de ser capaz de se orientar. Durante a incorporação desta funcionalidade, a equipa de desenvolvimento detetou uma ineficiência no algoritmo de Dijkstra. Por vezes, o algoritmo perde tempo a deslocar o peão para cidades que se afastam do destino final. Estas cidades aparentam ser promissoras, já que têm ligações próximas à cidade marcada com o peão. Todavia, seguem na direção errada, acabando por ser eliminadas. Para corrigir esta falha, Peter Hart, Nils Nilsson e Bertram Raphael propuseram o algoritmo A* (*a-estrela*). O A* utiliza uma métrica de distância modificada. No algoritmo original de Dijkstra, a métrica é a distância percorrida. No A*, a métrica é a distância percorrida até ao momento somada à distância em linha reta desde a cidade atual até ao destino final. Enquanto o algoritmo de Dijkstra só considera o caminho percorrido, o A* estima o comprimento da rota completa, do início até ao fim. Como resultado, o A* é menos propenso a visitar cidades que afastam o peão do destino.

Atualmente, são utilizadas variantes do A* em todas as aplicações de navegação existentes no planeta, da navegação por satélite aos *smartphones*. Para maior precisão, as cidades foram substituídas por interseções de estradas, mas os princípios são os mesmos. Como veremos, as derivações do algoritmo de Dijkstra são hoje utilizadas para encaminhar dados na Internet.

Cumprindo a profecia de van Wijngaarden, Dijkstra foi responsável por uma série de contributos significativos para a precária disciplina emergente que viria a ser a ciência computacional. Em particular, foi o criador de algoritmos para *computação distribuída*, por meio dos quais múltiplos computadores cooperam para resolver problemas computacionais altamente complexos. Em reconhecimento do seu trabalho, Dijkstra foi galardoado com o Prémio Turing em 1972.

Casamentos estáveis

Os itinerários não são a única fonte de problemas de otimização combinatória. Os problemas de correspondência visam o emparelhamento de itens da melhor maneira possível. Um problema de correspondência clássico é o emparelhamento de aspirantes candidatos à universidade com as vagas disponíveis. O desafio é distribuir os finalistas do ensino secundário pelos cursos de uma forma que seja justa e, ao mesmo tempo, satisfaça o maior número possível de estudantes e universidades. À semelhança de outros problemas de otimização combinatória, a correspondência torna-se mais difícil sempre que o número de itens aumenta. Os algoritmos rápidos são necessários, mesmo tratando-se de um número moderado de alunos.

O artigo de referência sobre a correspondência foi publicado por David Gale e Lloyd Shapley em 1962. A dupla criou uma amizade na Universidade de Princeton, em Nova Jérsia, onde ambos concluíram o doutoramento em Matemática. Depois de Princeton, Gale ingressou na Universidade Brown, em Rhode Island, e Shapley seguiu para a RAND Corporation. O artigo de Gale e Shapley abordava o problema antiquíssimo de fazer corresponder os solteiros disponíveis que tinham em vista o casamento.

O problema do casamento estável visa emparelhar homens e mulheres num matrimónio. No princípio, as participantes femininas classificam todos os homens de acordo com as suas preferências (1.º, 2.º, 3.º e assim por diante) e vice-versa, os homens classificam as mulheres. O objetivo é emparelhar os participantes de tal forma, que se obtenha um conjunto estável de casamentos. O conjunto é considerado estável se não existir nenhum homem e mulher que preferissem a companhia um do outro em vez da dos seus cônjuges. Tal circunstância poderia conduzir ao divórcio.

O artigo de Gale e Shapley propôs um algoritmo extraordinariamente simples para resolver o problema do casamento estável. Tão simples, na verdade, que os autores tiveram dificuldade em publicá-lo. No artigo, Gale e Shapley usaram o problema do casamento estável como sucedâneo de uma série de problemas de correspondência *bidirecional* do mundo real. Aqui, bidirecional refere-se ao facto de que ambos os pretendentes enunciam as suas preferências, não apenas uma das partes. O algoritmo de Gale-Shapley tornou-se rapidamente o método por excelência de correspondência bidirecional. Continua a ser utilizado numa grande variedade de aplicações, incluindo a correspondência entre pacientes em estado crítico e dadores de órgãos.

O algoritmo de Gale-Shapley faz corresponder homens e mulheres ao longo de rondas sucessivas. Em cada ronda, todos os homens não comprometidos fazem uma proposta de casamento. (Por razões de simplicidade, o artigo assume que os participantes são heterossexuais e que as propostas de casamento são efetuadas pelos homens. Na verdade, as propostas poderiam ser igualmente feitas pelas mulheres — isso não é importante para o algoritmo.) Cada um dos homens não comprometidos declara-se à mulher que mais prefere e pela qual não tenha sido anteriormente rejeitado. Se a mulher que recebe a proposta de casamento não estiver comprometida, ela aceita automaticamente o pedido. Se já estiver comprometida, ela equacionará as suas preferências relativamente ao novo pretendente e ao seu noivo atual. Se preferir o novo pretendente, rejeita o noivo e concretiza o noivado com o seu novo amante. Se preferir o noivo atual, recusa os avanços do recém-chegado. Assim que a sua decisão estiver tomada, o algoritmo prossegue para o homem descomprometido seguinte. Quando todos os homens solteiros tiverem feito um pedido de casamento, o algoritmo passa para a próxima ronda. Neste estágio, um noivo rejeitado tem a possibilidade de fazer uma nova proposta de casamento a outra pessoa. O algoritmo chega ao fim quando todos os participantes estiverem noivos.

Imagine seis amigos — três homens e três mulheres — a morar em dois apartamentos contíguos na cidade de Nova Iorque, perto do Central Park. Por discrição, iremos chamá-los Alex, Ben, Carlos, Diana, Emma e Fiona. Todos se conhecem uns aos outros. Todos são solteiros. Todos pensam em matrimónio. Se lhes perguntarmos, eles enunciarão as preferências matrimoniais listadas na Tabela n.º 6.2.

Tabela n.º 6.2: Tabela de preferências matrimoniais

Preferência	Alex	Ben	Carlos	Diana	Emma	Fiona
1.ª	Diana	Diana	Diana	Ben	Ben	Carlos
2.ª	Emma	Fiona	Fiona	Alex	Alex	Alex
3.ª	Fiona	Emma	Emma	Carlos	Carlos	Ben

Na primeira ronda, Alex declara-se a Diana. Diana aceita, porque está atualmente disponível. De seguida, Ben declara-se à popular Diana. Visto que Diana prefere Ben a Alex, livra-se deste último e aceita o pedido de Ben. Carlos também se declara a Diana, mas é rejeitado sem reservas. Na segunda ronda, Alex e Carlos estão disponíveis. Alex declara-se a Emma, a número dois na sua lista. Emma ainda está sem parceiro, pelo que é recetiva aos avanços de Alex. Carlos pede a mão de Fiona em casamento, ela aceita, já que está disponível. E assim termina. Todos estão agora noivos — Alex & Emma, Ben & Diana, Carlos & Fiona. Todos os casamentos são estáveis. Emma teria preferido ficar com Ben, mas isso não vai acontecer, porque ele prefere formar par com Diana, a sua futura esposa. Da mesma forma, Alex e Carlos nutrem sentimentos não correspondidos por Diana, mas ela está decidida a casar-se com o homem dos seus sonhos, Ben. Fiona está satisfeita por ter ficado noiva de Carlos — a sua primeira escolha —, embora também ele tenha um fraco por Diana.

Como um esquema de correspondência romântica, o algoritmo de Gale-Shapley é brutal — as rejeições são demasiadas! E, contudo, perguntamo-nos se os humanos à procura de parceiros não seguirão intuitivamente um procedimento semelhante ao algoritmo de Gale-Shapley. Na vida real, as propostas explícitas e as respostas convictas transformam-se em sorrisos subrreptícios, olhares langorosos, interrogatórios aos amigos e recusas educadas. Apesar das semelhanças, existem diferenças. Na verdade, as preferências evoluem ao longo do tempo. O custo emocional da separação implica que os indivíduos tenham relutância em fazer mudanças drásticas. Apesar destas diferenças, algumas agências de namoro *online* usam hoje o algoritmo de Gale-Shapley para fazer corresponder os clientes.

Um dos maiores exercícios de correspondência do mundo é levado a cabo todos os anos pelo Programa Nacional de Correspondência de

Internatos Médicos (NRMP — National Residency Matching Program). O programa emparelha finalistas de Medicina com oportunidades de estágio em hospitais de vários pontos dos EUA Atualmente, o programa faz a correspondência entre 42 000 candidatos formados e 30 000 vagas em hospitais por ano. Quando foi estabelecido, em 1952, o NRMP adotou o algoritmo de correspondência de um mediador precedente. O algoritmo *Boston Pool* foi utilizado pelo NRMP durante quarenta anos. Nos anos setenta, tornou-se evidente que o algoritmo *Boston Pool* era, na verdade, igual ao método que Gale e Shapley tinham desenvolvido de maneira independente. De forma embaraçosa, a equipa de desconhecidos responsável pelo *Boston Pool* tinha-se adiantado à eminente dupla, formada por um matemático e um economista, em mais de uma década. Claro que o seu artigo académico incluía uma prova formal, o que contrastava com a criação *ad hoc* do algoritmo *Boston Pool*.

Nos anos noventa, o célebre economista e matemático Alvin Roth comprometeu-se a renovar o algoritmo de correspondência do NRMP. Em sintonia com os tempos, o novo método de Roth permite que os casais de médicos procurem uma colocação conjunta. Simultaneamente, tenta impedir que os candidatos desonestos ludibriem o sistema para seu benefício. Ao contrário do *Boston Pool*, a técnica de Roth assenta na correspondência unidirecional, na qual apenas as preferências dos candidatos são consideradas.

Em 2012, Shapley e Roth receberam o Prémio Nobel da Economia pelo seu trabalho respeitante à *teoria dos jogos*. Este é o ramo da matemática que estuda a competição e a cooperação entre decisores inteligentes. Shapley, o mais velho da dupla, é consensualmente encarado como o grande teorizador que lançou as bases para os estudos práticos de Roth sobre o modo de funcionamento dos mercados. Um dos pontos destacados na nota oficial do Prémio Nobel foi o algoritmo de Gale-Shapley. Gale faleceu em 2008 e, por isso, não era elegível para o prémio. Shapley faleceu em 2016, com a excelsa idade de 92 anos. Roth continua a trabalhar nas universidades de Stanford e Harvard.

Evolução artificial

Nos anos sessenta, John Holland adotou uma nova abordagem para a resolução de problemas de otimização combinatória. Inusitadamente, o seu algoritmo já era conhecido há quatro milhares de milhões de anos!

Holland nasceu em Fort Wayne, Indiana, em 1929. Tal como Dijkstra, Holland descobriu o gosto pela programação de computadores enquanto estudava Física. No MIT, escreveu um programa para o computador Whirlwind. Financiado pela Marinha dos Estados Unidos e pela Força Aérea, o Whirlwind era o primeiro computador a operar em tempo real que incorporava um ecrã de informação. A máquina foi concebida para processar dados provenientes de radares e proporcionar um alerta precoce da aproximação de aeronaves e mísseis. Após uma breve temporada enquanto programador na IBM, Holland ingressou na Universidade de Michigan, onde concluiu um mestrado seguido de um doutoramento em Ciências da Comunicação. Seriam precisos vários anos para que o termo «ciência computacional» se generalizasse. O orientador de doutoramento de Holland foi Arthur Banks, o homem que levou a cabo a demonstração do ENIAC para a imprensa em 1946.

Ao explorar a biblioteca da universidade, Holland deu de caras com um velho livro de Ronald Fisher intitulado *A Teoria Genética da Seleção Natural* (1930). O livro recorria à matemática para investigar a evolução natural. Mais tarde, Holland recordaria o episódio[103]: «Pela primeira vez, percebi que era possível fazer um exercício matemático significativo a respeito da evolução. A ideia atraiu-me tremendamente.»

Inspirado, Holland decidiu que iria replicar a evolução num computador. Ao longo das décadas de sessenta e setenta, seguiu no encalço desta ideia singular. Convencido de que tinha em mãos algo digno de nota, Holland publicou um livro que detalhava as suas descobertas em 1975. As vendas não foram as que se esperavam. A comunidade investigadora não estava interessada.

Quase vinte anos mais tarde, Holland redigiu um artigo sobre o tópico dos *algoritmos genéticos* para a popular revista de ciência *Scientific American*. Uma segunda edição do seu livro foi dada ao prelo nesse mesmo ano. Finalmente, os algoritmos genéticos entraram no *mainstream* da investigação computacional. Hoje, o texto preterido de Holland é citado (referenciado formalmente) em mais de 60 000 livros e artigos científicos — um sucesso estrondoso para um trabalho académico.

A evolução natural adapta uma espécie ao seu meio ambiente por via de três mecanismos — *seleção*, *hereditariedade* e *mutação*. O processo opera sobre uma espécie que habita o mundo selvagem. Embora os indivíduos de uma espécie partilhem muitas características, existem variações entre um animal e outro. Alguns traços são benéficos para a sobrevivência; outros, prejudiciais. A seleção refere-se a os indivíduos com características benéficas terem mais probabilidade de sobreviver até à idade adulta e de se reproduzir. A hereditariedade é a tendência segundo a qual as crias evidenciam traços físicos semelhantes aos dos seus progenitores. Assim, as crias de sobreviventes tendem a possuir as mesmas características benéficas. A mutação é a manifestação de alterações aleatórias no material genético transmitido a uma cria. Dependendo da secção do cromossoma que é afetada, uma mutação poderá não produzir efeito algum, ter um impacto reduzido ou causar uma alteração extraordinária. Ao longo de muitas gerações, a seleção e a hereditariedade asseguram que uma população tenderá a incluir uma parcela maior de indivíduos com traços benéficos para a sobrevivência e reprodução. A mutação é a carta extra do baralho. Na maior parte dos casos, não tem impacto na população. Ocasionalmente, ela origina uma mudança benéfica radical.

O exemplo clássico da evolução natural em ação é a *Biston betularia* (traça negra). O nome deriva das suas asas mosqueadas de negro, assemelhando-se a grãos de pimenta preta espalhados sobre papel branco. A aparência do inseto é uma forma de camuflagem, impedindo que as aves predatórias detetem os animais por contraste com a casca das árvores autóctones. Na Inglaterra do século XVIII, as traças eram, na sua grande maioria, de cor clara. Inesperadamente, no final do século XIX, quase todas as traças das grandes cidades eram de cor escura. No decorrer de um século, a população urbana de traças em Inglaterra mudou de cor.

Viria a descobrir-se que a mudança tinha sido provocada pela Revolução Industrial. A exploração repentina de combustíveis fósseis tinha levado à construção de uma legião de fábricas que expeliam grandes jatos de fumo e fuligem. Gradualmente, a casca das árvores, as paredes e os postes de iluminação cobriram-se de negro. As traças claras tornaram-se mais vulneráreis aos predadores e eram mortas em maior número. As traças escuras prosperaram, transmitindo a sua camuflagem natural às crias. Volvido algum tempo, o balanço numérico da população alterou-se a favor das traças negras.

Holland acreditava que a evolução artificial podia ser utilizada para resolver problemas de otimização combinatória. A sua ideia era que as soluções possíveis podiam ser concebidas como indivíduos numa população. Baseando-se na genética, propôs que cada uma das soluções fosse representada por uma sequência de letras. Por exemplo, para resolver o problema do caixeiro-viajante as rotas podiam ser representadas utilizando a primeira letra de cada cidade: BFHM. Holland considerava esta sequência análoga ao cromossoma de um organismo vivo (ADN).

Os algoritmos genéticos de Holland operam sobre uma reserva de *cromossomas artificiais*. A seleção é realizada avaliando cada um dos cromossomas artificiais e descartando os que têm pior desempenho. A hereditariedade é emulada pela combinação de sequências de letras para criar a próxima geração de cromossomas. A mutação é replicada ao substituir-se aleatoriamente as letras num pequeno número de cromossomas. Estes três processos são repetidos para produzir gerações de cromossomas até que uma solução aceitável seja identificada dentro da população.

Ao longo de muitas gerações, os três mecanismos agem concertadamente para aumentar a proporção de boas soluções dentro da população. A seleção orienta a pesquisa na direção das melhores soluções. A hereditariedade combina respostas promissoras de formas inesperadas para produzir novas soluções concorrentes. A mutação eleva a diversidade da população, abrindo novas possibilidades.

O algoritmo de Holland pode ser resumido do seguinte modo:

```
Gere aleatoriamente uma população de cromossomas.
Repita os seguintes passos:
    Avalie o desempenho de cada um dos cromossomas.
    Descarte os cromossomas com o pior desempenho.
Emparelhe aleatoriamente os cromossomas sobreviventes.
Reproduza os pares, de forma que gere dois cromossomas-filhos.
Adicione os cromossomas-filhos à população.
Altere aleatoriamente um pequeno número de cromossomas.
Repita até concluir um número definido de gerações.
Produza como saída o cromossoma com o melhor desempenho.
```

Num dos seus livros, o renomado biólogo Richard Dawkins descreveu o uso de um algoritmo genético para decifrar uma mensagem secreta. Dawkins começou por utilizar os cromossomas como palpites daquela que poderia ser a mensagem secreta. Depois, realizou a seleção comparando cada um dos cromossomas com a mensagem secreta. A *função de aptidão* de Dawkins é pouco clara, mas é provável que o seu programa tenha calculado uma pontuação para cada cromossoma. Talvez a letra correta no lugar correto obtivesse uma pontuação de +2 pontos, a letra correta no lugar errado valesse +1 ponto e uma letra incorreta merecesse 0 pontos. Os cromossomas com as pontuações mais baixas eram descartados. Os cromossomas com as pontuações mais altas eram «reproduzidos» por meio de um *cruzamento*. O cruzamento gera cromossomas para a descendência através da permuta de fragmentos dos cromossomas dos progenitores. É selecionada uma posição aleatória no interior do cromossoma. O cromossoma do primeiro filho é uma cópia do cromossoma do pai até esse ponto e uma cópia do cromossoma da mãe a partir daí. O cromossoma do segundo filho é uma cópia do cromossoma materno até ao mesmo ponto e uma réplica do cromossoma paterno daí para a frente. Por exemplo, se os cromossomas dos progenitores forem:

ABCDEF, LMNOPQ.

E o ponto de cruzamento for a terceira letra, as sequências de letras dos filhos serão:

ABCOPQ, LMNDEF.

Dawkins processou o seu algoritmo genético num computador. Inicialmente, os cromossomas eram sequências aleatórias de letras. Após dez gerações, verificou que o cromossoma com a pontuação mais alta entre a população era:

MDLDMNLS ITPSWHRZREZ MECS P.

Após vinte gerações, era:

MELDINLS IT ISWPRKE Z WECSEL.

Após trinta gerações:

METHINGS IT ISWLIKE B WECSEL.

Após quarenta e uma gerações, o algoritmo encontrou a mensagem secreta:

METHINKS IT IS LIKE A WEASAL.

Invulgarmente, o exemplo de Dawkins avalia diretamente o cromossoma, comparando as letras com a mensagem secreta. Na resolução de problemas do mundo real, é frequente que seja o cromossoma a controlar a construção de uma solução, que é depois avaliada. Por exemplo, Holland utilizou cromossomas para controlar o comportamento de programas de computador que simulavam mercados de matérias-primas. Embora eles não tivessem sido inicialmente programados para esse fim, a sua agência evoluiu de forma a engendrar bolhas especulativas e colapsos financeiros.

A NASA recorreu a algoritmos genéticos para conceber uma antena de rádio destinada a uma das suas missões espaciais. Desta vez, os cromossomas controlaram o formato da antena. A aptidão dos cromossomas foi avaliada calculando a sensibilidade da antena à entrada de sinais de rádio. Em 2006, uma evoluída antena de banda X seguiu a bordo da missão Space Technology 5 da NASA.

Em 1967, Holland foi nomeado professor de Ciência Computacional e Engenharia na Universidade de Michigan. Além de ter sido o inventor dos algoritmos genéticos, fez contribuições de grande monta para a complexidade e teoria do caos. Inusitadamente, viria a tornar-se também professor de Psicologia.

Holland faleceu em 2015, aos oitenta e seis anos. Sobre ele, David Krakauer, o presidente do Instituto de Santa Fé, diria[112]:

> O John é único na forma como utilizou as ideias da biologia evolutiva para transformar a pesquisa e otimização na ciência computacional e, depois, utilizou aquilo que descobriu na ciência computacional e permitiu que repensássemos as dinâmicas evolucionárias. Esta espécie de tradução

rigorosa entre duas comunidades de pensamento é uma característica das mentes mais sagazes.

Embora os algoritmos genéticos continuem a desfrutar de grande popularidade, não são, na maior parte dos casos, a maneira mais eficaz de resolver um determinado problema de otimização. Funcionam melhor quando não percebemos bem como é que as boas soluções são construídas. Regidos por permutações aleatórias, os algoritmos genéticos perscrutam cegamente o espaço concetivo. Por serem fáceis de programar, os pesquisadores podem deixar o computador fazer o trabalho com um algoritmo genético, em vez de gastar tempo precioso a inventar um novo algoritmo de pesquisa rápida.

Enquanto Holland desenvolvia os seus algoritmos genéticos no Michigan, as sementes de uma revolução na computação estavam a ser lançadas por uma agência obscura integrada no departamento de Defesa dos EUA Sob o aguilhão da Guerra Fria e com dois visionários no comando, a América começou a interligar as suas redes de computadores. As implicações deste empreendimento chegariam muito longe. Pelo caminho, foi aceso o rastilho de uma nova alquimia — a fusão dos algoritmos com a eletrónica.

7

A Internet

Parece razoável imaginar [...] um «centro de pensamento» que incorporará as funções das atuais bibliotecas.
A imagem facilmente se amplifica para uma rede desses centros, ligados uns aos outros por linhas de comunicação de banda larga e, aos utilizadores individuais, através de serviços de linhas alugadas. Neste sistema, a velocidade dos computadores seria ponderada, e o custo de memórias colossais e programas sofisticados seria dividido pelo número de utilizadores.

J. C. R. LICKLIDER
Man-Computer Symbiosis, 1960[113]

No dia 4 de outubro de 1957, a União Soviética lançou na órbita da Terra o primeiro satélite artificial do mundo. O Sputnik 1 era um transmissor de rádio envolto numa esfera de metal com apenas 60 centímetros de diâmetro. Na superfície do globo, foram montadas quatro antenas de rádio. Ao longo de vinte e um dias, o Sputnik difundiu um «bip, bip, bip, bip» inconfundível e persistente. O sinal era captado por recetores de rádio espalhados pelo planeta conforme o satélite os sobrevoava. O Sputnik foi uma sensação. De repente, o espaço era a nova fronteira e a União Soviética estava um passo à frente do Ocidente.

O presidente dos Estados Unidos da América, Dwight D. Eisenhower, decidiu que os EUA nunca mais ficariam em segundo lugar na corrida pela supremacia tecnológica. Para este fim, Eisenhower formou duas agências governamentais. A Administração Nacional da Aeronáutica e do Espaço (NASA — National Aeronautics and Space Administration) ficou encarregada do reconhecimento e exploração pacífica do espaço. A sua congénere maléfica — a Agência de Projetos de Pesquisa Avançada (ARPA — Advanced Research Projects Agency) — recebeu instruções para financiar o desenvolvimento de tecnologias militares inovadoras. A ARPA funcionaria como intermediária entre o exército e as organizações responsáveis pela pesquisa.

A Guerra Fria assomava no horizonte.

ARPANET

Em 1962, foi fundado o Gabinete de Técnicas de Processamento de Informação da ARPA (IPTO — Information Processing Techniques Office). A esfera de ação do IPTO era o financiamento à investigação e desenvolvimento em tecnologias da informação (isto é, computadores e *softwares*). O primeiro diretor do gabinete foi J. C. R. (Joseph Carl Robnett) Licklider.

Licklider (nascido em 1915) era oriundo de Saint Louis. Querido por todas as pessoas, respondia pelo diminutivo «Lick». Nunca perdeu o seu sotaque do Missouri. Na universidade, Lick obteve o diploma com uma combinação invulgar de disciplinas de Física, Matemática e Psicologia. Concluiu o doutoramento em Psicoacústica, a ciência que estuda a perceção humana do som, na Universidade de Rochester. Colaborou com a Universidade de Harvard, antes de ingressar no MIT como professor associado. Foi no MIT que Licklider começou a interessar-se por computadores. Tornou-se evidente que possuía um talento, talvez mesmo um dom, para a resolução de problemas técnicos. Ao assumir funções na ARPA, deu continuidade à sua paixão recém-descoberta.

Licklider redigiu uma série de artigos visionários, nos quais equacionava novas tecnologias de computação. Em *Simbiose Homem-Computador* (1960), sugeriu que os computadores deveriam trabalhar de forma mais interativa com os utilizadores, respondendo às suas solicitações em tempo real, não através do processamento em lote. Propôs a criação de uma *Rede Intergaláctica de Computadores* (1963) que possibilitasse a operação integrada de múltiplos computadores separados por grandes distâncias. Em *Bibliotecas do Futuro* (1965), defendeu que os livros em papel deveriam ser substituídos por dispositivos eletrónicos capazes de receber, exibir e processar informação. Num artigo publicado em 1968 feito em colaboração com outros cientistas, Licklider divisou a utilização de computadores em rede como dispositivos de comunicação entre indivíduos. Numa erupção de criatividade que duraria dez anos, Licklider previu os computadores pessoais, a Internet, os *e-books* e o *e-mail*. A sua imaginação ultrapassava de longe a realidade. Os seus escritos erigiam visões grandiosas para que outras pessoas as perseguissem.

O primeiro passo foi o Projeto MAC (Computação de Acesso Múltiplo) do MIT. Até então, os computadores tinham um único utilizador. O Projeto MAC concebeu um sistema através do qual um único computador *mainframe* podia ser partilhado por trinta utilizadores a trabalharem em simultâneo. Cada utilizador tinha o seu próprio *terminal* destinado, composto por um teclado e um ecrã. O computador dividia a sua atenção pelos vários utilizadores, dando a cada um a ilusão de que tinham uma máquina individual, embora menos potente, ao seu dispor.

Dois anos após a saída de Licklider da ARPA, Bob Taylor foi nomeado diretor do IPTO (1965). Natural de Dallas, Taylor (nascido em 1932) tinha trabalhado anteriormente para a NASA. Tal como Licklider, Taylor estudara psicologia e matemática. Ao contrário do que seria de esperar para um diretor executivo num organismo de financiamento à investigação, Taylor não possuía um doutoramento. Se Licklider era o homem das ideias, Taylor tinha uma habilidade quase sobrenatural para dar à luz tecnologias inovadoras. Os trinta anos seguintes seriam passados a transformar as visões de Licklider em realidade.

O entusiasmo de Taylor pelas redes de computadores nasceu de uma simples frustração. No seu escritório do Pentágono estavam instalados três terminais de computadores. Cada terminal estava ligado a um computador remoto distinto — um no MIT, outro em Santa Mónica e o terceiro em Berkeley. Os computadores não estavam interligados por nenhuma via. Para transmitir uma mensagem de uma máquina para outra, Taylor tinha de a digitar novamente no terminal pretendido. Ele recorda[119]: «Eu disse: é óbvio, já sei o que devemos fazer. Se temos estes três terminais, deverá existir um terminal que faça todas as ligações que desejarmos.»

Seguindo as instruções de Taylor, o gestor de programas do IPTO Larry Roberts compilou um pedido de cotação para a construção de uma rede de computadores. A nova rede chamar-se-ia ARPANET. Inicialmente, a ARPANET ligaria quatro terminais, com uma possível expansão para trinta e cinco terminais. A proposta vencedora foi submetida pela Bolt, Beranek, and Newman Technologies (BBN) de Cambridge, Massachusetts.

No dia 29 de outubro de 1969, três meses após a alunagem da Apollo 11, Charley Kline enviou a primeira mensagem pela ARPANET. Kline era um estudante de Programação do grupo de Leonard Kleinrock na Universidade da Califórnia, Los Angeles (UCLA). O seu intento era enviar o comando «LOGIN» a um computador localizado no Instituto de Pesquisa de Stanford, a mais de 640 quilómetros de distância. Contudo, o sistema colapsou após a receção do segundo carácter. Assim, a primeira mensagem enviada através da ARPANET foi o pouco auspicioso fragmento — «LO». Cerca de uma hora mais tarde, após um reinício do sistema, Kline tentou de novo. Desta vez, o *login* funcionou.

A ARPANET foi uma das primeiras redes a utilizar a *comutação de pacotes*. A técnica foi inventada em ocasiões distintas por Paul Baran e Donald Davies. Baran, um engenheiro elétrico polaco-americano, publicou a ideia em 1964 enquanto trabalhava para a RAND Corporation. Davies, um veterano do projeto da máquina automática de computação de Turing, desenvolveu uma ideia semelhante enquanto trabalhava no Laboratório Nacional de Física, em Londres. Foi Davies quem cunhou os termos «pacote» e «comutação de pacotes» para descrever o seu algoritmo. Posteriormente, Davies viria a integrar a equipa que construiu a primeira rede comutada em pacotes do mundo — a Mark I NPL Network, rede de pequena escala criada em 1966.

A comutação de pacotes (Figura n.º 7.2) resolve o problema do transporte eficiente de mensagens através de uma rede de computadores. Imagine uma rede de nove computadores que estão fisicamente interligados por meio de cabos que transportam sinais eletrónicos. Para reduzir os custos com infraestruturas, cada computador está ligado a um pequeno número de outros computadores. Os computadores diretamente ligados são designados vizinhos, independentemente de quão longe se encontrem uns dos outros. Enviar uma mensagem a um computador vizinho é simples. A mensagem é codificada como uma série de impulsos eletrónicos transmitidos por cabo até ao recetor. Pelo contrário, enviar uma mensagem a um computador que se encontra do outro lado da rede é complexo. A mensagem tem de ser retransmitida pelos computadores que se encontram no meio. Deste modo, os computadores da rede devem cooperar para fornecer um serviço de comunicação alargado a toda a rede.

Antes da comutação de pacotes, as redes de comunicação baseavam-se em ligações destinadas de ponta a ponta. Esta abordagem era comum nas redes telefónicas por cabo. Suponhamos que o computador 1 pretende comunicar com o computador 9 (Figura n.º 7.2). No modelo convencional da *comutação de circuitos*, a rede estabelece uma ligação elétrica destinada do computador 1 ao computador 3, do 3 ao 7, e do 7 ao 9. Durante o tempo que durar a transmissão da mensagem, todos os outros computadores estão impedidos de enviarem mensagens através destas ligações. Visto que as mensagens enviadas pelos computadores costumam ser curtas e dispersas, o estabelecimento de ligações destinadas de ponta a ponta faz um mau aproveitamento dos recursos da rede. Por outro lado, a comutação de pacotes proporciona um uso eficiente das ligações de rede, obviando a necessidade de reservar caminhos ponta a ponta.

Na comutação de pacotes, uma mensagem individual é repartida em segmentos. Cada segmento é inserido num pacote. Os pacotes são encaminhados isoladamente através da rede. Quando todos os pacotes tiverem sido recebidos no destino, é montada uma cópia da mensagem original. A rede transfere os pacotes da fonte até ao destino por meio de uma série de nós intermédios (*hops*). A cada nó, o pacote é transmitido através de uma única ligação entre dois computadores. Isto significa que um pacote bloqueia apenas uma ligação de cada vez. Deste modo, os pacotes de diferentes mensagens podem ser intercalados — um após outro — numa única ligação. Não é necessário reservar uma ligação de ponta a ponta do princípio até ao fim.

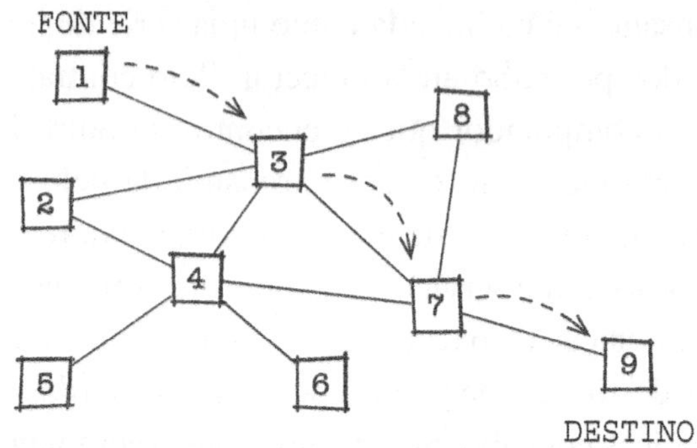

FONTE	DESTINO	NÚMERO DO PACOTE	*PAYLOAD*
1	9	1	Esta mensagem
1	9	2	está dividida em
1	9	3	três pacotes

Figura n.º 7.2: Comutação de pacotes numa rede de pequenas dimensões.

A desvantagem é que as ligações podem ficar *congestionadas*. Isto acontece quando os pacotes de entrada com destino a uma ligação de saída ocupada têm de ser atrasados e colocados em fila de espera.

Uma rede de dados comutada em pacotes assemelha-se a uma rede de estradas. Os pacotes que compõem uma mensagem individual são como um grupo de carros que segue em direção a um destino. Os carros não precisam de que o caminho inteiro seja reservado de antemão. Eles avançam quando a estrada está livre. Podem até escolher caminhos diferentes para chegar ao mesmo destino. Cada carro faz-se ao caminho através da rede da melhor forma que consegue.

Um pacote inclui um cabeçalho, uma parte da mensagem (o campo de dados ou *payload*) e um terminador (Figura n.º 7.2). O cabeçalho é constituído por um marcador de início do pacote, um ID único do destino, um ID de mensagem e um número de sequência. O número de sequência é o número do pacote dentro da mensagem (1, 2, 3, etc.). Os números de sequência são utilizados pelo computador de destino para dispor os campos de dados pela ordem correta. O terminador inclui informação para a verificação de erros e um marcador de fim do pacote.

Os computadores na rede monitorizam continuamente as suas conexões para a deteção de pacotes de entrada. Quando um pacote é recebido, é processado pelo computador. Em primeiro lugar, é lido o ID de destino do pacote, que consta do cabeçalho. Se o computador que recebeu o pacote não for o destino final, o dispositivo retransmite o pacote através da ligação que oferece a rota mais rápida até ao destino. A ligação a ser utilizada é determinada mediante uma *tabela de encaminhamento*. A tabela de encaminhamento lista os ID de todos os computadores, ou grupos de computadores, na rede. Para cada destino, regista a ligação de saída que oferece o caminho mais curto até à respetiva máquina. O computador que recebeu o pacote encaminha-o através desta ligação. Se o computador que recebeu o pacote for o destino pretendido, são analisados o ID da mensagem e o número de sequência. Quando todos os pacotes de uma mensagem tiverem chegado, o computador concatena os seus campos de dados pela sequência de números, de forma que recupere a mensagem original. (Consultar o algoritmo completo no Apêndice.)

A comutação de pacotes é exemplo de um *algoritmo distribuído*. Os algoritmos distribuídos são executados em múltiplos computadores independentes, mas co-operantes. Cada computador desempenha a sua tarefa individual, contribuindo de alguma forma para o grande esquema.

Um componente essencial de um sistema de comutação de pacotes é o algoritmo utilizado para preencher a tabela de encaminhamento. O algoritmo de *encaminhamento* determina a melhor maneira de preencher a tabela. É o algoritmo de encaminhamento que decide por onde devem os pacotes seguir.

O primeiro algoritmo de encaminhamento da ARPANET baseava as suas decisões na troca de informação sobre o atraso dos caminhos. Além de uma tabela de encaminhamento, cada computador mantém uma *tabela de atrasos* (Figura n.º 7.3). A tabela de atrasos lista todos os ID de computadores na rede e, para cada máquina, o tempo estimado para a entrega de um pacote a partir desse ponto. Periodicamente, todos os computadores enviam a sua tabela de atrasos aos vizinhos. Ao receber a tabela de atrasos de um vizinho, cada computador acrescenta o tempo que demoraria a fazer chegar um pacote ao seu vizinho. A tabela atualizada contém, pois, uma lista de todos os ID de computadores e do tempo que demoraria a fazer chegar um pacote a cada um deles por intermédio do vizinho. O computador compara estes tempos com aqueles que já se encontram na tabela de encaminhamento. O registo corrente é atualizado se o novo caminho for mais rápido. Resumindo:

```
Para cada computador vizinho:
    Obtenha a sua tabela de atrasos.
    Para cada destino na tabela:
        Acrescente o atraso a partir deste computador até ao seu vizinho.
        Se o novo atraso for menor do que o atraso na tabela
        de encaminhamento, então:
            Armazene o ID da ligação e o novo atraso na tabela
            de encaminhamento.
```

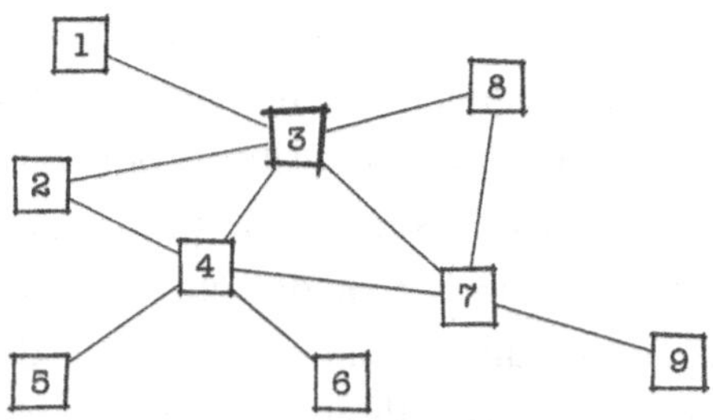

DESTINO	ATRASO DO CAMINHO 1	2	4	7	8	MENOR ROTA
5	4	3	(2)	3	4	4
6	4	3	(2)	3	4	4
9	4	4	3	(2)	3	7

Figura n.º 7.3: Tabela de encaminhamento do computador 3, na qual se lista o destino do pacote, o atraso do caminho via computadores 1, 2, 4, 7 e 8 e o ID do computador vizinho que oferece a menor rota desde o computador 3 até ao destino. O atraso é medido em nós intermédios.

O atraso de um caminho pode ser medido como o número de nós intermédios até ao destino. Como alternativa, é possível contabilizar o número de pacotes em fila de espera ao longo do caminho. Esta última opção proporciona uma estimativa da congestão no caminho, produzindo, em regra, melhores resultados.

Um dos benefícios das redes comutadas em pacotes é a robustez perante as falhas. Se uma ligação falhar ou estiver demasiado congestionada, os computadores conseguem detetar o subsequente aumento da fila de espera dos pacotes e ajustam as suas tabelas de encaminhamento para evitar o engarrafamento. A desvantagem da comutação de pacotes é que os tempos de entrega dos pacotes são imprevisíveis. A comutação de pacotes é um serviço de «melhor esforço».

Após dois anos de trabalho na ARPA, Licklider, o visionário das redes de computadores, foi admitido na IBM. Mais tarde, regressou ao MIT. Depois de ter sido reconduzido como diretor do IPTO, Licklider retomou a sua carreira de docente e investigador no MIT. Reformou-se em 1985.

Bob Taylor viria a fundar o Laboratório de Ciência Computacional do Centro de Investigação Xerox de Palo Alto (PARC — Palo Alto Research Center) em 1970. Durante o seu mandato, o PARC construiu uma série notável de protótipos do mundo real. O centro desenvolveu uma tecnologia pouco dispendiosa de rede comutada em pacotes para interligar os computadores no interior de um edifício. Esta tecnologia — Ethernet — é hoje o modelo mais comum nas redes de computadores por cabo em todo o mundo. O laboratório foi ainda responsável pela invenção da *interface gráfica de utilizador «point-and-click»*, que está presente em todos os computadores Mac da Apple e no sistema operativo Microsoft Windows. Num dos maiores erros de cálculo empresariais do século XX, a Xerox não se empenhou em capitalizar as inovações do PARC. Taylor terminou as suas funções no PARC em 1983 e fundou, mais tarde, um centro de investigação para a Digital Equipment Corporation. Reformou-se em 1996 e deixou-nos em 2017.

A rede comutada em pacotes ARPANET começou com quatro nós e teve um crescimento lento, mas regular, ganhando, em média, um *nó* (terminal de computador) por mês. A ARPANET não foi a primeira nem a única rede de computadores do mundo. Porém, seria a antecessora da maior rede de computadores do planeta: a Internet.

Interligação de redes

A primeira demonstração pública da ARPANET ocorreu na Conferência Internacional sobre Comunicação de Computadores (ICCC — International Computer Communication Conference), realizada em Washington no mês de outubro de 1972. Organizada por Bob (Robert) Kahn, da Bolt, Beranek and Newman Technologies, a demonstração conectou mais de quarenta computadores. Centenas de representantes da indústria anteriormente céticos viram a demonstração e ficaram impressionados. De súbito, a comutação de pacotes parecia ser uma boa ideia.

Kahn nasceu em Nova Iorque, em 1938. Concluiu um mestrado e um doutoramento em Princeton, antes de ingressar na Bolt, Beranek and Newman Technologies. Pouco tempo depois da demonstração na ICCC, foi admitido no IPTO para supervisionar o desenvolvimento futuro da rede. Kahn considerava que o próximo grande desafio não seria acrescentar mais computadores à ARPANET, mas sim conectar a ARPANET a outras redes.

A ARPANET não permitia grandes variações — todos os nós e ligações utilizavam a mesma tecnologia de linha fixa. Kahn imaginava um mundo hiperconectado, no qual as mensagens viajariam sem intromissões entre dispositivos ligados a todos os tipos de redes — por cabo, rádio, satélite, internacionais, móveis, fixas, rápidas, lentas, simples e complexas. Decerto, este era um conceito glorioso. Faltava descobrir como o pôr em prática. Kahn engendrou um conceito a que chamou *redes de arquitetura aberta*. A abordagem parecia ser promissora, mas o diabo estava nos detalhes. Em 1973, Kahn visitou o laboratório do investigador da ARPANET Vint Cerf, em Stanford, e anunciou[126]: «Tenho um problema.»

Vint (Vinton) Cerf nasceu em New Haven, Connecticut, em 1943. Formou-se em Matemática na Universidade de Stanford, com um bacharelato de Ciência, antes de se juntar à IBM. Alguns anos mais tarde, decidiu matricular-se na UCLA para prosseguir os estudos avançados. Foi na UCLA que Cerf começou a trabalhar na ARPANET. Foi também aqui que conheceu Kahn. Pouco tempo depois da demonstração de Kahn na ICCC, Cerf regressou a Stanford enquanto professor.

Num trabalho colaborativo, Kahn e Cerf publicaram uma solução geral para o problema da interligação de redes em 1974. Nela, eles apresentaram um *protocolo* abrangente que seria comum a todos os computadores ligados em rede. O protocolo definia um conjunto de mensagens e de comportamentos associados que tornariam possível a comunicação entre computadores através de redes tecnologicamente díspares. Um protocolo é uma sequência acordada de mensagens que permite a interação entre computadores. Por exemplo, no mundo humano, utilizamos «Olá» para iniciar uma conversa e «Adeus» para a terminar. Todas as pessoas sabem o que significam as mensagens padrão e o que deve acontecer a seguir.

À medida que as apreciações de outros aficionados das redes foram sendo incorporadas, a solução geral de Cerf e Kahn ganhou a forma de uma especificação técnica detalhada. Esta especificação tornar-se-ia na primeira descrição do Protocolo de Controlo de Transmissão/Protocolo de Internet (TCP/IP — Transmission Control Protocol/Internet Protocol). Cerf e Kahn acreditavam que o TCP/IP iria resolver o problema da interligação entre redes de computadores distintas.

O primeiro teste do TCP/IP deu-se no dia 27 de agosto de 1976. Estacionado a sul de São Francisco, um computador instalado num camião de entregas pertencente ao Instituto de Pesquisa de Stanford — «carrinha do pão», como era carinhosamente chamada — estabeleceu comunicação com um nó de linha fixa da ARPANET na Universidade do Sul da Califórnia. A demonstração provou que o TCP/IP possibilitava a troca de mensagens entre redes de rádio e por cabo.

No ano seguinte, foi testada a comunicação entre três redes. Desta vez, a interligação de redes foi feita entre nós situados na Noruega e no Reino Unido e terminais localizados nos Estados Unidos, através de uma ligação transatlântica via satélite. Para Cerf, esta experiência com três redes foi o verdadeiro teste — interligação de redes digna desse nome utilizando o TCP/IP. O ensaio levado a cabo no dia 22 de novembro de 1977 foi o prelúdio da era da Internet.

Hoje, o TCP/IP é o protocolo que os computadores utilizam para transmitir e receber mensagens pela Internet. Para o utilizador, o elemento mais visível do TCP/IP é a convenção global da atribuição de nomes aos nós de computadores. O *endereço* do Protocolo de Internet de um computador identifica-o individualmente na rede. Um endereço de IP consiste em quatro conjuntos de números separados por pontos. Por exemplo, o endereço de IP da página de pesquisa do Google é 172.217.11.174. Posteriormente, foram acrescentados nomes em formato de texto aos nós por uma questão de conveniência. O *sistema de nomes de domínio* converte estes nomes em formato de texto em endereços IP com números. Deste modo, o nome de domínio «google.com» pode ser transposto para o endereço de IP 172.217.11.174.

Em 1983, o primeiro protocolo de comunicação da ARPANET — o NCP — foi substituído pelo TCP/IP. Na mesma altura, os algoritmos de encaminhamento da ARPANET subiram de nível. O algoritmo para a definição de rotas de Dijkstra começou a ser utilizado para o encaminhamento de pacotes (ver Capítulo 6). Ironicamente, o algoritmo para encontrar o caminho mais curto entre cidades é hoje muito mais utilizado para determinar a rota mais rápida a ser seguida pelos pacotes de dados que atravessam a Internet.

A ARPANET foi formalmente desativada em 1990. Nessa altura, era apenas mais uma rede entre um acervo global de redes interconectadas. Nos Estados Unidos, coluna vertebral da Internet era agora a NSFNET. A dissolução da ARPANET passou despercebida. Licklider, o incontestável visionário das redes de computadores, faleceu nesse mesmo ano.

Bob Kahn, ex-funcionário da Bolt, Beranek and Newman Technologies, viria a fundar a Corporação para Iniciativas Nacionais de Investigação (CNRI — Corporation for National Research Initiatives), em 1986. A CNRI realiza, financia e apoia a investigação sobre tecnologias de informação pioneiras. Juntamente com Vint Cerf, Kahn fundou a Sociedade da Internet, em 1992, para promover o TCP/IP. Cerf continuou o seu trabalho na Internet, acumulando uma longa lista de cargos em empresas e organizações não-lucrativas. Talvez o mais impressionante seja o seu posto de evangelista-chefe da Internet na Google. Também a NASA contratou Cerf como consultor para os seus planos de ciar uma Internet Interplanetária. Cerf e Kahn foram galardoados com o Prémio Turing em 2004.

O TCP/IP tornou possível o interfuncionamento de um mosaico global de redes de computadores distintas. Não existe um controlador central na Internet. Desde que os computadores adiram aos protocolos TCP/IP e às convenções de atribuição de nomes, podem ser adicionados à rede. No período entre 2005 e 2018, a Internet abrangia 3,9 mil milhões utilizadores — mais de metade da população mundial. Este número parece estar destinado a aumentar.

Graças ao TCP/IP, a humanidade nunca esteve tão interligada.

Correção de erros

Os sistemas de comunicação, tal como a Internet, são projetados para transferir cópias exatas de mensagens desde o transmissor até ao recetor. Para que isto aconteça, os dados no pacote são convertidos num sinal eletrónico que é enviado do transmissor para o recetor. O dispositivo de destino converte novamente o sinal recebido em dados. Frequentemente, o sinal recebido é contaminado por *ruído* eletrónico. Ruído é o termo geral para designar qualquer sinal não desejado que corrompa o sinal pretendido. O ruído pode ter origem em fontes naturais ou em interferências provenientes de equipamentos eletrónicos que se encontrem nas proximidades. Se o ruído for suficientemente forte em relação ao sinal, pode conduzir a erros de conversão do sinal para dados. Obviamente, os erros não são desejáveis. Um erro numa frase pode ser tolerado. Porém, um erro no seu extrato bancário seria mais difícil de aceitar, a não ser que fosse a seu favor! Por este motivo, os sistemas de comunicação incorporam algoritmos de deteção e correção de erros.

A forma mais simples de detetar e corrigir um erro é a repetição. Para assegurar uma entrega correta, um segmento de dados importante poderá ser enviado três vezes de seguida. O recetor compara as três cópias. Se elas corresponderem umas às outras, poderá assumir-se que não ocorreu erro algum. Se apenas duas cópias corresponderem, então poderá assumir-se que a cópia diferente está errada. Presume-se que as duas cópias idênticas estão corretas. Se nenhuma cópia corresponder, então a verdadeira mensagem é desconhecida, devendo ser solicitada a retransmissão.

Por exemplo, se recebermos a seguinte mensagem com proteção de erros:

helno, hfllo, hellp

é provável que o original seja «HELLO», já que existe correspondência entre os três agás, os dois és anulam um efe, os três eles seguintes são correspondentes, dois eles triunfam sobre um ene e dois ós descartam um pê.

A repetição funciona bem. Todavia, é pouco eficiente. Se cada pacote for enviado três vezes, o número de pacotes que pode ser transmitido por segundo é um terço do que era antes de a proteção de erros ter sido acrescentada.

As *somas de verificação* são bem mais eficientes. A ideia é que todos os caracteres (letras, algarismos e pontuação) sejam convertidos em números. Estes números são somados e o total — a soma de verificação — é transmitido juntamente com a mensagem. Ao receber o pacote, o computador volta a calcular a soma de verificação e compara o resultado deste cálculo com a soma de verificação incluída no pacote. Se a soma de verificação calculada corresponder à soma de verificação recebida, então é muito provável que o pacote recebido não contenha erros. Obviamente, é possível que ocorram dois erros iguais, e contraditórios, nos dados ou que a soma de verificação e os dados apresentem exatamente os mesmos erros. Contudo, estes acontecimentos são extremamente improváveis. Na maior parte dos casos, uma discrepância nas somas de verificação indica a ocorrência de um erro de transmissão.

Por exemplo, se convertermos «HELLO» para números inteiros obtemos:

8 5 12 12 15.

Somando estes valores, obtemos uma soma de verificação de 52. Deste modo, o pacote enviado é:

8 5 12 12 15 - 52.

Se a transmissão estiver isenta de erros, o recetor obtém uma cópia exata da mensagem. A soma de verificação é recalculada com o valor de 52. Isto corresponde à soma de verificação no pacote, o que significa que está tudo bem.

E se o primeiro carácter for erroneamente recebido como um efe?

[6] 5 12 12 15 - 52.

Desta vez, a soma de verificação calculada (50) não corresponde à soma de verificação no final do pacote (52). O recetor sabe que ocorreu um erro.

As somas de verificação estão por todo o lado. Por exemplo, o Número Internacional Normalizado do Livro (ISBN — International Standard Book Number) que consta das páginas preliminares deste livro contém uma soma de verificação. Todos os livros impressos depois de 1970 possuem um ISBN que os identifica inequivocamente. Os ISBN atuais são constituídos por treze dígitos e o último deles é um dígito de verificação. O dígito de verificação permite que os computadores se certifiquem de que o ISBN foi digitado ou digitalizado corretamente.

Uma soma de verificação básica limita-se a detetar os erros. É impossível descortinar qual é o número incorreto. O erro poderá até estar na própria soma de verificação. Ironicamente, a mensagem em si está correta neste caso. As somas de verificação básicas requerem a retransmissão da mensagem para a correção de erros.

Richard Hamming pensou que talvez as somas de verificação pudessem ser modificadas para permitirem a correção de erros, além da sua deteção.

Nascido em Chicago, em 1915, Hamming estudou Matemática, tendo obtido o grau de doutoramento na Universidade de Illinois. Quando a Segunda Guerra Mundial se aproximava do fim, Hamming juntou-se ao Projeto Manhattan, em Los Alamos. As suas funções, tal como ele as definia, eram as de um «vigilante de computadores», processando cálculos para os físicos nucleares nos calculadores programáveis da IBM.[130] Desiludido, Hamming trocou o Projeto Manhattan pelos laboratórios Bell, em Nova Jérsia. Os laboratórios Bell eram o braço de investigação da florescente companhia de telefones Bell, fundada por Alexander Graham Bell, o inventor do telefone. Entre o final dos anos quarenta e o início da década de cinquenta, os laboratórios Bell contrataram um elenco estelar de investigadores em comunicações. Hamming estava no seu elemento[130]:

> Éramos uns agitadores de primeira plana. Fazíamos coisas pouco convencionais de formas pouco convencionais e, ainda assim, obtínhamos resultados valiosos. Por isso, a administração tinha de nos tolerar e de nos deixar em paz durante a maior parte das vezes.

Conhecido pelas suas piadas sofríveis, Hamming e o seu modo de fazer as coisas não agradavam a todas as pessoas[130]: «É muito difícil trabalhar com ele, porque ele fala muito e ouve pouco.»

O interesse de Hamming pela correção de erros surgiu a partir das suas próprias frustrações ao lidar com um falível computador baseado em relés. Foram muitas as vezes em que deixou um programa a correr durante o fim de semana para vir a descobrir, na segunda-feira de manhã, que a tarefa não tinha sido concluída devido a uma falha do computador. Exasperado, Hamming não percebia o motivo por que a máquina não podia ser programada para detetar e corrigir os seus próprios erros.

O formato mais simples de uma soma de verificação é o *bit de paridade*. Os computadores eletrónicos modernos processam informação sob a forma de números binários. Ao contrário dos números do sistema decimal, os números do *sistema de numeração binário* utilizam apenas dois dígitos: zero e um. Se no sistema decimal cada coluna vale dez vezes mais do que aquela que se encontra à sua direita, no sistema binário cada coluna vale o dobro. Deste modo, no sistema de base 2 — seguindo da direita para a esquerda a partir do ponto fracionário —, temos as unidades, os dois, os quatros, os oitos, os dezasseis, e assim por diante. Por exemplo:

$$1011 \text{ binário} = (1 \times 8) + (0 \times 4) + (1 \times 2) + (1 \times 1) = 11 \text{ no sistema decimal.}$$

Da mesma forma, a contagem de zero até quinze no sistema binário produz a sequência:

0, 1, 10, 11, 100, 101, 110, 111,
1000, 1001, 1010, 1011, 1100, 1101, 1110, 1111.

Ou seja, quatro dígitos no sistema binário, ou *bits*, podem representar os números inteiros no sistema decimal de zero a quinze.

Um *bit* de paridade pode ser anexado a um número binário para fins de deteção de erros. O valor do *bit* de paridade (0 ou 1) é selecionado, de forma que o número total de *bits* 1, incluindo os *bits* de paridade, seja par. Por exemplo, a seguinte palavra de código:

0 1 0 0 0 1.

É protegida através da anexação de um *bit* de paridade com o valor de zero:

0 1 0 0 0 1 - 0.

Isto faz que o número de *bits* 1 se mantenha par (isto é, dois *bits* 1).

No caso das somas de verificação, o *bit* de paridade é enviado juntamente com a *palavra de código*, isto é, a sequência de *bits* de dados. Para verificar se existem erros, o recetor só precisa de contar o número de uns. Se a contagem final for par, poderá assumir-se que não ocorreu erro algum. Se a contagem for ímpar, então é muito provável que um dos *bits* apresente um erro. Um 0 terá sido erroneamente trocado por um 1 ou vice-versa. Por exemplo, um erro no segundo *bit* origina a palavra:

0 [0] 0 0 0 1 - 0

Desta vez, há um número ímpar de *bits* 1, indicando que ocorreu um erro.

Assim sendo, um único *bit* de paridade possibilita a deteção de um único erro. Se dois *bits* estiverem errados, o pacote parecerá estar correto, sem o estar de facto. Por exemplo:

[1] [0] 0 0 0 1 - 0

Parece estar correto, visto que o número de uns é par. São, pois, necessários *bits* de paridade adicionais quando existe uma taxa de erro elevada.

Hamming divisou uma maneira inteligente de utilizar múltiplos *bits* de paridade para detetar e corrigir erros em *bits* individuais. No esquema de Hamming, cada *bit* de paridade protege metade dos *bits* na palavra. O truque é que cada *bit* de paridade protege diferentes *bits* de dados. Desta forma, cada *bit* de dados é protegido por uma combinação única de *bits* de paridade. Assim, se ocorrer um erro, a sua localização pode ser determinada verificando quais os *bits* de paridade afetados. O conjunto dos *bits* de paridade com erros protege apenas um único *bit* de dados.

Imaginemos que é preciso transmitir uma palavra de código com onze *bits* de dados:

1 0 1 0 1 0 1 0 1 0 1.

No esquema de Hamming, onze *bits* de dados requerem quatro *bits* de paridade. Os *bits* de paridade, cujo valor deverá ser determinado, são inseridos na palavra de código nas posições que são potências de dois (1, 2, 4 e 8). Deste modo, obtemos a palavra protegida:

? ? 1 ? 0 1 0 ? 1 0 1 0 1 0 1.

Nela, os pontos de interrogação indicam as posições futuras dos *bits* de paridade. O primeiro *bit* de paridade é calculado tendo em conta os *bits* nas posições numéricas ímpares (números 1, 3, 5, etc.). Tal como anteriormente, o valor do *bit* de paridade é selecionado, de forma que assegure a existência de um número par de *bits* 1 dentro do grupo. Deste modo, o primeiro *bit* de paridade é 1:

① ? ① ? ⓪ 1 ⓪ ? ① 0 ① 0 ① 0 ①.

Os círculos indicam os *bits* no grupo de paridade. O segundo *bit* de paridade é calculado tendo em conta os *bits* cujas posições, quando escritas no sistema binário, possuem um 1 na coluna dos dois (2, 3, 6, 7, etc.):

1 ⓪ ① ? 0 ① ⓪ ? 1 ⓪ ① 0 1 ⓪ ①.

O terceiro *bit* de paridade é calculado considerando os *bits* cujas posições, no sistema binário, possuem um 1 na coluna dos quatros (4, 5, 6, 7, 12, etc.):

1 0 1 ① ⓪ ① ⓪ ? 1 0 1 ⓪ ① ⓪ ①

O quarto *bit* de paridade é calculado tendo em mente os *bits* cujas posições, no sistema binário, possuem um 1 na coluna dos oitos (8, 9, 10, 11, etc.):

1 0 1 1 0 1 0 ⓪ ① ⓪ ① ⓪ ① ⓪ ①.

Esta é, então, a palavra de código final protegida, pronta para a transmissão.

Imagine agora que a palavra de código protegida apresenta um erro no *bit* situado na terceira posição:

1 0 [0] 1 0 1 0 0 1 0 1 0 1 0 1.

O recetor verifica a palavra contando o número de uns nos quatro grupos de paridade:

① 0 ⓪ 1 ⓪ 1 ⓪ 0 ① 0 ① 0 ① 0 ① = 5 uns;
1 ⓪ ⓪ 1 0 ① ⓪ 0 1 ⓪ ① 0 1 ⓪ ① = 3 uns;
1 0 0 ① ⓪ ① ⓪ 0 1 0 1 ⓪ ① ⓪ ① = 4 uns;
1 0 0 1 0 1 0 ⓪ ① ⓪ ① ⓪ ① ⓪ ① = 4 uns.

O primeiro e o segundo grupos de paridade apresentam erros (isto é, possuem um número ímpar de uns). Por outro lado, o terceiro e quarto grupos não indiciam erros (isto é, possuem um número par de uns). O único *bit* de dados que surge no primeiro e segundo grupos e que não consta do terceiro e quarto grupos é o *bit* três. Portanto, o erro deverá estar no *bit* número três. Deste modo, o erro é facilmente corrigido alterando o seu valor de 0 para 1.

O engenhoso algoritmo de Hamming permite a deteção e correção de erros individuais, com recurso a um pequeno aumento do número total de *bits* enviados. No exemplo, quatro *bits* de paridade protegem onze *bits* de dados — um aumento de apenas trinta e seis por cento no número de *bits*. Os códigos de Hamming são gerados e verificados de forma extraordinariamente simples. Isto torna-os ideais para processamentos de alta velocidade, tal como requerem as redes de computadores e os sistemas de memória e armazenamento. As redes de comunicação modernas utilizam uma combinação que inclui os códigos de Hamming, somas de verificação básicas e novos códigos de correção de erros mais complexos para assegurar a integridade da transferência de dados. Um engano no seu extrato bancário é extremamente improvável.

Depois de quinze anos nos laboratórios Bell, Hamming regressou ao ensino, aceitando uma posição na Escola de Pós-Graduação Naval em Monterey, na Califórnia. Em 1968, Hamming recebeu o Prémio Turing pelos seus códigos e restante investigação em análise numérica. Morreu em 1998, em Monterey, um mês depois de se ter reformado.

Uma das grandes falhas da Internet é que não foi projetada tendo em mente a segurança. Esta teve de ser posta em vigor posteriormente e com resultados ambíguos. Uma das dificuldades é que os pacotes podem ser facilmente lidos *en route* por ciberespiões através de dispositivos eletrónicos. A *encriptação* defrauda a ciberespionagem por alterar a mensagem de tal forma, que apenas o seu destinatário consiga recuperar o texto original. Um ciberespião poderá ainda intercetar o texto modificado, mas a mensagem alterada não fará sentido.

Até ao final do século XX, os algoritmos de encriptação eram concebidos em circunstâncias em que o método de encriptação podia ser acordado em absoluto segredo antes de a comunicação ser feita. Imaginamos uma rainha a entregar furtivamente um livro de código ultrassecreto a um espião durante um encontro clandestino. Porém, esta abordagem não pode ser facilmente transposta para as redes de computadores. Como poderão dois computadores trocar secretamente um livro de código quando todos os dados têm de ser enviados através de uma vulnerável rede pública? À primeira vista, a encriptação não parecia ser exequível no admirável mundo novo da rede de computadores.

Mensagens secretas

A encriptação era utilizada nas civilizações antigas da Mesopotâmia, Egito, Grécia e Índia. Na maioria dos casos, a motivação era proteger a transmissão de segredos militares ou políticos. Júlio César utilizava a encriptação em missivas pessoais importantes. A Cifra de César troca cada uma das letras do texto original por uma letra substituta. Um número definido de letras do alfabeto separa a letra substituta da letra original. Para que os padrões sejam mais difíceis de detetar, a Cifra de César elimina os espaços e altera todas as letras para maiúsculas. Por exemplo, uma substituição pela primeira letra à direita no alfabeto produz a seguinte encriptação:

Ave, César
BWFDFTBS

Os ás transformam-se em bês, os és são convertidos em efes e assim por diante. Se existissem zês, estes seriam substituídos por ás, visto que a troca dá a volta ao alfabeto.

A mensagem encriptada — o *texto cifrado* — é enviada para o recetor. O recetor recupera a mensagem original — o *texto simples* — substituindo cada letra pela primeira letra à esquerda no alfabeto. Os bês transformam-se em ás e assim por diante, devolvendo a mensagem original «AVECESAR». Graças aos padrões da linguagem natural, os espaços em falta podem ser inferidos com surpreendente facilidade.

Os métodos de encriptação tradicionais, tal como a Cifra de César, assentam num algoritmo e numa *chave* secreta. A chave é um segmento de informação que é essencial para uma encriptação e desencriptação bem-sucedidas. Na Cifra de César, a chave é a substituição. O algoritmo e a chave têm de ser conhecidos pelo remetente e pelo destinatário. Normalmente, a segurança depende da manutenção do segredo da chave.

Nenhum esquema de encriptação é perfeito. Com tempo que baste e um *ataque* habilidoso, a maior parte dos códigos podem ser quebrados. A Cifra de César pode ser atacada por meio da análise de frequência. Um atacante conta o número de vezes que cada letra do alfabeto surge no texto cifrado. A letra que surge mais vezes é, provavelmente, a substituta da vogal á, pois á é a letra mais comum na língua portuguesa. Assim que é conhecida a primeira troca, toda a mensagem pode ser desencriptada. Quase todos os códigos têm vulnerabilidades. A questão é: «Quanto tempo é que o ataque demora a surtir efeito?» Se o ataque demorar demasiado tempo, então a cifra é segura do ponto de vista prático.

Nas redes de computadores, a distribuição das chaves é problemática. A única forma conveniente de entregar uma chave implica a utilização da rede. Porém, a rede não está a salvo da ciberespionagem. Enviar uma chave secreta através da Internet é o mesmo que a tornar pública. Como poderão um remetente e um recetor acordar entre si uma chave segura se só conseguem enviar mensagens públicas? A questão ficou conhecida como o problema da distribuição de chaves. O primeiro vislumbre de uma solução foi esboçado por um grupo de trabalho em Stanford no início dos anos setenta.

Martin Hellman nasceu em Nova Iorque, em 1945. Estudou Engenharia Elétrica na Universidade de Nova Iorque antes de se mudar para a Califórnia, onde concluiu os graus de mestre em Ciências e doutorado em Stanford. Depois de um curto período de tempo na IBM e no MIT, Hellman regressou a Stanford, em 1971, enquanto professor assistente. Contrariando as recomendações dos seus colegas, Hellman começou a trabalhar no problema da distribuição de chaves. Muitos consideravam insensata a expetativa de descobrir algo radicalmente novo — alguma coisa que tivesse escapado à bem apetrechada Agência Nacional de Segurança norte-americana. Hellman não se deixou demover. Queria fazer as coisas de modo diferente do de todas as outras pessoas. Em 1974, Whitfield Diffie uniu-se a Hellman no encalço de uma solução.

Oriundo de Washington, D. C., Diffie (nascido em 1944) formou-se em Matemática no MIT. No final do curso, Diffie trabalhou como programador na MITRE Corporation e no próprio MIT. Porém, tinha um fascínio pela criptografia. Acabaria por encetar a sua própria investigação independente sobre a distribuição de chaves. Numa visita ao Centro de Investigação Thomas J. Watson da IBM, no norte do estado de Nova Iorque, ouviu falar sobre um tal Hellman que estava a trabalhar no mesmo tema em Stanford. Diffie conduziu 8000 quilómetros, atravessando os EUA, para conhecer o homem que partilhava a sua paixão. Um encontro de meia hora marcado para uma tarde prolongou-se pela noite dentro. Tinha sido formado um elo.

Ao duo, juntou-se Ralph Merkle, um aluno de doutoramento. Nascido em 1952, Merkle apresentara uma abordagem inovadora ao problema da distribuição de chaves quando era ainda um estudante de licenciatura na Universidade da Califórnia, em Berkeley.

Em 1976, Diffie e Hellman publicaram um artigo que descrevia um dos primeiros algoritmos funcionais para a transmissão de chaves publicamente. O artigo seria responsável por uma revolução na criptografia. O mito de que todas as chaves tinham de ser privadas foi desfeito. Nascera uma nova forma de codificação: a *criptografia de chave pública*.

O esquema de transmissão de chaves proposto por Diffie-Hellman-Merkle mostrou que duas partes podiam estabelecer uma chave secreta por meio de mensagens públicas. Mas existia uma limitação. O seu método requeria a transmissão e processamento de múltiplas mensagens. O algoritmo não era, pois, o mais indicado para a utilização em redes. De qualquer modo, o artigo sugeria uma alternativa.

Os algoritmos de encriptação tradicionais usam uma chave *simétrica*, o que significa que a mesma chave é utilizada para a encriptação e desencriptação. O inconveniente da encriptação simétrica é que a chave tem de ser mantida secreta em todos os momentos. Este requisito cria o problema da distribuição de chaves.

Por outro lado, a encriptação de chave pública utiliza duas chaves: uma chave de encriptação e uma outra — *assimétrica* — chave de desencriptação. O par de chaves deve preencher dois requisitos. Em primeiro lugar, as chaves têm de funcionar bem enquanto par de encriptação-desencriptação, isto é, a encriptação de uma e a desencriptação de outra devem devolver uma cópia da mensagem original. Em segundo lugar, não deve ser possível determinar a chave de desencriptação a partir da chave de encriptação. Aqui reside a beleza da criptografia de chave pública. Se a chave de desencriptação não pode ser determinada a partir da chave de encriptação, então a chave de encriptação pode ser tornada pública. Somente a chave de desencriptação deverá ser mantida secreta. Qualquer pessoa pode usar a chave de encriptação pública para enviar uma mensagem secreta ao portador da chave privada. Só o recetor na posse da chave privada de desencriptação é capaz de decifrar e ler a mensagem.

Imaginemos que a Alice quer criar condições para poder receber mensagens encriptadas (Figura n.º 7.6). Ela cria um par de chaves assimétrico por meio de um algoritmo de geração de chaves. Guarda a chave de desencriptação para si. Divulga publicamente a chave de encriptação na Internet. Suponhamos que o Bob pretende enviar uma mensagem secreta à Alice. Ele obtém a chave de encriptação da Alice através da sua publicação na Internet. Encripta a mensagem utilizando a chave de encriptação da Alice e envia o texto cifrado resultante para a sua amiga. No momento da receção, a Alice desencripta o texto cifrado usando a sua chave de desencriptação privada. Em suma:

A Alice gera o par de chaves de encriptação e desencriptação.
A Alice guarda a chave de desencriptação para si.
A Alice publica a chave de encriptação.
O Bob encripta a sua mensagem usando a chave de encriptação pública da Alice.
O Bob envia a mensagem encriptada para a Alice.
A Alice desencripta a mensagem encriptada com recurso à sua chave secreta de desencriptação.

O esquema funciona perfeitamente com uma única condição. Não poderá existir forma alguma de determinar a chave de desencriptação privada a partir da chave de encriptação pública. Aqui reside a dificuldade. Ninguém sabia como criar chaves assimétricas de tal maneira, que a chave de desencriptação não pudesse ser aferida a partir da chave de encriptação. O que estava em falta era uma *função unidirecional* — uma computação cuja entrada não pudesse ser facilmente inferida a partir da saída. Quando tal função fosse descoberta, a sua saída poderia ser a base da chave pública e a sua entrada, a base da chave privada. Não seria possível reverter a computação. Os atacantes seriam incapazes de recuperar a chave de desencriptação.

O artigo de Diffie e Hellman descrevia a encriptação de chave pública, mas não oferecia uma função unidirecional. O conceito revelava inspiração, mas eles não conseguiram descobrir como poderiam fazê-lo funcionar.

No Laboratório de Ciência Computacional do MIT, em Boston, Ronald Rivest leu o artigo de Diffie e Hellman com um entusiasmo avassalador. Lançou, de imediato, mãos à tarefa de encontrar uma função unidirecional adequada — uma função que desbloqueasse a encriptação de chave pública. Rivest persuadiu dois amigos e colegas, Adi Shamir e

Leonard Adleman, a ajudarem-no nesta busca. Os três eram detentores dos diplomas de bacharelato em Matemática e doutoramento em Ciência Computacional. Rivest nascera em 1947 no estado de Nova Iorque, Adi Shamir (1952) era natural de Telavive, em Israel, e Adleman (1945) crescera em São Francisco. A equipa improvisada despendeu um ano a gerar ideias promissoras para funções unidirecionais, acabando por descartá-las todas. Nenhuma delas era verdadeiramente unidirecional. Talvez a função unidirecional não existisse.

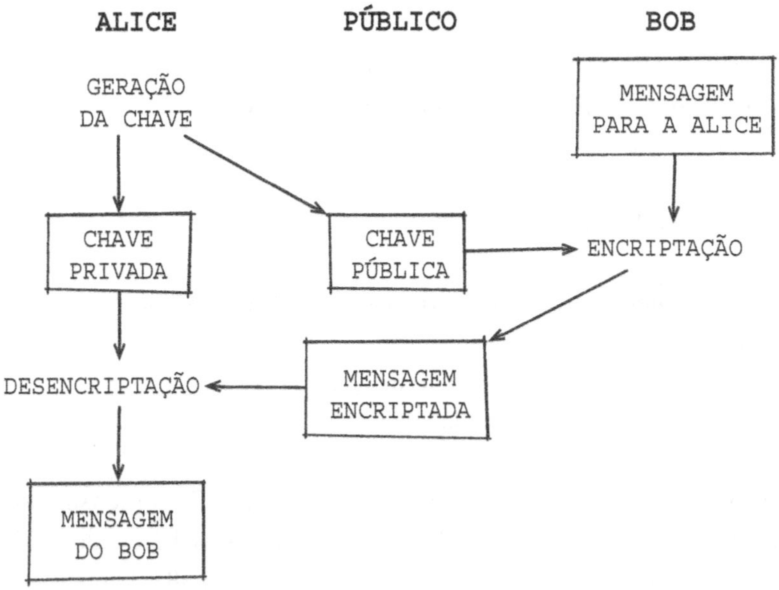

Figura n.º 7.6: Criptografia de chave pública.

Na *Pessach* de 1977, o trio foi convidado para casa de um amigo. Quando Rivest regressou à sua casa, não conseguia dormir. A sua mente inquieta não parava de pensar no problema da encriptação unidirecional. Ao fim de algum tempo, congeminara uma nova função que talvez pudesse resultar. Escreveu-a do início ao fim antes do alvorecer. No dia seguinte, pediu a Adleman para encontrar uma falha no seu esquema — tal como Adleman havia feito com todas as outras propostas. Curiosamente, Adleman não foi capaz de encontrar um ponto fraco. O método parecia ser à prova de ataque. Eles tinham descoberto uma função unidirecional. O algoritmo para gerar chaves de Rivest, Shamir e Adleman seria publicado nesse mesmo ano. Tornou-se rapidamente conhecido como o algoritmo RSA, devido às iniciais dos seus inventores. O RSA é hoje a pedra angular da encriptação na Internet.

A encriptação e desencriptação RSA é razoavelmente simples. A chave de encriptação consiste em dois números — um módulo e um expoente de encriptação. A chave de desencriptação também inclui dois números — o mesmo módulo e um expoente de desencriptação único.

No início, a mensagem textual original é convertida numa sequência de números. A encriptação é aplicada a grupos de números do seguinte modo:

> Calcule o número de entrada elevado à potência do expoente de encriptação.
> Calcule o resto após a divisão deste número pelo módulo.
> Produza como saída o resto da divisão.

Para a decifração:

> Calcule o número recebido elevado à potência do expoente
> de desencriptação.
> Calcule o resto após a divisão deste número pelo módulo.
> Produza como saída o resto da divisão.

Suponhamos que a chave de encriptação é (33,7), a mensagem é 4 e a chave de desencriptação é (33,3). Se calcularmos 4 elevado a 7 (isto é, 4 multiplicado por si mesmo 7 vezes) obtemos 16 384. O resto após a divisão de 16 384 por 33 é 16. Portanto, 16 é o texto cifrado.

Para a decifração, calcula-se 16 elevado a 3, obtendo 4096. O resto após a divisão de 4096 por 33 é 4. A saída, 4, é a mensagem original.

Como é que este esquema funciona? O processo está assente na *aritmética do relógio*. É provável que já tenha deparado com o conceito de *reta numérica* — uma linha imaginária com os números inteiros marcados uniformemente ao longo do seu comprimento, quase como uma régua. Começando no zero, a reta numérica estende-se até ao infinito. Imagine agora que existem apenas 33 números nessa linha (0–32). Enrole sobre si mesma esta reta encurtada, de modo que forme um círculo. O círculo parece-se bastante com o mostrador de um relógio de parede à moda antiga com os números de 0 a 32.

Imagine que começa a contar a partir do zero, dando a volta ao relógio. Acabará por chegar ao 32 e, depois disso, a contagem regressa a 0, 1, 2 e assim sucessivamente. Continua a dar voltas ao mostrador do relógio.

A aritmética do relógio espelha o efeito da determinação do resto. Se dividirmos 34 por 33 obtemos um resto de 1. Isto é o mesmo que dar uma volta ao relógio e mais um passo.

No exemplo, a encriptação desloca o ponteiro do relógio, fazendo-o dar 16 384 passos à volta do mostrador. No final, o ponteiro do relógio apontará para o 16: o texto cifrado. A desencriptação começa no 0 e desloca o ponteiro do relógio, fazendo-o dar 4096 passos à volta do mostrador. No final, o relógio apontará para o 4: a mensagem original.

As chaves de encriptação e desencriptação são complementares. O par de chaves é especificamente selecionado, de modo que um expoente desfaça o efeito do outro. O número de rotações completas em torno do mostrador do relógio não importa. No final, o que importa é o dígito indicado pelo ponteiro.

O par de chaves é produzido por meio do algoritmo RSA para gerar chaves. Este é o imo da encriptação RSA. Os primeiros dois passos contêm a função unidirecional:

Selecione dois números primos grandes com valores semelhantes.
Multiplique-os para obter o módulo.
Subtraia 1 a cada número primo.
Multiplique os resultados para obter o *totiente.*
Escolha como expoente de encriptação um número primo entre 1 e o totiente.
Repita os seguintes passos:
    Escolha um valor constante.
    Multiplique o valor constante pelo totiente e some 1.
    Divida este número pelo expoente de encriptação.
Repita até o resultado ser um número inteiro.
Defina como expoente de desencriptação este número inteiro.
Produza como saída a chave de encriptação (módulo e expoente de encriptação).
Produza como saída a chave de desencriptação (módulo e expoente de desencriptação).

O algoritmo é complexo, mas iremos exemplificá-lo. Comecemos com os números primos 3 e 11. Estes são demasiado pequenos para garantirem proteção contra ataques, mas por agora servirão. O módulo é, pois, 3 × 11 = 33. O totiente é (3 – 1) × (11 – 1) = 20. Selecionamos 7 como expoente de encriptação, já que é um número primo entre 1 e o totiente. Admitindo um valor constante de 1, temos 1 + 1 × 20 = 21. O expoente de desencriptação é, pois, igual a 21 dividido por 7, ou seja, 3. Deste modo, a chave de encriptação é (33,7) e a chave de desencriptação é (33,3).

Atacar o par de chaves implica encontrar os dois números primos que foram multiplicados um pelo outro para obter o módulo. A multiplicação esconde os primos selecionados. No caso dos números grandes, existem inúmeros pares de números primos que poderiam ter sido multiplicados uns pelos outros para obter o módulo. Um atacante teria de testar um número gigantesco de primos para decifrar o código. Quando é usado um módulo extenso, a pesquisa por força bruta dos números primos iniciais é proibitivamente demorada.

Os restantes passos do algoritmo para gerar chaves asseguram que a encriptação e a desencriptação são recíprocas. Isto é, que a desencriptação desfaz a encriptação para todos os valores entre zero e o módulo.

Em 1977, um artigo publicado na *Scientific American* apresentou o algoritmo RSA a um público alargado. A peça terminava com um desafio com um prémio de 100 dólares para quem conseguisse desvendar um texto cifrado em RSA a partir da chave de encriptação. O módulo era relativamente extenso — 129 dígitos em sistema de numeração decimal. Foram precisos dezassete anos para desvendar o código. Da equipa vencedora faziam parte seiscentos voluntários que aproveitaram o tempo livre em computadores espalhados pelo mundo. O texto simples era, afinal, uma mensagem pouco inspiradora[136]: «As Palavras Mágicas são Abutres-Barbudos Enfastiados.» O abutre-barbudo é uma espécie de abutre com barba. O prémio de 100 dólares rendeu 16 cêntimos por pessoa. A ideia estava provada. O RSA era encriptação de calibre militar.

A encriptação de chave pública está hoje incorporada no protocolo *Secure Socket Layer* (SSL) da World Wide Web. Quando o endereço de um *website* é precedido por «https:», isto significa que o seu computador está a usar o protocolo SSL e, com ele, o algoritmo RSA para comunicar com o servidor remoto. Na última contagem, setenta por cento do tráfego de *websites* utilizava o protocolo SSL. Ao longo dos anos, as chaves tornaram-se cada vez mais extensas para impedir que o código dos textos cifrados fosse desvendado pelos mais recentes supercomputadores. Hoje, são lugar-comum chaves com 2048 ou mais *bits* (617 algarismos no sistema de numeração decimal).

Os académicos provaram que os céticos estavam errados. As agências governamentais de espionagem eletrónica tinham sido ultrapassadas no seu próprio ofício. Ou, pelo menos, assim parecia.

No meio do alvoroço em torno do RSA, o diretor da Agência Nacional de Segurança estado-unidense afirmou publicamente que a comunidade dos serviços secretos já conhecia a encriptação de chave pública. Isto levantou suspeitas. Seria esta reivindicação factual, gabarolice ou *bluff* puro e duro? A curiosidade de Diffie tinha sido espicaçada. Após algumas averiguações discretas, foi aconselhado a olhar para o outro lado do Atlântico, nomeadamente, para a GCHQ. A Central Governamental de Comunicações (GCHQ — Government Communication Headquarters) é a agência de segurança e espionagem eletrónica do Reino Unido. Durante a Segunda Guerra Mundial, foi este organismo que supervisionou o trabalho de decifração de códigos em Bletchley Park. Diffie angariou dois nomes entre os seus contactos: Clifford Cocks e James Ellis. Em 1982, Diffie combinou um encontro com Ellis num *pub* de Cheltenham. Fiel à GCHQ até às últimas consequências, Ellis concedeu uma única pista sob a forma de uma afirmação críptica[137]: «Vocês fizeram muito mais com aquilo do que nós.»

Em 1997, a verdade veio a lume. A GCHQ publicou os artigos de Cocks, Ellis e outra figura importante, Malcolm Williamson. Entre os documentos, estava incluído um historial dos acontecimentos na GCHQ escrito por Ellis. Nele é mencionada a «redescoberta» da criptografia de chave pública por Diffie-Hellman-Merkle.

No início dos anos setenta, James Ellis formulou a ideia da criptografia de chave pública. O seu nome para a técnica era «encriptação não-secreta». Engenheiro de profissão, Ellis não conseguiu descortinar uma função unidirecional satisfatória. Clifford Cocks ficou a saber da descoberta de Ellis numa conversa casual com Nick Patterson. Nessa tarde, Cocks, um matemático formado em Oxford e Cambridge, estava sem nada para fazer. Decidiu estudar o problema da encriptação unidirecional. Espantosamente, Cocks resolveu o problema nessa mesma noite. Tal como a equipa do RSA, ele apostou na multiplicação de dois números primos grandes. Isto aconteceu quatro anos antes do feito de Rivest, Shamir e Adleman. Cocks fez circular a ideia numa nota interna da GCHQ. Alguns meses mais tarde, Malcolm Williamson resgatou o memorando e acrescentou-lhe a peça que faltava sobre a transmissão de chaves.

Os decifradores de códigos na GCHQ não encontraram nenhuma falha no método pouco convencional de Ellis, Cocks e Williamson. Porém, a hierarquia não estava convencida. A encriptação não-secreta definhou dentro das gavetas nos escritórios da GCHQ. Impedidos de falar pela Lei de Segredos Oficiais, os seus autores nada disseram. Ficaram a observar na retaguarda enquanto as equipas de Stanford e do MIT colhiam os louros. Ellis nunca obteve a satisfação do reconhecimento público. Morreu poucas semanas antes de a interdição dos seus artigos ter sido levantado.

Rivest, Shamir e Adleman venceram o Prémio Turing em 2002. Diffie e Hellman foram laureados com o prémio de 2015.

Entretanto, a Internet não parou de crescer. Em 1985, existiam 2000 anfitriões (computadores locais) na Internet. A maior parte pertencia a instituições académicas. O transporte de dados funcionava bem, mas os programas de ligação em rede dos anos oitenta eram pouco apelativos. A sua *interface* de utilizador tinha demasiado texto, era monocromática e pesada. Para alcançar um público mais alargado, a computação precisava de uma mudança de visual.

8

Pesquisa em rede

O memex é um dispositivo no qual um indivíduo armazena todos os livros, registos e comunicações e que é mecanizado, de forma que possa ser consultado com inexcedível rapidez e flexibilidade.
[A característica essencial do memex] é a provisão que permite que cada item possa ser usado para selecionar outro de forma imediata e automática.

VANNEVAR BUSH
The Atlantic, 1945[140]

Nos anos setenta, os minicomputadores tinham presença assídua nos institutos científicos, universidades e grandes empresas. Com uma altura e um volume semelhantes aos de um frigorífico americano, um minicomputador era bastante mais barato do que o obsoleto *mainframe*, mas continuava a ser uma aquisição de peso. Embora fossem eficazes no processamento de dados em grande escala, as máquinas não eram amigas do utilizador. Os terminais dos utilizadores eram compostos por um monitor monocromático e um teclado maciço. Uma grelha fixa de letras e números verdes iluminavam um fundo negro. Cada ação requeria um comando textual arcano.

Em 1976, dois californianos de gema — Steve Jobs e Steve Wozniak — lançaram o primeiro microcomputador pré-montado num mercado indiferente.* Pela primeira vez, um computador comercial era suficientemente pequeno para caber numa secretária. Melhor ainda, o Apple I era suficientemente barato para poder ser comprado e utilizado por apenas uma pessoa. No ano seguinte, a Apple melhorou a sua oferta. Apesar das dimensões compactas do *hardware*, as vendas foram inexpressivas até à chegada do VisiCalc.

O VisiCalc foi o primeiro programa comercial de folha de cálculo do mundo. Permitia aos utilizadores inserirem texto, números e fórmulas em tabelas de visualização. A cereja no topo do bolo era o facto de o VisiCalc executar automaticamente os cálculos especificados nas fórmulas quando os números eram inseridos na folha de cálculo. Não era necessário escrever um programa só para realizar uns quantos cálculos. Subitamente, os executivos podiam divertir-se com os seus números de vendas sem recorrer ao departamento de informática. As pessoas compraram o Apple II apenas para usar o VisiCalc. O mercado de computadores de secretária explodiu.

A IBM chegou mais tarde à rutura. A Digital Equipment Corporation e a IBM eram as principais fornecedoras de minicomputadores. Tentando recuperar o tempo perdido, a IBM lançou o seu próprio computador pessoal em 1981. Com a ajuda da vasta rede de vendas da empresa, o PC da IBM foi um sucesso comercial.

Três anos depois, a Apple voltou a adiantar-se à IBM com o lançamento da primeira *interface* gráfica de utilizador (GUI — *graphical user interface*) para computadores a preços acessíveis. O computador Macintosh da Apple possuía um *design* atraente e trazia um teclado, um ecrã de alta-resolução e — o que era inteiramente novo — um rato. O rato permitia aos utilizadores controlarem o computador clicando em ícones e menus. Os programas eram agora processados lado a lado em janelas ajustáveis. O rato foi um sucesso. Só os fanáticos continuaram a utilizar os desatualizados comandos textuais.

Ainda que a Apple tenha comercializado a *interface* gráfica de utilizador, a tecnologia não foi uma invenção sua. O rato foi concebido

* Na teoria económica, a curva da indiferença serve para avaliar o grau de utilidade que os consumidores atribuem a um determinado produto, tendo em conta a oferta existente dentro da mesma categoria. [*N. da T.*]

por Douglas Engelbart no Instituto de Pesquisa de Stanford. A GUI foi criada no PARC do Centro de Investigação Xerox, sob a orientação de Bob Taylor. Steve Jobs viu uma demonstração da GUI concebida pelo PARC e sentiu a necessidade de a incluir nos seus produtos.

O Macintosh deixou os concorrentes da Apple em apuros. O parceiro de *software* da IBM apressou-se a incorporar uma GUI no seu próximo sistema operativo. Ao mesmo tempo, as vendas do PC da IBM sofriam a pressão dos fabricantes de *hardware* que produziam imitações de baixo custo, ou *clones*. A IBM e a Apple não conseguiam competir com os preços praticados. Em breve, os clones baratos do PC estavam em todas as secretárias de todas as empresas com o Windows instalado.

Embora a *interface* gráfica de utilizador tenha tornado mais fácil trabalhar com um computador individual, o acesso a dados através de redes continuava a ser uma tarefa fastidiosa. A Internet possibilitou a conectividade global para os centros de computação especializados. Porém, os programas de ligação em rede ainda utilizavam comandos textuais. Pior ainda, cada sistema de acesso remoto (*bulletin boards*, catálogos bibliográficos, *logins* remotos, etc.) tinha a sua série de comandos específica. Usar a Internet era incrivelmente frustrante. Era urgente um *software* de fácil utilização para a partilha de dados entre computadores. Ao contrário do que seria de esperar, a solução não veio da indústria de computadores, mas sim de um laboratório europeu de física de partículas.

World Wide Web

Tim Berners-Lee nasceu em Londres, em 1955. Formou-se em Física na Universidade de Oxford. Seguindo as pisadas dos seus pais — que tinham sido programadores do Ferranti Mark I —, Berners-Lee tornou-se num arquiteto de *software* profissional. Entre empregos na indústria, trabalhou como prestador de serviços no CERN durante seis meses, em 1980. Quatro anos depois, regressou para trabalhar no projeto da rede de computadores do CERN.

O CERN é a Organização Europeia para a Pesquisa Nuclear. O organismo está sediado num extenso *campus* em Genebra, na Suíça. Em 1984, Berners-Lee tornou-se num dos 10 000 funcionários, alunos e investigadores visitantes que desenvolviam o seu trabalho numa miríade de projetos vagamente interligados. O lugar era uma mescla de estruturas organizacionais, interesses pessoais, culturas e línguas. A coordenação e a comunicação eram quase impossíveis. Berners-Lee achou que talvez os computadores ligados em rede pudessem ajudar na tarefa quotidiana da partilha de informação.

Berners-Lee propôs um esquema através do qual o computador de secretária de um utilizador poderia descarregar e visualizar *páginas* eletrónicas armazenadas em computadores remotos, ou *servidores*. Cada página seria guardada como um ficheiro de dados que poderia ser transferido através da Internet. O ficheiro de dados teria de incluir texto e *tags* especiais de formatação, especificando como é que a página deveria ser exibida. Um *software* designado como *navegador* (*browser*) seria instalado no computador do utilizador, requisitando a página remota ao servidor e exibindo-a. Cada página seria identificada por um nome único composto pelo ID do servidor seguido do nome do ficheiro. Mais tarde, foi acrescentado um prefixo com a indicação do protocolo a utilizar. O identificador completo é hoje conhecido como o localizador uniforme de recursos da página (URL — *uniform resource locator*).

Um aspeto-chave da proposta de Berners-Lee era as páginas incluírem *hiperligações*. Uma hiperligação, ou *link* ou *link* curto, é um segmento de texto ou uma imagem marcados com uma referência a outra página na rede. Quando um utilizador seleciona a ligação, o seu navegador exibe automaticamente a página referenciada. As ligações simplificavam grandemente a navegação entre páginas. Bastava clicar numa ligação e a página associada aparecia.

As hiperligações pareciam ser o cúmulo do moderno. Mas a ideia não era nada uma novidade. Elas foram sugeridas pela primeira vez por Vannevar Bush num artigo visionário publicado em 1945. A novidade era os computadores ligados em rede e o *software* poderem transformar a especulação de Bush em realidade.

Berners-Lee e Robert Cailliau prepararam um documento pormenorizado com a descrição do sistema. Enfatizando o alcance global da Internet e a conectividade hiperligada das páginas, eles deram ao sistema proposto o nome de WorldWideWeb (WWW). Os espaços foram acrescentados posteriormente para tornar o nome mais legível. O documento descrevia dois elementos: uma definição formal do formato de ficheiro (isto é, os conteúdos permitidos) das páginas *web* e um *protocolo* com a especificação das mensagens e dos comportamentos que o navegador e o *software* do servidor deveriam utilizar para comunicar.

Um ano depois da receção do aval para o projeto, Berners-Lee terminou o *software* para o primeiro navegador e servidor WWW. O primeiro sítio eletrónico do mundo foi lançado no dia 6 de agosto de 1991. As páginas originais ainda estão disponíveis em:

info.cern.ch/hypertext/WWW/TheProject.html

Por insistência de Berners-Lee, o CERN lançou as especificações e o *software* da WWW de forma gratuita. A assimilação foi lenta. Em 1993, uma equipa da Universidade de Illinois em Urbana-Champaign, liderada por Marc Andreessen, lançou um novo navegador de rede. O Mosaic era compatível com o *software* de servidor criado por Berners-Lee, mas, acima de tudo, podia ser instalado num Microsoft Windows. Os PC de base Windows eram bem mais comuns do que as obscuras estações de trabalho que Berners-Lee tinha programado no CERN. No final do ano, estavam *online* 500 servidores de rede. Aos *sites* sobre física de partículas e computação, juntaram-se páginas dedicadas a notícias sobre finanças, *webcomics*, bases de dados de filmes, mapas, *webcams*, revistas, brochuras de empresas, anúncios de restaurantes e pornografia.

No ano seguinte, à medida que a WWW conquistava terreno, Tim Berners-Lee deixou o CERN para fundar e dirigir o W3C (World Wide Web Consortium). O W3C funciona como um organismo não-lucrativo, trabalhando em colaboração com parceiros na indústria para desenvolver e promover a WWW. O consórcio é o guardião das normas da World Wide Web até aos dias de hoje. De acordo com os ideais de Berners-Lee, as normas da WWW permaneceram abertas, gratuitas e publicamente acessíveis. Qualquer pessoa pode construir um navegador ou servidor de rede compatível sem ter de pedir permissão ou pagar direitos de autor.

A World Wide Web concedeu ao mundo uma plataforma de baixo custo, robusta e fácil de utilizar para a transmissão de informação. Estava nas mãos dos construtores de *websites* decidir o que fazer com ela.

Recomendações da Amazon

No ano em que Berners-Lee deixou o CERN, um banqueiro de investimento de Wall Street tropeçou numa estatística surpreendente. Sob o impulso da popularidade do navegador Mosaic, a utilização da rede tinha aumentado 2300 por cento desde o mesmo período do último ano. O número era absurdo. Já era difícil obter um crescimento de dois dígitos, quanto mais um aumento de quatro dígitos. O banqueiro encontrou muita informação na rede, mas quase nada à venda. Certamente, este era um mercado inexplorado. A questão que se colocava era: «Vender o quê?»

Nesta época, a Internet era demasiado lenta para o *streaming* de música ou vídeos. A entrega dos produtos teria de ser feita através do serviço de correios americano. Uma loja *online* seria como um negócio de encomendas postais — com bastantes melhorias. Os clientes poderiam consultar um catálogo atualizado de produtos e efetuar encomendas através da rede. O banqueiro reuniu uma lista dos vinte principais negócios por encomenda postal. Concluiu que a venda de livros se ajustaria perfeitamente. O banqueiro de investimento tinha descoberto a oportunidade de uma vida.

Aos trinta anos, Bezos era o vice-presidente sénior mais novo de sempre da D. E. Shaw & Company. Nascido em Albuquerque, no Novo México, Bezos cresceu no Texas e na Flórida. Frequentou a Universidade de Princeton, formando-se em Ciência Computacional e Engenharia Elétrica. Após a universidade, trabalhou alternadamente nas áreas da computação e finanças, ascendendo com rapidez até ao cargo de vice-presidente sénior.

A ideia brilhante de Bezos deixou-o perante um dilema. Deveria renunciar ao seu emprego de seis dígitos na área da banca em Nova Iorque para se dedicar à venda de livros? Bezos invocou um algoritmo ao qual recorria para tomar decisões que implicavam grandes mudanças de vida, tal como era o caso desta[143]:

> Quis projetar-me no tempo até aos meus 80 anos e dizer: «O. K., estou a rever a minha vida. Quero minimizar o número de arrependimentos que [irei ter] tenho.»
>
> Sabia que, quando chegasse aos 80 anos, não me arrependeria de ter tentado isto.

> Sabia que a única coisa de que me arrependeria era de nunca ter tentado. [Isso] assombrar-me-ia para sempre.

Bezos deixou o seu emprego em Wall Street e embarcou numa missão para construir uma livraria num lugar que, para todos os efeitos, não existia — o *online*.

Ele precisava de duas coisas para arrancar com o seu negócio na Internet: funcionários que soubessem trabalhar com computadores e livros para vender. Na costa noroeste dos Estados Unidos, Seattle tinha os dois. A cidade era a casa da Microsoft e dos maiores distribuidores de livros do país. Ao lado da mulher, com quem casara há um ano — MacKenzie Bezos (com nome de nascença Tuttle) —, embarcou num avião em direção ao Texas. À chegada, o casal pediu um carro emprestado ao pai de Bezos e conduziu o resto do caminho até Seattle. MacKenzie assumiu o volante enquanto Bezos digitava o seu plano de negócios num computador portátil.

Utilizando as poupanças de toda a vida dos seus pais como capital inicial, Bezos estabeleceu o seu negócio num pequeno apartamento T2 em Seattle. No dia 16 de julho de 1995, o *website* amazon.com foi para o ar.

As vendas foram robustas. A Amazon mudou-se para a 2.ª Avenida. Os escritórios estavam tão sobrelotados, que Greg Linden, uma das novas contratações, era obrigado a trabalhar na cozinha.

Linden estava a fazer uma pausa da Universidade de Washington. Ele adorava a agitação da *start-up*, mas tinha a intenção de regressar à faculdade para iniciar um doutoramento em Ciência Computacional. Enquanto isso não acontecia, Linden deu conta de que poderia ajudar a Amazon a vender mais livros. Estava convencido de que um *sistema de recomendação* ajudaria a converter as visualizações da página inicial da Amazon em compras de livros.

Um sistema de recomendação de produtos analisa as decisões de compra dos clientes e sugere produtos que talvez eles queiram comprar. Um leitor que tenha anteriormente adquirido uma coleção de romances policiais poderá ser tentado a comprar uma edição especial de Sherlock Holmes ou um romance de Raymond Chandler. Mostrar estes livros como sugestões ao utilizador poderá bem incentivá-los a comprar um deles.

Na sua essência, a recomendação é publicidade. A diferença é que a recomendação é *personalizada*. É feita à medida do indivíduo e de acordo com os seus interesses. Linden esperava que as recomendações personalizadas aumentassem o número de vendas por visualização da página inicial em comparação com os tradicionais anúncios iguais para todas as pessoas. Já existiam *online* alguns motores de recomendação experimentais. Por seu turno, o sistema de recomendação da Amazon teria de produzir efeitos em escala num enquadramento comercial. Linden apresentou a sua ideia à administração e recebeu o aval para construir o primeiro sistema de recomendação da Amazon.

Linden baseou o seu algoritmo numa intuição simples. Se dois produtos são frequentemente comprados em conjunto, então é provável que um cliente que já seja detentor de um deles compre o outro. Os itens não têm de ser inicialmente comprados como um par. O que importa é que os utilizadores comprem com frequência os dois. O motivo por que o fazem também não é importante. Os livros podem ser do mesmo autor. Podem ser do mesmo género. Talvez sejam ambos manuais de estudo para os mesmos exames nacionais. No que diz respeito à recomendação de produtos, o momento e a justificação para o emparelhamento são irrelevantes. O que importa é que os clientes comprem com frequência os dois artigos.

O algoritmo de Linden regista todas as compras feitas no *website* da Amazon. Quando um utilizador sai da página, o algoritmo anota o ID único do comprador e os títulos dos livros adquiridos. O algoritmo recupera uma lista de todas as compras anteriores feitas por esse utilizador. Depois, os novos itens são emparelhados com todas as compras anteriores do utilizador.

Imagine que a Mary compra *A Teia de Carlota*, tendo comprado anteriormente *O Principezinho* e *Pinóquio*. Isto gera dois novos emparelhamentos de livros:

A Teia de Carlota & O Principezinho
A Teia de Carlota & Pinóquio

Esta informação é utilizada para atualizar uma *tabela de semelhança dos produtos*. A tabela lista todos os livros incluídos no *website* da Amazon no cabeçalho de cada linha e de cada coluna. Deste modo, cada par de livros possui duas entradas no corpo da tabela. As entradas registam o número de vezes que um par de livros (linha e coluna) foi comprado por um utilizador único. Este número é a *pontuação de semelhança* do par.

Quando Mary comprou *A Teia de Carlota*, isso gerou dois novos pares. Assim sendo, as entradas d'*A Teia de Carlota* e d'*O Principezinho* são incrementadas em um valor, tal como as entradas d'*A Teia de Carlota* e do *Pinóquio* (Tabela n.º 8.1).

Quando um utilizador chega ao *website* da Amazon, o algoritmo usa a tabela de similaridade para gerar recomendações. O método começa por recuperar o historial de compras do utilizador. Para cada livro comprado pelo utilizador, o algoritmo verifica a linha correspondente na tabela de similaridade. O algoritmo percorre estas linhas à procura de entradas com um valor superior a zero. Quando encontra uma, o algoritmo verifica o título do livro no cabeçalho da coluna. Os títulos dos livros e as pontuações de similaridade são registados numa lista. No final, a lista é revista e são removidas as duplicações ou os artigos já comprados pelo utilizador. Os itens restantes são ordenados por pontuação de semelhança e os livros com as pontuações mais altas são apresentados ao utilizador como recomendações.

Resumidamente, o algoritmo funciona do seguinte modo:

Considere como entrada a tabela de semelhança e o historial de compras do utilizador.
Crie uma lista vazia.
Repita para cada item no historial de compras:
    Encontre a linha correspondente na tabela de semelhança.
    Repita para cada coluna dessa linha:
    Se a pontuação de semelhança for superior a zero,
    então acrescente à lista o título do livro e a pontuação correspondentes.
    Repita até ao final da linha.
Repita até ao final do historial de compras.
Elimine quaisquer duplicações da lista.
Elimine qualquer livro que o utilizador já tenha comprado.
Ordene a lista por pontuação de similaridade.
Produza como saída os títulos dos livros com a pontuação de semelhança mais elevada.

Suponhamos que *A Teia de Carlota* e *O Principezinho* foram comprados em conjunto por quatro utilizadores diferentes; *A Teia de Carlota* e *Pinóquio* foram comprados por um cliente, tal como *O Principezinho* e *Pinóquio* (Tabela n.º 8.1). Imagine que Nicola navega na rede até ao *site* da Amazon. O algoritmo de recomendação recupera o seu historial de compras e verifica que ela só comprou um livro até àquele momento: *O Principezinho*. O algoritmo analisa a linha d'*O Principezinho* na tabela de semelhança e encontra duas entradas com valor superior a zero: 4 e 1. Verificando os cabeçalhos das colunas correspondentes, o algoritmo descobre que *A Teia de Carlota* e *Pinóquio* estão emparelhados com *O Principezinho*. Visto que *A Teia de Carlota* tem a maior pontuação de semelhança (4), é apresentado a Nicola como a melhor recomendação. Por outras palavras, é mais provável que Nicola compre *A Teia de Carlota* do que o *Pinóquio*, pois, no passado, mais clientes compraram tanto *O Principezinho* quanto *A Teia de Carlota*.

Tabela n.º 8.1: Tabela de semelhança para três livros. As entradas indicam o número de vezes que cada par de livros foi comprado por um utilizador.

	A Teia de Carlota	*O Principezinho*	*Pinóquio*
A Teia de Carlota	–	4	1
O Principezinho	4	–	1
Pinóquio	1	1	–

A precisão da recomendação aumenta significativamente com o tamanho do conjunto de dados. Quanto mais dados constarem da tabela de semelhança dos produtos e quanto mais vasto for o historial de um utilizador, melhores recomendações se obterão. Com mais dados, os casos raros desaparecem, e as tendências principais emergem. Se dispuserem de dados suficientes, os algoritmos de recomendação são surpreendentemente precisos. Segundo um relatório recente da McKinsey, trinta e cinco por cento das vendas da Amazon provêm da recomendação de produtos.

No ano em que a Amazon foi lançada (1995), a World Wide Web possuía quarenta e quatro milhões de utilizadores e vinte e três mil *sites*. No ano seguinte, o número de utilizadores duplicou e o número de *websites* aumentou até dez vezes. A World Wide Web estava a causar um frenesim.

O número de páginas eletrónicas começou a criar problemas para os utilizadores que *navegavam* displicentemente na rede, clicando numa ligação após outra. Como é que alguém podia encontrar aquilo que procurava? Os *diretórios* de *websites* organizados manualmente com o intuito de catalogar a World Wide Web por tópicos estavam atolados. Encontrar material *online* tornou-se numa tarefa cada vez mais lenta e frustrante. Os utilizadores desesperavam por um *website* que lhes mostrasse, como que por magia, a ligação certa.

Rede de pesquisa do Google

Na primavera de 1995, Sergey Brin ficou encarregado da receção a um novo aluno na Universidade de Stanford. Com vinte e um anos, Brin já estudava em Stanford há dois anos. Nascido em Moscovo, os seus pais emigraram para os Estados Unidos quando ele tinha seis anos. Formou-se em Ciência Computacional e Matemática na Universidade de Maryland com apenas dezanove anos, antes de ganhar uma bolsa para prosseguir os estudos de nível superior em Stanford.

O novo aluno era Larry Page, de vinte e dois anos. Page tinha concluído recentemente o curso de Ciência Computacional na Universidade de Michigan. Oriundo do Midwest, Page sentiu-se intimidado por Stanford. Quase esperou ser enviado de volta para casa.

Brin e Page antipatizaram imediatamente um com o outro. Page[149]: «Pareceu-me bastante insuportável. Ele tinha opiniões muito fortes sobre as coisas, e suponho que eu também as tinha.» Brin: «Ambos achámos que o outro era insuportável.» Ainda assim, os dois estudantes universitários descobriram um ponto de contacto na sua predileção pelo sarcasmo: «Éramos cúmplices na chacota.»

Page não foi enviado de volta para casa no primeiro autocarro. Deu início ao seu doutoramento e passava o tempo livre com Brin. A dupla começou a colaborar em projetos de interesse mútuo.

Todas as pessoas ligadas à ciência computacional sabiam que a World Wide Web estava a fazer furor. A Netscape tinha acabado de subir no mercado de ações com uma avaliação de 3 mil milhões de dólares, embora tivesse lucro zero. O único produto da empresa era um navegador de rede disponibilizado de forma gratuita. A oferta pública inicial da Netscape anunciou o início da bolha *dotcom* em Wall Street. O nome por que ficou conhecida — «*dotcom*» — provinha da extensão URL atribuída aos *websites* comerciais. Uma após outra, as *start-ups* tecnológicas atingiram avaliações alucinantes no mercado de ações.

Os pensamentos de Page direcionaram-se para o problema da pesquisa em rede. Os diretórios de *websites* não eram a solução. Sondar listas alfabéticas de categorias, tópicos e subtópicos consumia demasiado tempo dos utilizadores. Uma consulta de pesquisa fazia mais sentido. Bastaria digitar aquilo que procurávamos, e as ligações mais relevantes deveriam aparecer. A dificuldade era que fazer corresponder os termos de pesquisa com os títulos dos *websites* não funcionava assim tão bem. A maior parte das ligações devolvidas era irrelevante ou de fraca qualidade, ou ambas. Os utilizadores eram obrigados a filtrar uma grande quantidade de lixo até encontrarem aquilo que procuravam. Page percebeu que a chave estava na classificação precisa das ligações *web* com base na sua importância e relevância para a pesquisa. Um sistema preciso de classificação de *websites* colocaria as ligações úteis no topo da lista. Faltava saber como classificar com precisão os *websites*.

Page estava familiarizado com o sistema baseado em papel que vigorava para a classificação de artigos de investigação académica. Os artigos de investigação são habitualmente classificados de acordo com o número de vezes que foram referenciados noutras publicações. A ideia é que, quanto mais vezes um artigo for referenciado ou citado, mais importante ele é. Page percebeu que as hiperligações se assemelham bastante a referências. Uma hiperligação de uma página a outra indica que o autor da página de ligação considera que a página ligada é, de alguma forma, importante ou relevante. Contar o número de ligações direcionadas para uma página pode ser uma boa forma de avaliar a importância dessa página. Partindo deste pressuposto, Page desenvolveu um algoritmo para classificar a importância das páginas *web*. Num trocadilho com o seu próprio nome, chamou ao método *PageRank*.

O *PageRank* não se limita a contar citações: o algoritmo tem em consideração a importância das páginas que fazem ligação à página a ser avaliada. Isto impede os gestores de *websites* de elevarem artificialmente a classificação de uma página, criando páginas falsas com ligações a esta. Para terem algum impacto, as páginas de ligação também devem ser importantes. Na prática, o *PageRank* classifica páginas *web* com base na inteligência coletiva dos criadores de *websites*.

A cada página *web* é atribuída uma pontuação de *PageRank*: quanto mais alta for a pontuação, mais importante será a página. A pontuação de uma página é igual à soma dos *PageRanks* ponderados de todas as páginas que direcionam para ela, acrescida de um *termo de amortecimento*.

O *PageRank* de uma ligação de entrada é ponderado de três formas. Em primeiro lugar, é multiplicado pelo número de ligações da página de ligação à página que está a ser avaliada. Em segundo lugar, ele é *normalizado*, o que significa que é dividido pelo número de ligações na página de ligação. A lógica é que uma hiperligação de uma página que contenha muitas ligações vale menos do que uma hiperligação de uma página com um pequeno número de ligações. Em terceiro lugar, os *PageRanks* são multiplicados por um *fator de amortecimento*. Este fator de amortecimento é um valor constante (em regra, 0,85) que espelha a possibilidade de um utilizador ir parar a uma página aleatória em vez de seguir uma ligação. O termo de amortecimento compensa isto somando 1 e subtraindo o fator de amortecimento ao total (em regra, 0,15).

O *PageRank* pode ser concebido como a probabilidade de um internauta chegar a uma página específica selecionando ligações de forma aleatória. Muitas ligações para uma página significam que um internauta aleatório tem mais probabilidade de lá chegar. Muitas hiperligações para essas páginas de ligação também significam que um internauta tem mais probabilidade de chegar à página de destino. Deste modo, o *PageRank* depende não só do número de ligações para uma página, mas também do *PageRank* das páginas de ligação. O *PageRank* de uma *webpage* de destino está, pois, dependente de todas as ligações que direcionam para ela. O efeito de direcionamento recua até uma, duas, três ou mais ligações na cadeia. Esta dependência faz que o cálculo do *PageRank* seja intrincado. Se cada *PageRank* depender de todos os outros *PageRanks*, por onde iniciamos o cálculo?

O algoritmo para o cálculo do *PageRank* é iterativo. Inicialmente, os *PageRanks* são definidos como iguais ao número de ligações de entrada diretas para uma página dividido pelo número médio de ligações de entrada. De seguida, os *PageRanks* são recalculados como a soma dos

PageRanks ponderados das páginas de ligação, acrescida do termo de amortecimento. Isto dá um novo conjunto de *PageRanks*. Estes valores são, então, usados para calcular novamente os *PageRanks* e assim sucessivamente. A cada iteração, o cálculo aproxima os *PageRanks* de um conjunto estável de valores. A iteração termina quando os *PageRanks* já não evidenciarem alteração alguma.

Imagine uma mini-World Wide Web constituída por apenas cinco páginas (Figura n.º 8.2). À primeira vista, é difícil determinar qual é a página mais importante. Duas páginas possuem três ligações de entrada (B e E). Uma página possui duas ligações de entrada (A). As outras duas páginas são menos populares, com apenas uma ligação de entrada (C e D).

O cálculo das pontuações de *PageRank* começa pela criação de uma tabela com o número de ligações entre páginas (Tabela n.º 8.2). Cada linha corresponde a uma página, tal como cada coluna. As entradas na tabela registam o número de ligações da página na linha à página na coluna. Deste modo, ao lermos uma linha obtemos o número de ligações de saída para a página especificada. Ao percorrermos uma coluna, obtemos o número de ligações de entrada para a página especificada.

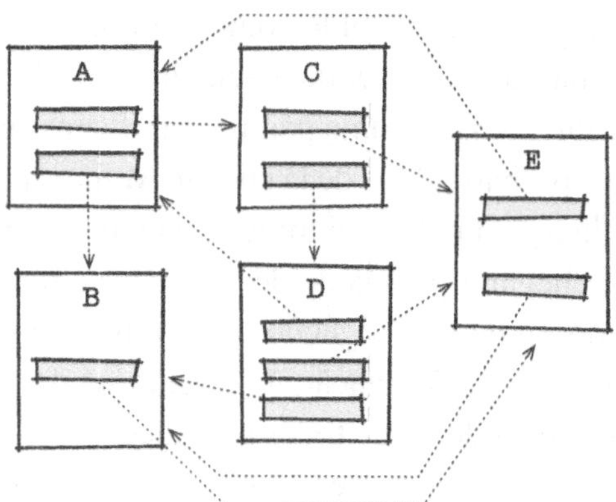

Figura n.º 8.2: Cinco páginas *web* interligadas.

Tabela n.º 8.2: Tabela com o número de ligações entre páginas.
A tabela inclui ainda o número total de ligações.
Algumas páginas não incluem ligações para si mesmas.

	Para A	Para B	Para C	Para D	Para E	Total de saídas
De A	–	1	1	0	0	2
De B	0	–	0	0	1	1
De C	0	0	–	1	1	1
De D	1	1	0	–	1	3
De E	1	1	0	0	–	2
Total de entradas	2	3	1	1	3	

O algoritmo cria uma segunda tabela, listando os *PageRanks* para cada página (Tabela n.º 8.3). No início, o algoritmo preenche a tabela com uma estimativa aproximada dos *PageRanks*. Esta corresponde ao número de ligações de entrada para uma página dividido pelo número médio de ligações de entrada.

De seguida, o algoritmo recalcula os *PageRanks* página a página, ou seja, coluna a coluna na tabela de *PageRanks*. Uma página é processada calculando os *PageRanks* ponderados das páginas de ligação para cada coluna da tabela de ligações. O *PageRank* de cada ligação de entrada é obtido ao verificar-se o *PageRank* atual dessa página (Tabela n.º 8.3). Este valor é multiplicado pelo número de ligações de entrada a partir dessa página para a página que está a ser avaliada. O resultado é dividido pelo número total de ligações de saída na página (Tabela n.º 8.2). Este valor é multiplicado pelo fator de amortecimento (0,85) para obter o *PageRank* ponderado. Este cálculo é executado para todas as ligações de entrada. Os *PageRanks* ponderados finais são somados e é acrescentado o termo de amortecimento (0,15). Isto dá o novo *PageRank* da página. Este valor é anexado à tabela de *PageRanks*.

O cálculo do *PageRank* é repetido para todas as páginas. Quando todas as páginas tiverem sido processadas, os novos *PageRanks* são comparados com os valores anteriores. Se a alteração não for significativa, então o processo convergiu e produz como saída os resultados. Caso contrário, o cálculo é repetido (o algoritmo completo é listado detalhadamente no Apêndice).

Imagine, por exemplo, que pretendemos executar a segunda iteração para o cálculo do *PageRank* da página A. O *PageRank* da página A é a soma dos *PageRanks* ponderados das páginas com ligações de entrada para ela, isto é, das páginas D e E. O *PageRank* inicial de D é 0,5. O número de ligações de D a A é 1. O número de ligações de saída de D é 3. Deste modo, o *PageRank* ponderado de D a A é 0,5 × 1 ÷ 3 = 0,167. Da mesma forma, o *PageRank* ponderado de E a A é 1,5 × 1 ÷ 2 = 0,75. Incluindo o termo de amortecimento, o novo *PageRank* de A é 0,167 + 0,75 + 0,15 = 1,067.

O procedimento iterativo equilibra os *PageRanks* para que eles reflitam a interconexão das páginas *web*. Os valores mais elevados fluem para as páginas mais interconectadas, os valores menores, para as páginas menos bem conectadas. No final, os números fixam-se num estado estacionário que equilibra o fluxo.

Tabela n.º 8.3: Tabela com os valores de *PageRank* finais obtidos para o exemplo da mini-World Wide Web.

Iteração	A	B	C	D	E
1	1,00	1,50	0,50	0,50	1,50
5	0,97	1,38	0,56	0,40	1,69

No exemplo da mini-World Wide Web, as pontuações de *PageRank* convergem após cinco iterações (Tabela n.º 8.3). No final, a *webpage* E tem o maior *PageRank*. A página E possui o mesmo número de ligações de entrada que a página B, mas fica classificada à frente desta. Isto acontece, porque a página B, que faz ligação a E, possui uma única ligação. Em contrapartida, a página E, que faz ligação a B, possui duas. A normalização reduz o *PageRank* da página B.

Para testar este algoritmo, Page construiu um protótipo de um motor de busca em colaboração com Brin e Rajeev Motwani, um professor de Stanford. Eles utilizaram um *rastreador de rede* para descarregar um resumo da World Wide Web. Um rastreador de rede explora a World Wide Web de forma idêntica à de um internauta humano, seguindo de ligação em ligação. Pelo caminho, o rastreador guarda uma captura instantânea (*snapshot*) de cada página *web* por onde passa. Começando com alguns

URL selecionados de forma manual, o rastreador cria rapidamente um resumo local da World Wide Web. O algoritmo *PageRank* é aplicado ao conjunto de dados resultante para classificar a importância das páginas. Ao receber uma pesquisa de utilizador, o motor de busca da equipa — o *BackRub* — inspeciona o resumo local em busca de títulos de páginas correspondentes. A lista resultante de páginas é ordenada por *PageRank* e exibida ao utilizador.

O *BackRub* só foi usado dentro das paredes de Stanford. Contudo, o seu desempenho foi suficientemente promissor para que Page e Brin decidissem expandir o serviço.

Eles adquiriram mais computadores para conseguirem indexar uma parcela maior da World Wide Web e tratar um número maior de pesquisas simultâneas. Depois de pensarem sobre o assunto, decidiram que «BackRub» era um mau nome. Precisavam de algo que convocasse a futura dimensão da World Wide Web. Decidiram-se por «Googol» — um *googol* é igual a 1 seguido de cem zeros. Por engano, anotaram a palavra como «Google». Brin desenhou um logótipo multicolor para o novo *site*. Em julho de 1998, o motor de busca Google tinha indexado vinte e quatro milhões de páginas. Decisivamente, os resultados da pesquisa no Google estavam anos-luz à frente dos resultados dos seus rivais. O recém-chegado estava pronto para o seu grande momento.

Em agosto, Brin e Page foram apresentados a Andy Bechtolsheim. Antigo aluno de Stanford, Bechtolsheim era cofundador de duas *start-ups* tecnológicas bem-sucedidas. Brin e Page apresentaram a premissa do Google a Bechtolsheim. Ele gostou do que ouviu. Sem mais demoras, endereçou um cheque de 100 000 dólares à Google, Inc. Sem negociações, sem termos e condições e sem avaliações. Bechtolsheim queria apenas fazer parte do projeto. Em espírito, sentia que estava a pagar um velho favor concedido por um dos seus primeiros patronos. Com o cheque em mãos, Brin e Page esqueceram-se de mencionar que a Google, Inc. não existia — ainda.

Em fevereiro, a *PC Magazine* noticiava que o emergente motor de busca Google[153]: «Possui uma habilidade sobrenatural para devolver resultados de pesquisa extremamente relevantes.»

Um ano depois, a Google Inc. recebeu 25 milhões de dólares em financiamento por parte dos investidores de risco Sequoia Capital e Kleiner

Perkins. A Sequoia Capital e a Kleiner Perkins eram, e ainda são, a realeza de Silicon Valley. Ter os seus nomes na lista de investidores quase valia mais do que o dinheiro.

No ano seguinte, a Google lançou o *AdWords*. O *AdWords* permite que os anunciantes paguem para que as suas ligações sejam listadas na página de pesquisa do Google ao lado dos resultados do *PageRank*. As ligações promovidas são claramente separadas dos resultados do *PageRank* para que os utilizadores consigam distinguir entre resultados do *PageRank* e anúncios. O *AdWords* revelou ser bem mais eficaz do que a publicidade tradicional. Isto não era surpreendente, já que o *AdWords* oferecia produtos que os clientes já procuravam ativamente. As empresas aderiram em massa à nova plataforma de publicidade. O *AdWords* transformou a pesquisa em rede gratuita numa mina de ouro.

O algoritmo *PageRank* foi patenteado pela Universidade de Stanford. A Google obteve a licença exclusiva do algoritmo para uso no seu motor de busca em troca de uma participação de 1,8 milhões em ações. Em 2005, a Universidade de Stanford vendeu as suas ações na Google por 336 milhões de dólares. É provável que esta transação tenha feito do *PageRank* o algoritmo mais valioso da história.

A bolha *dotcom*

Na senda da oferta pública inicial à Netscape em 1995, os investimentos não pararam de chegar às *start-ups* de rede. Os lucros não pareciam importar. A única métrica para a avaliação era o número de utilizadores que um *site* conseguia manter. O investimento na rede converteu-se num esquema em pirâmide. O NASDAQ — índice de bolsa repleto de empresas tecnológicas — quintuplicou o seu valor entre 1995 e 2000. O índice atingiu o pico com a cotação de 5048 no dia 10 de março de 2000. A seguir, colapsou. Em 4 de outubro de 2002, o índice NASDAQ regressou a uma cotação de 1139, perdendo mais do que três quartos do seu valor. Estava quase no ponto onde tinha começado em 1995. A quebra das *dotcom* atingiu em cheio a indústria tecnológica. Um grande número de *start-ups* de rede perdeu dinheiro. Seriam precisos quinze longos anos para que o NASDAQ voltasse a atingir os valores do pico do ano 2000.

A bolha especulativa das *dotcom* escondia um crescimento estável e contínuo do uso da Internet. Impulsionadas por uma base de utilizadores em expansão, as empresas *web* sobreviventes cresceram rapidamente.

O algoritmo de recomendação de produtos proposto por Linden foi imitado por muitos. Linden deixou a Amazon em 2002. Depois de curtas passagens por duas *start-ups* e pela Google, ele trabalha hoje para a Microsoft. Nos nossos dias, a Amazon vende tudo «de A a Z». Em 2019, a Amazon tomou o lugar da Walmart como o maior retalhista do mundo. Segundo a revista *Forbes*, Jeff Bezos — fundador e CEO da Amazon — tornou-se na pessoa mais rica do mundo em 2018. A sua riqueza líquida foi estimada em 156 mil milhões de dólares.

A Google realizou a sua oferta pública inicial em 2004, com uma avaliação de 23 mil milhões de dólares. A empresa existia há uns meros seis anos. Em 2016, uma empresa-mãe da Google — a Alphabet — foi avaliada em perto de meio bilião de dólares. No momento em que escrevo (2019), Brin e Page estão entre as dez pessoas mais ricas nos Estados Unidos de acordo com a revista *Forbes*. A sua riqueza pessoal estimada ascende aos 35–40 mil milhões de dólares para cada um.

Em 2004, Tim Berners-Lee foi ordenado cavaleiro pela rainha de Inglaterra em reconhecimento pelas suas proezas. É o titular do Prémio Turing de 2016. O sítio eletrónico *The Richest* estima o seu valor líquido em 50 milhões de dólares. Uma pequena fortuna, mas bem longe da riqueza dos bilionários da rede.

Quando rebentou a bolha *dotcom* (2002), existiam aproximadamente meio milhar de milhão de utilizadores de Internet ativos. A rede concedeu ao mundo um acesso sem precedentes a informação, compras *online* e entretenimento. Porém, um estudante de dezanove anos que vivia num dormitório universitário estava convencido de que aquilo que as pessoas realmente queriam era bisbilhotar a vida dos outros. Esta ideia, conjugada com muito trabalho duro, faria dele um multibilionário.

9

Facebook e companhia

Com todos estes dados, devereis ser capaz de retirar alguma inferência justa.

Sherlock Holmes para o Dr. Watson
SIR ARTHUR CONAN DOYLE
O Signo dos Quatro, 1890[160]

Mark Zuckerberg nasceu em White Plains, Nova Iorque, em 1984. O pai ensinou-o a programar quando ainda estava no ensino básico. Mais tarde, contratou um programador profissional como professor particular do filho. Aluno prodígio na escola secundária, Zuckerberg sempre esteve destinado à Ivy League. Matriculou-se na Universidade de Harvard e escolheu um bacharelato em Ciência Computacional e Psicologia.

Em paralelo com o seu amor ao código, Zuckerberg tinha um interesse persistente pelo comportamento das pessoas. Cedo percebeu que a maioria das pessoas sente um fascínio pelo que as outras pessoas estão a fazer. Esta obsessão está no centro da bisbilhotice quotidiana, biografias laboriosas, cultura de celebridades e *reality TV*. Em Harvard, começou a fazer experiências com um *software* que facilitaria a necessidade básica humana de conexão e interação com os outros.

Zuckerberg montou um *website* chamado Facemash.[162] O Facemash seguia o modelo de um *website* já existente chamado Hot Or Not.[161] Ambos os *sites* apresentavam lado a lado imagens de dois estudantes do sexo masculino, ou duas estudantes do sexo feminino, e pediam ao utilizador para selecionar o mais atraente dos dois. O Facemash conferia os votos e apresentava listas dos alunos mais «sedutores». De forma controversa, o Facemash utilizava fotografias de estudantes que tinham sido descarregadas dos *websites* da Harvard. O *site* era popular entre um certo contingente de alunos, mas irritou muitos outros. De acordo com o boletim de notícias interno do *campus*, o *site* levou Zuckerberg a enfrentar um conselho disciplinar.[163]

A seguir, Zuckerberg dedicou-se à construção de um novo *website* para *ligações sociais em rede*. Já existiam alguns *sites* deste género, os quais permitiam aos utilizadores partilharem informação sobre si mesmos. A maior parte dos *sites* existentes tinha sido concebido para as pessoas que procuravam encontros românticos. Em vez disso, Zuckerberg queria que a sua rede social ajudasse os estudantes de Harvard a comunicarem entre si. A ideia era que os utilizadores introduzissem perfis pessoais e publicassem notícias. Não o tipo de notícias que chegavam às páginas dos jornais, mas sim a espécie de tagarelice que os estudantes adoravam. Para contornar as regras da universidade, o novo *site* requeria que os utilizadores carregassem os seus próprios dados. O novo *site* — thefacebook.com — foi lançado em fevereiro de 2004. Zuckerberg tinha dezanove anos.

O *feed* de notícias do Facebook

Os rumores sobre o Facebook espalharam-se depressa. Quatro dias depois do lançamento, o *site* tinha 450 utilizadores registados. Os estudantes utilizavam o *site* para todo o tipo de coisas — planear festas, organizar sessões de estudo e, inevitavelmente, encontros românticos. Gradualmente, Zuckerberg abriu a rede social aos estudantes de outras universidades americanas. Em junho, ofereceram-lhe 10 milhões de dólares pelo *site*. Ele não demonstrou o mínimo interesse. À medida que o número de utilizadores crescia, Zuckerberg assumiu o investimento, começou a contratar e desistiu da universidade.

No início, a única forma de verificar se existia alguma publicação nova era consultar as páginas de perfil dos utilizadores em busca de atualizações. Na maior parte dos casos, a consulta das páginas era uma perda de tempo — não havia nada de novo para ver. Zuckerberg percebeu que seria útil para os utilizadores terem uma página com o resumo das últimas publicações dos seus amigos.

Passados oito meses, nascia o algoritmo do *feed* de notícias do Facebook. O algoritmo revelou-se o maior desafio de conceção com que a jovem empresa alguma vez deparara. O *feed* de notícias não era somente uma nova funcionalidade. Era uma reinvenção do Facebook.

A ideia por trás do *feed* de notícias era produzir uma página de notícias única para cada utilizador. A página listaria as publicações mais relevantes para esse utilizador em particular. Cada pessoa teria um *feed* diferente — personalizado para si pelo sistema.

O Facebook ativou o *feed* de notícias numa terça-feira, 5 de setembro de 2006. A reação dos utilizadores foi quase unânime. Todos o detestaram. As pessoas sentiram que era demasiado invasivo. Na verdade, não havia nada que estivesse visível que já não tivesse sido disponibilizado no Facebook anteriormente. Porém, o *feed* de notícias tornava mais fácil ver o que se passava na vida dos outros. Tudo indicava que Zuckerberg tinha julgado mal a reação emocional dos utilizadores a uma mudança aparente na privacidade dos seus dados.

No Facebook, os grupos anti-*feed* de notícias proliferaram e conheceram bastante sucesso. Ironicamente, os estudantes estavam a usar a funcionalidade a que se opunham para os ajudar a protestar. Para Zuckerberg, isto era a prova final de que o *feed* de notícias tinha funcionado. Os números deram-lhe razão. Os utilizadores estavam a passar mais tempo do que nunca na rede social. O Facebook apresentou as suas desculpas, acrescentou controlos de privacidade e esperou que o tumulto acalmasse.

O desafio de conceção no cerne do *feed* de notícias residia na criação de um algoritmo que selecionasse as melhores notícias para apresentar a um utilizador. Mas como poderia um algoritmo de computador determinar aquilo que mais interessava a um utilizador humano? Os detalhes do algoritmo do *feed* de notícias do Facebook permanecem um segredo bem guardado. Contudo, em 2008, foi divulgada alguma informação.

O primeiro algoritmo do *feed* de notícias chamava-se *EdgeRank*. O nome terá sido um piscar de olhos ao *PageRank* da Google. Cada ação no Facebook é denominada como *edge*, seja uma publicação de um utilizador, uma atualização de estado, um comentário, um *like*, a adesão a um grupo ou a partilha de um item. Uma pontuação de *EdgeRank* é calculada para cada utilizador e para cada *edge* ao multiplicarem-se três fatores:

$$\textit{EdgeRank} = \text{afinidade} \times \text{peso} \times \text{tempo de declínio}$$

A afinidade é a medida do grau de conexão do utilizador ao *edge*. Indica a proximidade entre o utilizador e a pessoa que criou o *edge*. Os amigos no Facebook são considerados mais próximos do que os utilizadores que não são nossos amigos. Quanto mais amigos em comum dois utilizadores tiverem, maior será a sua afinidade. O número de interações entre utilizadores afeta a sua pontuação de afinidade. Por exemplo, a afinidade recebe um impulso se os utilizadores comentarem frequentemente as publicações uns dos outros. A afinidade diminui ao longo do tempo se os utilizadores deixarem de interagir uns com os outros.

O peso depende do tipo de *edge*. Um *edge* cuja criação exija mais esforço tem um peso superior. Um comentário, por exemplo, tem mais peso do que um *like*.

Não havendo diferenças nos outros fatores, o *EdgeRank* entra em declínio conforme um *edge* envelhece. Isto assegura que o algoritmo prioriza as publicações mais recentes em detrimento dos itens mais antigos.

A cada quinze minutos, são recalculados os *EdgeRanks* para cada utilizador e para cada publicação. A preparação do *feed* de notícias de um utilizador é feita organizando as publicações por ordem decrescente das suas pontuações de *EdgeRank*. À medida que o tempo passa, as pontuações de *EdgeRank* relativas mudam. Uma publicação pode perder pontos consoante envelhece. A pontuação de outra pode subir se receber uma enxurrada de *likes*. Este dinamismo incentiva os utilizadores a verificarem continuamente os seus *feeds* na esperança de verem algo de novo.

O *feed* de notícias popularizou as *mensagens virais*. Os utilizadores não podem difundir mensagens no Facebook. Eles simplesmente publicam uma mensagem na esperança de que esta se propague através da sua rede social. Se um item receber muita atenção, sob a forma de *likes* ou comentários, a sua pontuação de *EdgeRank* recebe um aumento. À medida que a pontuação aumenta, o item é visível num círculo mais alargado de *feeds* de utilizadores. Mensagens populares podem atravessar comunidades de utilizadores, da mesma forma que um vírus se dissemina.

O Facebook apostou na rentabilização das visualizações do *feed* de notícias, intercalando publicações de utilizadores com publicidade paga. A empresa foi publicamente listada na bolsa de valores em 2012 com uma avaliação superior a 104 mil milhões de dólares. O *website* e as aplicações do Facebook têm hoje cerca de 2,4 mil milhões de utilizadores mensais. Mesmo que alguns deles sejam *bots* (isto é, programas que se fazem passar por utilizadores), esta é uma parcela grande da população mundial. Em 2020, Zuckerberg mantinha-se como CEO do Facebook. Segundo a revista *Forbes*, o património líquido de Zuckerberg é estimado em cerca de 60 mil milhões de dólares.

O *feed* de notícias oferece uma forma de personalização, ajustando o conteúdo noticioso à medida do indivíduo. Embora a personalização estivesse disponível na rede já antes do surgimento do sistema de recomendação da Amazon criado por Linden, foi um algoritmo desenvolvido pela Netflix que levou a tecnologia até ao nível seguinte. Este algoritmo mobilizava a aprendizagem automática para identificar e explorar os padrões latentes em grandes quantidades de dados de utilizadores. A aprendizagem automática conjugada com o *big data* não tardaria a transformar os negócios e a ciência.

O Prémio Netflix

A Netflix foi fundada em 1997 por Reed Hastings e Marc Randolph. Oriundos da costa este, Hastings e Randolph gravitaram em direção a Silicon Valley. Ambos atravessaram o turbilhão de fusões e aquisições da indústria da tecnologia, tornando-se empreendedores em série. Os dois conheceram-se quando a empresa de Hastings adquiriu uma *start-up* de *software* para a qual Randolph trabalhava. Vivendo perto um do outro, os dois colegas começaram a ir no mesmo carro para o trabalho. Durante as suas viagens diárias, Hastings e Randolph gizaram um plano para um novo negócio.

A proposta de valor era simples — aluguer *online* de filmes. Os subscritores selecionavam filmes aos quais queriam assistir através do *website* da empresa. À medida que ficavam disponíveis, os filmes eram remetidos em suporte físico (DVD). Após a visualização, os clientes devolviam os DVD por correio.

O serviço tornou-se popular. Os subscritores gostavam de ter acesso a uma grande biblioteca de filmes e, além disso, apreciavam a conveniência de ter os DVD entregues à porta de casa. A chave para o sucesso consistia em assegurar que os clientes gostavam realmente dos filmes que recebiam por correio. Seguindo o exemplo da Amazon, a Netflix acrescentou um motor de recomendação ao seu *website*. O sistema de recomendação da Netflix, o *Cinematch*, funcionava bem. Ainda assim, em 2006, a empresa estava à procura de algo melhor. Em vez de desenvolver um algoritmo internamente, a Netflix optou pela manobra invulgar de lançar uma competição pública. A empresa anunciou o prémio de um milhão de dólares para o primeiro sistema de recomendação com uma precisão dez por cento superior à do *Cinematch*.

Para facilitar a competição, a Netflix publicou um conjunto de dados de treino que continha 100 milhões de classificações de filmes atribuídas por cerca de meio milhão de clientes a quase 18 000 filmes. Cada observação de dados incluía o nome do filme, o nome do utilizador, as estrelas de classificação atribuídas (de 1 a 5) e a data em que a avaliação foi registada. Os nomes dos filmes e as avaliações eram reais, mas os nomes dos utilizadores foram tornados anónimos para evitar a identificação dos indivíduos.

Adicionalmente, foi publicado um segundo conjunto de dados de teste. O seu conteúdo era semelhante ao conjunto de dados de treino, excetuando o facto de a Netflix ter ocultado as estrelas de classificação. O conjunto de dados de teste era bastante mais pequeno, incluindo apenas 2,8 milhões de entradas.

O objetivo da competição era construir um sistema de recomendação que conseguisse prever com precisão as avaliações editadas no conjunto de dados de teste. A Netflix compararia as estimativas fornecidas por um concorrente com as avaliações ocultas atribuídas pelos utilizadores. As estimativas dos concorrentes seriam avaliadas medindo o *erro de previsão* — a diferença média entre as avaliações previstas e as avaliações reais ao quadrado.

O prémio de um milhão de dólares atraiu tanto amadores quanto investigadores académicos sérios. Para os académicos, o conjunto de dados era a galinha dos ovos de ouro. Era muito difícil adquirir um conjunto de dados do mundo real daquele tamanho. No começo, a maior parte pensou que um aumento de dez por cento na precisão seria fácil de alcançar. Subestimaram a eficácia do *Cinematch*.

É possível prever avaliações de inúmeras formas. A técnica mais eficaz usada no concurso foi a combinação do maior número possível de previsões diferentes. No jargão dos vaticinadores, qualquer informação que possa contribuir para a previsão é um *fator* que deve ser tido em conta no cálculo final.

O fator mais simples é a avaliação média do filme no conjunto de dados de treino. Esta é a média de todos os utilizadores que assistiram àquele filme específico.

Outro fator que pode ser considerado é a generosidade do utilizador cuja avaliação está a ser prevista. A generosidade de um utilizador pode ser calculada como a sua avaliação média menos a média das avaliações de todos os utilizadores para os mesmos filmes. O modificador de generosidade resultante pode ser acrescentado à avaliação média do filme do qual se está a fazer a previsão.

Outro dos fatores consiste nas avaliações dadas ao filme pelos utilizadores que, habitualmente, avaliam de forma semelhante à do utilizador em questão. O conjunto de dados de treino é analisado em busca destes utilizadores. A previsão é, pois, a média das suas avaliações do filme.

Outro fator são as avaliações dadas pelo utilizador a filmes semelhantes. Novamente, o conjunto de dados de treino é analisado. Desta vez, são identificados os filmes que habitualmente recebem avaliações semelhantes ao filme em análise. É calculada a média das avaliações atribuídas pelos utilizadores a estes filmes.

Estes fatores e quaisquer outros que estejam disponíveis são combinados através da ponderação e adição. Cada fator é multiplicado por um valor numérico, ou peso. Estes pesos controlam a importância relativa dos fatores. Um peso elevado significa que o fator associado é mais importante na determinação da previsão final. Um peso reduzido indica que esse fator é menos importante. Os fatores ponderados são somados para se obter a previsão final.

Em síntese, o algoritmo de previsão é o seguinte:

Considere como entrada os conjuntos de dados de treino e teste.
Repita para cada combinação utilizador-filme no conjunto de dados de teste:
    Repita para cada fator:
        Preveja o filme do utilizador com recurso a esse fator.
    Repita até todos os fatores terem sido avaliados.
    Pondere e some as previsões dos fatores.
    Produza como saída a previsão final para esse utilizador e filme.
Repita até todas as combinações utilizador-filme terem sido previstas.

Imagine que o algoritmo está a tentar prever a avaliação de Jill para o filme *Toy Story* (Tabela n.º 9.1). O primeiro fator é simplesmente a avaliação média do filme *Toy Story* no conjunto de dados de treino. Isto dá uma estimativa de 3,7 estrelas. O segundo fator — a generosidade de Jill — é obtido ao calcular-se a média de avaliações de Jill e subtraindo a este valor a média de avaliações para os mesmos filmes no conjunto de dados de treino. A avaliação média de Jill é 4, e a média para os mesmos filmes é 3,1. Deste modo, o bónus de generosidade de Jill é de +0,9. Somando isto à média global, obtemos 4,6 estrelas. De seguida, o conjunto de dados é analisado em busca dos utilizadores cujas avaliações anteriores sejam semelhantes às de Jill. Claramente, estes são Ian e Lucy. Eles deram 5 estrelas a *Toy Story*, o que é outro fator. O quarto fator implica a pesquisa dos filmes a que Jill assistiu e que recebem, habitualmente, avaliações semelhantes à de *Toy Story*. Os filmes mais óbvios são *À Procura de Nemo* e *Os Incríveis*. Jill deu a estes dois filmes uma avaliação média de 4,5 estrelas. Portanto, este é outro fator. Em conclusão, temos quatro estimativas da avaliação atribuída por Jill ao filme *Toy Story*: 3,7; 4,6; 5 e 4,5 estrelas.

Tabela n.º 9.1: Conjunto de dados respeitante à avaliação dos filmes.

	Toy Story	*À Procura de Nemo*	*Os Incríveis*	*Frozen*
Ian	5	4	4	2
Jill	?	4	5	3
Ken	1	2	1	4
Lucy	5	4	5	2

Sendo os dois últimos fatores, por norma, os mais fidedignos, podemos utilizar os pesos: 0,1; 0,1; 0,4; 0,4. A multiplicação e a adição dão uma previsão final de 4,6 estrelas. Jill deve ver o filme *Toy Story*!

Embora esta abordagem geral tenha sido comum, as equipas distinguiram-se pelos atributos específicos que exploraram. Não foram incomuns as análises com sessenta atributos ou mais. As equipas usaram ainda um amplo espectro de métricas de singularidade e formas de combinar previsões. Em grande parte dos sistemas, os pormenores das previsões eram controlados por valores numéricos. Estes valores numéricos, ou *parâmetros*, eram depois afinados para melhorar os resultados da previsão. Por exemplo, os parâmetros de ponderação eram ajustados para regular a importância relativa dos fatores. Assim que os fatores são identificados, uma previsão precisa da avaliação está dependente da definição dos melhores valores dos parâmetros.

Para determinar os valores ótimos dos parâmetros, as equipas recorreram à aprendizagem automática (ver Capítulo 5). No início, uma equipa isola um subconjunto do conjunto de dados de treino para *validação*. De seguida, a equipa estima os valores dos parâmetros. Um algoritmo de previsão é executado para obter as previsões respeitantes às avaliações no conjunto de dados de validação. É medido o erro de previsão para estas estimativas. Os parâmetros são, depois, ajustados ligeiramente com o intuito de reduzir o erro de previsão. Estas etapas de previsão, avaliação e ajustamento de parâmetros são repetidas diversas vezes. A relação entre os valores de parâmetro e o erro de previsão é monitorizada. Com base nessa relação, os parâmetros são afinados, de forma que se minimize o erro. Quando já não é possível obter uma nova redução do erro, a aprendizagem termina e os valores dos parâmetros são fixados. Estes valores finais dos parâmetros são utilizados para prever as avaliações em falta no conjunto de dados de teste, e os resultados são submetidos à Netflix para adjudicação.

Em síntese, o algoritmo de aprendizagem funciona do seguinte modo:

> Considere como entrada os conjuntos de dados de treino e validação.
> Estime os melhores valores de parâmetro.
> Repita o seguinte:
>> Execute o algoritmo de previsão para todos os itens no conjunto de dados de validação.
>> Compare as avaliações previstas com as avaliações reais.
>> Ajuste os parâmetros para reduzir o erro.
>
> Repita até já não se registar melhoria alguma.
> Produza como saída os parâmetros que oferecem o menor erro de previsão.

A beleza da abordagem da aprendizagem automática é que o computador pode testar um número muito maior de combinações de parâmetros do que qualquer humano.

No início, as equipas progrediram rapidamente. Os algoritmos superiores não tardaram a atingir melhorias de seis, sete e oito por cento relativamente ao *Cinematch*. Depois, a precisão estagnou. As equipas debruçaram-se sobre os seus resultados de validação para tentar perceber o que estava a correr mal. O que estava a entravar o processo era uma dificuldade que ficou conhecida como o problema de *Napoleon Dynamite*. *Napoleon Dynamite* era o filme com a avaliação mais difícil de prever. A maioria das avaliações de filmes podia prever-se de forma relativamente fácil, porque existiam filmes semelhantes no conjunto de dados. O problema de *Napoleon Dynamite* é que não existia nada como ele. O filme era uma comédia independente e excêntrica que se tinha tornado num êxito de culto. As pessoas ou o amavam ou o odiavam. Era o tipo de filme sobre o qual um grupo de amigos podia discutir durante horas seguidas.

Embora *Napoleon Dynamite* fosse o filme mais difícil de prever, não foi o único a levantar problemas. O número de filmes com avaliações de difícil previsão era suficiente para travar o progresso. Alguns concorrentes começaram a questionar se seria possível um melhoramento na ordem dos dez por cento.

Dois anos após o início da competição, um pequeno número de concorrentes percebeu que existia uma saída. Cada uma das equipas tinha concebido um algoritmo personalizado. Cada algoritmo tinha os seus pontos fortes e pontos fracos específicos. Em muitos casos, os pontos fortes e fracos de algoritmos rivais eram complementares. As equipas concluíram que a precisão podia ser aumentada se se combinasse as estimativas de múltiplos algoritmos. Mais uma vez, a aprendizagem automática foi utilizada para determinar a melhor forma de combinar as diversas previsões.

A precisão voltou a escalar. Quanto mais diferentes entre si fossem os algoritmos, melhor pareciam ser os resultados combinados do conjunto. As equipas apressaram-se a integrar os seus algoritmos com outras soluções de alto desempenho. A competição atingiu o seu clímax numa febre de fusões e assimilações de equipas.

No dia 21 de setembro de 2009, o Prémio Netflix foi ganho pela BellKor's Pragmatic Chaos. A equipa alcançara uma melhoria de 10,06 por cento relativamente ao *Cinematch*. O grupo era uma fusão da norte-americana KorBell da AT&T Research, a austríaca Big Chaos e da canadiana Pragmatic Theory. Feitas as contas, era um grupo de sete pessoas a trabalhar em vários pontos do mundo, comunicando sobretudo por *e-mail*. Naturalmente, a junção implicou que o prémio de um milhão de dólares tivesse de ser dividido por sete. Ainda assim, não deixava de ser uma boa quantia. Em pior situação ficou a equipa classificada em segundo lugar, a qual, após três anos de trabalho, perdeu por apenas dez minutos.

Numa reviravolta inesperada, a Netflix decidiu não pôr em vigor o algoritmo vencedor. A empresa já tinha substituído o *Cinematch* pelo vencedor de uma fase anterior do concurso. A Netflix calculou que uma melhoria de 8,43 por cento era satisfatória e ficou por aí.

A competição foi um sucesso retumbante. No total, tinham participado 51 051 concorrentes de 186 países, organizados em 41 305 equipas.

Enquanto a competição estava a decorrer, a Netflix anunciou a transição do aluguer de DVD para o *streaming* de filmes *online* através da Internet. Passado pouco tempo, a empresa descontinuou inteiramente o seu serviço de aluguer de DVD. Hoje, a Netflix é a maior rede mundial de televisão pela Internet, com mais de 137 milhões de subscritores. Marc Randolph deixou a Netflix em 2002. Atualmente, ele faz parte da direção de várias empresas de tecnologia. Reed Hastings mantém-se enquanto CEO da Netflix. Integra também o conselho diretivo do Facebook. Hastings ocupa hoje o número 504 na Lista de Bilionários da *Forbes* (2019).

Recentemente, a *McKinsey* noticiou que uns impressionantes setenta e cinco por cento das visualizações da Netflix são baseados em recomendações do sistema. A Netflix estima que a personalização e os serviços de recomendação de filmes poupem à empresa mil milhões de dólares todos os anos graças à otimização da retenção de clientes.

Em 2009, começava a parecer que o *big data*, conjugado com a aprendizagem automática, conseguia prever quase tudo.

Google Flu Trends

Nesse mesmo ano, um artigo admirável publicado na *Nature* sugeria que a análise de dados aplicada às consultas da pesquisa em rede no Google poderia seguir a trajetória da disseminação de doenças do tipo *influenza* no território dos Estados Unidos. O conceito era intuitivamente apelativo. As pessoas que ficavam doentes costumavam usar a pesquisa em rede do Google para procurar informação sobre os seus sintomas. Um aumento pronunciado das consultas de utilizadores relacionadas com a gripe poderia bem ser indicativo de um surto da doença.

Esta foi uma afirmação significativa. A gripe sazonal é um dos principais problemas de saúde pública. Todos os anos, há dezenas de milhões de casos de gripe em todo o mundo, que causam centenas de milhares de mortes. Além disso, existe um risco permanente de que possa surgir uma nova estirpe mais perigosa da doença. A pandemia da gripe de 1917–1918 matou entre vinte e quarenta milhões de pessoas — mais do que as que morreram na Primeira Guerra Mundial.

Os autores do artigo utilizaram a aprendizagem automática para determinar a relação entre as consultas da pesquisa no Google e as estatísticas da gripe no mundo real. As estatísticas da gripe foram disponibilizadas pelos Centros de Controlo e Prevenção de Doenças norte-americanos (CDC — Centers for Disease Control and Prevention). O CDC monitoriza as idas de pacientes externos a hospitais e centros médicos espalhados pelos Estados Unidos. A equipa de investigação comparou dados regionais sobre a percentagem de consultas médicas relacionadas com a gripe com as pesquisas no Google feitas na mesma região durante o mesmo período de tempo. O algoritmo considerou um universo de cinquenta milhões de pesquisas no Google, comparando o padrão de ocorrência de cada uma com as estatísticas da gripe observadas. Os investigadores identificaram quarenta e cinco pesquisas cujos padrões de ocorrência correspondiam de perto com os surtos de gripe nos dados do CDC. Tirando partido destas pesquisas, era possível prever a gripe.

O grupo avaliou o seu algoritmo por meio da previsão da percentagem de consultas médicas relacionadas com a gripe registadas num período temporal completamente diferente. Descobriram que o algoritmo previa de forma consistente e precisa os dados do CDC, com uma ou duas semanas de antecedência. O estudo foi considerado um sucesso. Aparentemente, a gripe podia ser prevista com recurso à das pesquisas no Google. Para auxiliar as agências médicas, a Google lançou o Google Flu Trends, um *website* que fornecia estatísticas em tempo real do número de casos de gripe.

A iniciativa foi amplamente elogiada. O *big data* e a aprendizagem automática estavam a entregar informação médica em tempo real a uma escala nacional e de forma gratuita. Porém, alguns investigadores estavam céticos. Alguns aspetos do estudo suscitavam preocupação. O algoritmo tinha sido treinado usando dados da gripe sazonal. E se as quarenta e cinco pesquisas estivessem relacionadas com a estação do ano e não com a gripe em si? O artigo original observava que a consulta «basquetebol escolar» tinha uma correlação alta com os dados da gripe do CDC. A temporada de basquetebol escolar coincide com a época de inverno da gripe sazonal, mas a consulta «basquetebol escolar» não indica que alguém tenha realmente gripe. Os investigadores tinham excluído as pesquisas sobre basquetebol do sistema. Mas será que não existiam outras correlações sazonais ocultas nos dados?

Um surto não-sazonal do vírus da *influenza* A (H1N1) concedeu a primeira oportunidade para testar as alegações e contra-alegações. A epidemia começou no verão, não no inverno, e chegou em duas vagas. Desta vez, as previsões do algoritmo não corresponderam aos dados do CDC. Em resposta, a equipa modificou o conjunto de dados de treino, de maneira que incluisse surtos de gripe sazonais e não-sazonais. Também admitiram pesquisas menos comuns. Após estas modificações, o algoritmo revisto previu com precisão as duas vagas da epidemia de H1N1.

Tudo parecia bem até à publicação de um novo artigo na *Nature* em fevereiro de 2013. A época da gripe tinha começado mais cedo nesse inverno — o início mais prematuro desde 2003 — e a doença estava mais perigosa do que o normal, conduzindo a um número invulgarmente elevado de mortes, sobretudo, entre a população mais velha. O Google Flu Trends sobrestimou o pico dos dados do CDC em mais de cinquenta por cento — um erro gigantesco. Não tardou até que fossem reportados novos erros do Google Flu Trends. Um grupo de investigação chegou mesmo a demonstrar que as previsões do Google Flu Trends eram menos precisas do que previsões diárias da gripe baseadas em dados do CDC com duas semanas. No meio de tanta celeuma, o Google Flu Trends foi descontinuado.

Que tinha corrido mal?

Em retrospetiva, a investigação inicial usava um número reduzido de dados do CDC para a aprendizagem. Com tão poucos dados do CDC e tantas pesquisas, algumas delas tinham mesmo de corresponder aos dados. Muitas destas correspondências eram aleatórias. As estatísticas correspondiam aos dados, mas as pesquisas não eram uma consequência de alguém ter realmente gripe. Por outras palavras, as pesquisas e os dados da gripe estavam correlacionados, mas não existia uma relação causal. Em segundo lugar, as epidemias captadas pelos dados de treino apresentavam uma variabilidade muito reduzida. Aconteciam na mesma altura do ano e disseminavam-se de forma semelhante. O algoritmo não tinha aprendido nada sobre surtos atípicos. Qualquer desvio da norma o fazia hesitar. Em terceiro lugar, a atenção mediática e o interesse do público que rodearam as mortes de 2013 conduziram, provavelmente, a um número desproporcionado de pesquisas sobre a gripe, o que, por sua vez, fez que o algoritmo errasse o alvo.

No fundo, os algoritmos de aprendizagem automática são tão bons como os dados de treino que lhes são fornecidos.

A ciência do *nowcasting* evoluiu significativamente desde o Google Flu Trends. As condições do mundo real são hoje determinadas em escala e com custos reduzidos por meio de dispositivos de recolha de dados ligados em rede e algoritmos de análise de dados. Análises de reações aplicadas a publicações do Twitter são usadas para prever números de bilheteira e resultados eleitorais. Receitas das cabinas de portagem são utilizadas para estimar a atividade económica em tempo real. Nos *smartphones*, sensores de movimento incluem uma função de monitorização que deteta tremores de terra. Indubitavelmente, o *nowcasting* de doenças epidémicas será revisitado no futuro com a ajuda de sensores de saúde mais fidedignos.

Entretanto, em 2005, um ano antes do lançamento do Prémio Netflix, um grupo de executivos da IBM estava à procura de um novo fenómeno computacional para exibir. Em 1997, a derrota do então campeão mundial de xadrez, Garry Kasparov, numa partida jogada contra o computador Deep Blue da IBM gerou manchetes em todo o mundo. Esta derrota teve mais que ver com a conceção de *chips* de computadores do que com algoritmos inéditos. De qualquer modo, o episódio foi um marco nos anais da computação. A IBM queria uma sequela para o novo milénio. O desafio tinha de ser bem escolhido — uma proeza aparentemente impossível capaz de granjear a atenção do público em geral. Algo verdadeiramente assombroso...

publicações do Twitter são usadas para prever números de bilheteria [illegible]

[illegible]

10

O *quiz* favorito da América

Saúdo os nossos novos soberanos, os computadores.

KEN JENNINGS
Jeopardy, 2011[180]

O Centro de Investigação T. J. Watson, tutelado pela IBM, ocupa um edifício futurista em Yorktown Heights, Nova Iorque. A fachada baixa em semicírculo alonga-se a partir da entrada do edifício até aos pontos de fuga nos extremos-limite da estrutura. Janelas de vidro laminado e caixilhos negros alinham-se ao longo de três andares com vista para um terreno arborizado. O centro tornou-se famoso por uma série de inovações históricas nos campos da eletrónica e da computação. Nada faria prever que, no meio do nevão dos primeiros meses de 2011, o centro Watson fosse o palco de um concurso televisivo.

O *Jeopardy* é uma instituição nos Estados Unidos da América. O programa esteve no ar quase ininterruptamente desde 1964. Em cada episódio, três concorrentes competem ao longo de várias rondas para ganhar prémios em dinheiro. A característica distintiva deste programa é o apresentador do *quiz* dar as «respostas» e os jogadores fornecem as «perguntas». Na verdade, as «respostas» do apresentador são pistas crípticas, e as respostas dos jogadores são formuladas como perguntas. Por exemplo, a pista[182]: «Segundo a lenda, foi dada pela Senhora do Lago e lançada à água após a morte do Rei Artur» deverá suscitar a resposta: «Que é a Excalibur?»

Em 2011, a IBM tinha razões para estar atenta a este jogo. A empresa tinha desenvolvido um computador programado para jogar *Jeopardy*, ao qual deu o nome de *Watson*. *Watson* foi desafiado a competir contra os dois melhores jogadores de *Jeopardy* da história — Ken Jennings e Brad Rutter. O prémio tinha um montante fixo de um milhão de dólares.

Ken Jennings detinha o recorde da mais longa série de vitórias consecutivas — 74 jogos de seguida. Pelo caminho, tinha arrecadado 2,5 milhões de dólares em prémios monetários. Jennings, de 36 anos, tinha sido programador de computadores antes do seu sucesso no *Jeopardy*.

Brad Rutter amealhara os maiores ganhos da história do *Jeopardy* — 3,25 milhões de dólares. Rutter era quatro anos mais novo do que Jennings e trabalhava numa loja de discos antes da sua primeira participação no programa.

As sementes do Desafio *Jeopardy* da IBM foram lançadas seis anos antes. Nessa época, a administração da IBM estava à procura de um acontecimento computacional que pudesse ser exibido. Queriam algo que captasse a imaginação do público e demonstrasse as capacidades das mais recentes máquinas da IBM.

Com esta ideia na cabeça, o diretor da IBM Research, Paul Horn, foi jantar com a equipa num restaurante das imediações. A meio da refeição, os outros comensais abandonaram as mesas em massa e reuniram-se no bar. Dirigindo-se aos seus colegas, Horn perguntou: «Que é que se passa?» Responderam-lhe que as outras pessoas estavam todas a ver *Jeopardy* na televisão. Ken Jennings preparava-se para bater um recorde com a sua série de vitórias. Metade do país queria ver até onde ele conseguia ir. Horn estacou e pôs-se a imaginar se um computador seria capaz de jogar *Jeopardy*.

De volta ao laboratório, Horn apresentou a ideia à sua equipa. Esta não foi do seu agrado. Grande parte dos investigadores acharam que um computador não teria hipótese alguma no *Jeopardy*. Os temas eram demasiado abrangentes. As perguntas eram demasiado crípticas. Havia trocadilhos, piadas e duplos sentidos — tudo coisas que os computadores não processavam com facilidade. Ainda assim, alguns elementos da equipa decidiram fazer uma tentativa.

Um dos voluntários, Dave Ferrucci, tornar-se-ia o investigador-chefe do projeto. Formado no Instituto Politécnico de Rensselaer, em Nova

Iorque, Ferrucci tinha-se juntado à IBM Research vindo diretamente da universidade com um doutoramento em Ciência Computacional. A sua especialidade era a representação do conhecimento e o raciocínio. Este conhecimento iria ser necessário — tratava-se do mais árduo desafio de processamento de linguagem natural e raciocínio de há muito tempo.

O primeiro protótipo da IBM foi baseado na mais recente investigação da equipa. A máquina jogava tão bem como uma criança de cinco anos. O desafio não iria ser fácil. Vinte e cinco cientistas da IBM Research despenderiam os quatro anos seguintes a construir *Watson*.

Em 2009, a IBM estava suficientemente confiante para telefonar aos produtores do *Jeopardy* e sugerir que colocassem *Watson* à prova. Os executivos do programa organizaram uma prova de teste contra dois jogadores humanos. *Watson* não se saiu nada bem. As suas respostas eram imprevisíveis — algumas estavam corretas, outras eram ridículas. *Watson* tornou-se rapidamente no alvo das piadas do apresentador do *quiz*. O computador era o bobo da corte. A máquina não estava preparada.

A IBM tentou de novo no ano seguinte. Desta vez, *Watson* conquistou a aprovação dos produtores do programa televisivo.

O jogo podia começar.

O concurso foi gravado no centro Watson e, posteriormente, emitido ao longo de três dias consecutivos (14–16 de fevereiro de 2011).

O anfitrião era o mesmo de sempre, Alex Trebek. Engalanado num fato cinzento, camisa rosa, gravata vermelha e óculos com armação metálica, Trebek assume a ribalta — é o epítome de uma sofisticação imperturbável. O cabelo cinzento está imaculadamente aparado; os olhos castanhos, incisivos e vigilantes. A tonalidade suave da sua voz comanda a atenção. Do lado esquerdo do aparatoso cenário azul e roxo, um ecrã gigante exibe o quadro com as pontuações do jogo. À direita, os jogadores posicionam-se atrás de pódios individuais decorados com os seus nomes e os totais dos prémios monetários.

Entre Jennings e Rutter, está um monitor de computador no qual é possível visualizar uma imagem animada. A animação — um desenho do planeta azul coroado com pontos de exclamação — é a presença visível de *Watson* — o *avatar* do computador. O polegar robótico da máquina repousa ominosamente sobre a campainha. Jennings enverga uma gravata amarela, camisa lilás e casaco escuro. O seu cabelo castanho-arruivado foi penteado para o lado. Rutter usa uma camisa com o colarinho aberto, por baixo de um casaco preto adornado com um elegante lenço de bolso. O cabelo de Rutter é castanho-escuro. Os seus pelos faciais oscilam entre barba por fazer e uma barba cheia. A plateia é composta pelos altos cargos da IBM, investigadores e engenheiros. A multidão de entusiastas é enérgica, barulhenta e fervorosa. Este é um jogo em casa para *Watson*.

Rutter escolhe uma categoria. Trebek lê a primeira pista do dia. Simultaneamente, um ficheiro de texto equivalente é fornecido a *Watson*. A pista é[185]: «Palavra com quatro letras que designa um panorama ou uma convicção.» Rutter é o primeiro a fazer soar a campainha: «O que é um ponto de vista?*» Correto. Duzentos dólares para Rutter. Trebek[185]: «Palavra com quatro letras que designa a peça de ferro utilizada nos cascos de um cavalo ou um distribuidor de cartas num casino.» Desta vez, *Watson* adianta-se: «O que é um sapato?**» Correto. Quatrocentos dólares para *Watson*. Uma câmara de televisão capta o rosto sorridente de Ferrucci na plateia.

As pistas vão desde os Beatles aos Jogos Olímpicos. No final do primeiro jogo, as pontuações estão próximas. Jennings está em último lugar com 2000 dólares, *Watson* e Rutter estão empatados com 5000 dólares cada um.

No segundo jogo, *Watson* começa bem, mas algumas das suas respostas são nitidamente bizarras. Em resposta à pista: «Cidades dos EUA: O seu maior aeroporto tem o nome de um herói da Segunda Guerra Mundial; o seu segundo maior aeroporto tem o nome de uma batalha da Segunda Guerra Mundial.» *Watson* responde: «O que é Toronto?» A resposta correta é Chicago. Toronto nem sequer fica nos Estados Unidos.

Apesar disso, *Watson* ganha o jogo. As pontuações finais do segundo jogo são: 35 734 dólares para *Watson*, 10 400 dólares para Rutter e uns míseros 4800 dólares para Jennings.

Tudo está ainda em aberto no terceiro jogo. No início, Jennings e *Watson* estão taco a taco, destacando-se de Rutter. *Watson* acerta numa resposta e arrecada um *Daily Double****. Ferrucci desfere socos de contentamento no ar. Jennings está visivelmente à beira do colapso. Mais

* No original: «*What is a view?*» [*N. da T.*]

** No original: «*What is a shoe?*» [*N. da T.*]

*** Pista do *Jeopardy* na qual o concorrente tem de decidir quanto do seu dinheiro quer apostar antes de ela ser lida. [*N. da T.*]

tarde, ele dirá[185]: «Nesse momento, soube que estava tudo acabado.» As pontuações finais acumuladas são: 77 147 dólares para Watson, 24 000 dólares para Jennings e 21 600 dólares para Rutter. *Watson* da IBM é o vencedor. Nestas circunstâncias, a IBM doa o prémio de um milhão de dólares para caridade.

Depois da partida, Rutter observou[185]: «Pensava que uma tecnologia como esta estava a anos de distância.» Pela primeira vez, a inteligência artificial de conversação parecia estar ao alcance. Jennings acrescentou[185]: «Julgo que vimos algo importante hoje.» Como é que *Watson* conseguiu o que parecia impossível?

Decerto, o poder de processamento e a memória prodigiosa de *Watson* foram parte do sucesso do computador.

O *hardware* de *Watson* era o último grito. A máquina consistia numa rede de cem servidores IBM Power 750 com um total de quinze *terabytes* de memória e 2880 núcleos de processamento. Na sua velocidade máxima, o dispositivo era capaz de executar oitenta biliões de cálculos por segundo.

Watson estava na posse de uma vasta coleção de dados. As regras exigiam que a máquina fosse desligada da Internet enquanto a partida estivesse em curso. Durante o desenvolvimento da máquina, a equipa tinha descarregado um milhão de livros para *Watson*. Vários tipos de documentos importantes foram amontoados na sua memória — manuais, enciclopédias, textos religiosos, peças, romances e guiões de filmes.

Apesar de tudo isto, o verdadeiro segredo do sucesso de *Watson* residia nos seus algoritmos.

A receita secreta de *Watson*

O *software* de *Watson* é um amálgama de centenas de algoritmos em cooperação. No início, um *algoritmo de análise sintática* (*parser*) divide a pista nos seus componentes gramaticais constituintes. O analisador sintático determina a que parte do discurso pertence cada palavra da pista. Isto é feito através da pesquisa de palavras num dicionário.

Dada a pista[188]: «Poetas & Poesia: Ele era um bancário em Yukon antes de publicar *Songs of a Sourdough* (*Canções de um Garimpeiro*) em

1907.» *Watson* identifica que «ele» é um pronome, «era» é um verbo, e «bancário» é um substantivo.

Com base na estrutura frásica identificada, o analisador extrai as relações entre as palavras. Por exemplo, *Watson* deteta a relação «era» entre «ele» e «bancário», e a relação «publicar» entre «ele» e «*Songs of a Sourdough*». Adicionalmente, é identificada a ligação de «em» com «ele» e «Yukon».

Após verificar as relações explícitas entre as palavras, *Watson* procura as ligações implícitas. Os termos de partida são pesquisados num dicionário de sinónimos. Isto fornece um entendimento mais profundo sobre o significado da pista. Por exemplo, a relação «publicar» implica uma ligação com «autor de».

Depois de as relações terem sido extraídas, os *elementos* da pista são identificados. Isto é feito utilizando um conjunto de regras «se-então--senão» aplicadas à saída do analisador. São identificados três elementos principais: o *foco* da pista, o *tipo de resposta* e a *classificação da pergunta*. O foco da pista é a pessoa, acontecimento ou coisa para a qual a pista guia os concorrentes. O tipo de resposta refere-se à natureza do foco. A classificação da pergunta é a categoria a que a pista pertence. Possíveis categorias incluem factologia, definição, escolha múltipla, quebra-cabeça e acrónimos. No exemplo, o foco é «ele» — um indivíduo do sexo masculino, o tipo de resposta é «bancário» e «escritor» (implícito), a classificação da pergunta é «factologia» — um pequeno fragmento de informação factual.

Quando a análise da pista está completa, *Watson* procura respostas na sua base de dados. A máquina inicia uma série de pesquisas. Estas pesquisas acedem aos dados *estruturados* e *não-estruturados* guardados nos bancos de memória de Watson. Os dados estruturados referem-se à informação contida em tabelas bem organizadas. Dados tabulares estruturados são ideais para pesquisa de factologia. Por exemplo, *Watson* pode pesquisar *Songs of a Sourdough* numa tabela contendo títulos e autores de canções conhecidas. Porém, dada a obscuridade do poema, é provável que esta busca seja infrutífera.

Dados não-estruturados é o termo para designar a informação que não está formalmente organizada. Os dados não-estruturados incluem informação guardada em documentos textuais, tais como jornais ou livros. Há bastante conhecimento contido neles, mas o computador tem dificuldade em o interpretar. Recuperar informação útil a partir de dados não-estruturados revelar-se-ia um dos maiores problemas na construção de *Watson*. No final, a equipa descortinou alguns estratagemas surpreendentemente eficazes.

Uma das técnicas implica pesquisar um artigo de enciclopédia que mencione todas as palavras da pista. Muitas vezes, o título do artigo é a resposta procurada. Por exemplo, uma pesquisa na Wikipédia com as palavras «bancário Yukon Songs of a Sourdough 1907» devolve um artigo intitulado «Robert W. Service». Esta é a resposta correta.

Outra opção é pesquisar uma entrada de Wikipédia cujo título seja o foco da pista. O algoritmo procura depois a informação desejada no corpo do artigo selecionado. Por exemplo, *Watson* trata a pista «Aleksander Kwasniewski tornou-se presidente deste país em 1995» procurando um artigo intitulado «Aleksander Kwasniewski» na Wikipédia. O computador inspeciona o artigo em busca do país cujo nome seja mais frequentemente referido.

Watson leva a cabo uma sucessão de pesquisas deste tipo na expetativa de que uma delas produza resultados pertinentes.

As respostas candidatas finais são avaliadas calculando quão satisfatoriamente preenchem os requisitos da pista. Todos os aspetos das respostas e da pista são comparados e pontuados. A resposta com a pontuação mais alta é selecionada como sendo a melhor solução. A pontuação é comparada com um limiar definido. Se a pontuação exceder o limiar, *Watson* reformula a solução como uma pergunta e pressiona a campainha. Se for chamado a responder, *Watson* revela a pergunta ao apresentador.

As raízes de *Watson* remontam à tecnologia de *sistema especializados* e ao *raciocínio baseado em casos* das décadas de 1970 e 1980.

Os sistema especializados utilizam regras «se-então-senão» manuscritas para transformar entradas textuais em saídas. O primeiro sistema especialista conhecido, o MYCIN, foi desenvolvido pela equipa de Edward Feigenbaum na Universidade de Stanford. O MYCIN foi concebido para ajudar os médicos a determinarem se uma infeção era bacteriana ou viral. As infeções bacterianas podem ser tratadas com antibióticos, enquanto as infeções virais não respondem à medicação. É frequente que os médicos prescrevam antibióticos em excesso, indicando-os erradamente em casos de infeções virais. O MYCIN auxilia o médico prescritor ao dirigir-lhe uma série de questões. Estas sondam os sintomas do paciente e os resultados dos testes de diagnóstico. A sequência de perguntas é determinada por listas de regras manuscritas integradas no *software* do MYCIN. O diagnóstico final do MYCIN — infeção bacteriana ou viral — é baseado num conjunto de regras definido por médicos especialistas.

Os sistemas de raciocínio baseado em casos (RBC) permitem uma tomada de decisões mais flexível do que os sistema especializados. O CYRUS, desenvolvido por Janet Kolodner na Universidade de Yale, é, em geral, considerado o primeiro sistema funcional de raciocínio baseado em casos. O CYRUS é um sistema de recuperação de informação com base em linguagem natural. O sistema contém as biografias e diários dos secretários de Estado estado-unidenses Cyrus Vance e Edmund Muskie. Tendo como referências estas fontes de informação, o CYRUS inicia um diálogo com o utilizador, respondendo a perguntas sobre as duas figuras. Por exemplo[190]:

> Pergunta: Quem é Cyrus Vance?
> Resposta: Secretário de Estado dos Estados Unidos.
> P.: Tem filhos?
> R.: Sim, cinco.
> P.: Onde é que ele está agora?
> R.: Em Israel

O CYRUS gera respostas candidatas ao efetuar correspondências entre a pergunta e passos dos documentos. A cada uma das correspondências descobertas é atribuída uma pontuação de semelhança. A resposta candidata com a maior pontuação é formulada adequadamente e devolvida ao utilizador.

O principal inconveniente dos sistema especializados é todas as regras e exceções terem de ser manualmente programadas no sistema. Em contrapartida, o raciocínio baseado em casos requer que todas as potenciais ambiguidades linguísticas das perguntas e do material de partida sejam processadas pelo programa. Devido à complexidade da linguagem natural, o mapeamento entre uma pergunta e uma resposta válida é complexo e labiríntico. Os algoritmos têm de processar uma variedade desconcertante de estruturas frásicas. Trocadilhos, piadas e duplos sentidos dificultam ainda mais o problema. As subtilezas da linguagem presentes no texto de entrada e nos documentos de referência tornam mais complexo o algoritmo do raciocínio baseado em casos.

O sucesso de *Watson* no *Jeopardy* dependeu das pistas. O *Jeopardy* reúne um número grande, mas limitado, de tipos de pergunta. Com um esforço hercúleo, a equipa conseguiu escrever algoritmos capazes de processarem os estilos de pistas mais comuns no *Jeopardy*. Se os produtores do programa se tivessem lembrado de alterar o formato das pistas, *Watson* ter-se-ia visto em dificuldades. Por outro lado, os rivais humanos de *Watson* ter-se-iam, muito provavelmente, adaptado. *Watson* estava programado para processar as pistas do *Jeopardy*, e nada mais. Embora dê ares de génio, *Watson* não compreende nada. Limita-se a baralhar palavras de acordo com regras pré-definidas. A única diferença era que *Watson* estava na posse de mais regras e dados do que qualquer outro sistema de processamento de linguagem natural anterior.

Seja como for, a IBM não construiu *Watson* unicamente para jogar *Jeopardy*[185]:

> [Watson é] sobre fazer investigação em análises profundas e compreensão da linguagem natural. É sobre pegar na tecnologia e a aplicar à resolução de problemas que verdadeiramente importam às pessoas.

Após o desafio, a IBM montou uma unidade de negócio para explorar comercialmente as tecnologias desenvolvidas na construção de *Watson*. Essa unidade de negócio está hoje centrada em aplicações de saúde, nomeadamente, no diagnóstico automatizado de doenças. Contudo, o redirecionamento dos algoritmos altamente personalizados de *Watson* revelar-se-ia complexo. Os próprios executivos da IBM já admitiram que o progresso tem sido mais lento do que o esperado.

Em retrospetiva, a versão de *Watson* que competiu no Desafio *Jeopardy* foi o pináculo do raciocínio baseado em casos. Tecnologias de IA bem mais poderosas aguardavam a entrada em cena. Em *Watson*, já se adivinhavam indícios da revolução vindoura. Um punhado disperso de minúsculas redes neuronais artificiais amplificavam a capacidade de tomada de decisões de *Watson*. Estas redes eram augúrios do futuro. Os dinossauros da IA — sistema especializados e raciocínio baseado em casos — estavam prestes a ser varridos por um maremoto.

11

Imitação do cérebro

O mecanismo da memória é, pois, igual ao mecanismo da associação, e o mecanismo da associação, como sabemos, nada mais é do que a lei elementar do hábito nos centros nervosos.

WILLIAM JAMES
The Principles of Psychology, 1890[194]

Os humanos possuem uma habilidade inata para o reconhecimento de padrões. Num pequeno número de anos de formação, as crianças aprendem a reconhecer rostos, objetos, vozes, cheiros, texturas e a palavra falada. Ao longo do século XX, os investigadores falharam redondamente nas suas tentativas de desenhar algoritmos capazes de igualar a destreza humana no reconhecimento de padrões. Porque eram os computadores tão bons em aritmética e tão maus no reconhecimento de padrões?

Para melhor entender este dilema, imagine o desenvolvimento de um sistema para o reconhecimento de gatos em fotografias.

O primeiro passo é converter uma imagem numa matriz de números que o computador seja capaz de processar. A lente de uma câmara digital foca a luz através de uma rede de sensores eletrónicos. Cada sensor converte o nível de luminosidade num número entre 0 e 1. Numa imagem em *escala de cinza*, 0 corresponde ao preto, 1 corresponde ao branco, e os valores intermédios correspondem a tonalidades de cinzento. Cada número corresponde a um ponto, ou *píxel* (elemento de imagem).

A matriz de números é uma aproximação digital da imagem. Até aqui é simples. O desafio do reconhecimento de padrões não está na criação de uma imagem digital, mas sim na escrita de um algoritmo capaz de dar um sentido aos números.

A dificuldade reside na variabilidade das imagens do mundo real. Em primeiro lugar, existem muitas raças de gatos. O gato pode ser gordo ou magro, grande ou pequeno, felpudo ou careca, cinzento, castanho, branco ou preto, com cauda ou sem cauda. Em segundo lugar, o gato pode estar numa miríade de posições — deitado, sentado, de pé, em andamento ou aos saltos. Pode estar de frente para a câmara, à sua esquerda, à sua direita ou de costas voltadas. Em terceiro lugar, a fotografia pode ter sido tirada em condições diversas. À luz do dia ou durante a noite, com *flash*, de perto ou ao longe. Escrever um algoritmo para cobrir cada uma destas circunstâncias é extremamente difícil. Cada possibilidade requer uma nova regra que tem de interagir com todas as regras anteriores. Muito rapidamente as regras começam a entrar em conflito. Por fim, o desenvolvimento do algoritmo é interrompido por uma paragem.

Em vez de escreverem milhões de regras, um pequeno número de cientistas computacionais seguiu no encalço de uma linha de investigação alternativa. Aquilo que defendiam era simples. Se a melhor máquina de reconhecimento de padrões do mundo é o cérebro humano, porque não o replicar?

Células cerebrais

No dealbar do século XX, os neurocientistas tinham estabelecido uma conceção básica do sistema nervoso humano. Esta investigação foi encabeçada pelo neurocientista espanhol Santiago Ramón y Cajal, galardoado com o Prémio Nobel da Medicina em 1906.

O cérebro humano é composto por cerca de cem mil milhões de células, ou *neurónios*. Cada neurónio é constituído por três estruturas: um corpo celular, um conjunto de fibras de entrada chamadas *dendrites* e um conjunto de fibras de saída chamadas *axónios*. Observados através de um microscópio, as dendrites e os axónios são feixes de fibras longas e estreitas que se estendem a partir do corpo central bulboso, ramificando-se durante o percurso. Cada axónio (saída) está conectado à dendrite (entrada) de outro neurónio por via de uma minúscula fenda chamada *sinapse*. Os neurónios cerebrais estão solidamente interconectados. Um único neurónio pode estar conectado a outros 1500 neurónios.

O cérebro funciona graças a impulsos eletromagnéticos enviados de um neurónio para outro. Quando um neurónio *dispara*, envia um impulso do seu corpo celular para todos os seus axónios. Este impulso é transferido para as dendrites dos neurónios conectados. O impulso serve para *excitar* ou *inibir* os neurónios recetores. Os impulsos recebidos por certas dendrites causam excitação, os impulsos recebidos por outras provocam inibição. Se uma célula receber suficiente excitação de um ou mais neurónios, então irá disparar. O disparo de uma célula pode conduzir a descargas neuronais em catadupa. Inversamente, os impulsos que chegam às entradas neuronais inibidoras

Em 1943, dois investigadores americanos sugeriram que era possível imitar o funcionamento dos neurónios por meio da matemática. A proposta era tão radical como intrigante.

Walter Pitts foi uma criança-prodígio. Oriundo de um meio desfavorecido em Detroit, Pitts aprendeu matemática, grego e latim sozinho, com a ajuda dos livros da biblioteca pública. Num desses dias em que percorria as estantes, descobriu o livro *Principia Mathematica*. Longe de ser uma leitura fácil, o tomo estabelece as fundações lógicas da matemática. Ao ler o livro, Pitts notou uma série de falhas. Endereçou uma carta a Bertrand Russell, um dos autores, chamando a atenção para os erros. Divertido com a situação, Russell respondeu com um convite para que Pitts fosse estudar com ele na Universidade de Cambridge. Infelizmente, Pitts não podia aceitar. Tinha doze anos.

Com quinze anos, Pitts soube que Russell tinha uma palestra marcada na Universidade de Chicago. Fugiu de casa e nunca mais regressou. Pitts infiltrou-se nas aulas de Russell, acabando por aceitar um trabalho não qualificado na universidade. Sem casa, Pitts tornou-se amigo de Jerome Lettvin, um jovem estudante de Medicina. Lettvin viu algo de especial em Pitts e apresentou-o a Warren McCulloch.

McCulloch, um professor na Universidade de Illinois, era vinte e quatro anos mais velho do que Pitts. Num contraste acentuado com a infância de Pitts, McCulloch crescera numa família da costa este com posses e habilitações elevadas. Estudara Psicologia, antes de se formar em Neurofisiologia. O par improvável, McCulloch e Pitts, mantinha profundas conversas sobre a investigação de McCulloch. Nessa época, McCulloch estava a tentar representar a função dos neurónios com recurso a operações lógicas. Pitts percebeu a intenção de McCulloch e sugeriu uma alternativa, uma abordagem matemática ao problema. Vendo o potencial e a situação problemática do jovem, McCulloch convidou Pitts e Lettvin para viverem consigo e com a sua mulher.

Debaixo deste novo teto, Pitts trabalhava pela noite dentro na companhia de McCulloch. Juntos desenvolveram a ideia de que o estado de um neurónio podia ser representado por números. Postularam ainda que os padrões de disparo de neurónios interconectados podiam ser simulados por meio de equações. Desenvolveram modelos matemáticos para demonstrar que as redes de neurónios podiam executar operações lógicas. Mostraram até que essas redes podiam assumir algumas das funções de uma máquina de Turing (ver Capítulo 3).

Com a ajuda de McCulloch, Pitts obteve uma colocação no MIT, a despeito de ter o ensino secundário incompleto. Um dos seus mentores no MIT, o professor de Matemática Norbert Wiener, levou-o até à *cibernética*, o estudo dos sistemas autorregulados. A disciplina abrange todos os tipos de sistemas autorregulados, desde os biológicos às máquinas. Talvez o exemplo mais comum seja os atuais sistemas de aquecimento controlados por termóstato. Pitts, Weiner, McCulloch e Lettvin formaram uma aliança alargada com o intuito de ampliar o campo de estudos. Entraram em diálogo com investigadores que partilhavam as suas visões, tal como John von Neumann. Sobre o grupo dos cibernéticos, Lettvin diria[199]:

> [Pitts] era, sem sombra de dúvida, o génio do nosso grupo. O seu conhecimento sobre química ou física era absolutamente incomparável e podia falar sobre tudo — história, botânica, etc. Quando lhe fazíamos uma pergunta, a resposta que obtínhamos era um manual completo. Para ele, o mundo estava ligado de uma maneira complexa e prodigiosa.

Em 1952, McCulloch foi convidado por Wiener para liderar um projeto de neurociência no MIT. Aproveitou de imediato a oportunidade para voltar a trabalhar com Pitts e mudou-se sem demoras para Boston.

Lamentavelmente, Pitts começou a debater-se com crises de melancolia conjugadas com alcoolismo.[200] De forma abrupta e sem explicações, Weiner cortou relações com Pitts, McCulloch e Lettvin. Sem saber o que fazer, Pitts resvalou para a depressão. Morreu com apenas 46 anos, devido a uma doença relacionada com o álcool. McCulloch morreu quatro meses depois com uma doença cardíaca, aos 70 anos. O seu legado foi o fundamento matemático das redes neuronais artificiais.

Redes neuronais artificiais

A primeira rede neuronal artificial (RNA) do mundo foi construída por Belmont Farley e Wesley Clark em 1954, no MIT. A dupla arquitetou uma simulação simples de neurónios de descarga num programa de computador. Utilizaram números para representar o estado dos neurónios e acompanhar as sensibilidades das entradas e das saídas. A rede foi programada para reconhecer imagens de números simples em sistema de numeração binária (sequências de uns e zeros). Ainda que Farley e Clark tenham sido os primeiros, foi Frank Rosenblatt quem popularizou o conceito de rede neuronal artificial.

Rosenblatt nasceu em New Rochelle, Nova Iorque, em 1928. Estudou na Universidade de Cornell, obtendo o grau de doutoramento em Psicologia antes de ocupar um lugar no corpo docente da faculdade. Começou por simular uma rede neuronal artificial num computador IBM (1957). Mais tarde, construiu uma rede neuronal artificial sob a forma de um dispositivo eletrónico com maior velocidade de processamento: o Mark I Perceptron (1958). O Perceptron de Rosenblatt foi projetado para reconhecer formas simples em imagens. As imagens (com apenas 20 por 20 píxeis) eram fornecidas ao Perceptron por uma câmara em preto-e-branco. O Perceptron simulava o comportamento de uma pequena rede de neurónios. A saída da rede era constituída por um conjunto de saídas neuronais, cada uma delas correspondendo a uma das formas a ser reconhecida. O valor de saída mais elevado indicava qual a forma que tinha sido detetada na imagem.

Embora o Perceptron possuísse muitas limitações, Rosenblatt era um comunicador persuasivo. Após uma das suas conferências de imprensa, o *The New York Times* escreveu[205]:

> Hoje, a Marinha revelou o embrião de um computador eletrónico que poderá vir a ser capaz de caminhar, falar, ver, escrever, reproduzir-se e estar consciente da sua existência. Futuras versões do Perceptron serão capazes de reconhecer pessoas e de as chamar pelo nome, bem como traduzir instantaneamente uma língua falada para outra língua falada e escrita, segundo a sua previsão.

O hiato entre as previsões de Rosenblatt e a realidade era gigantesco. Ainda assim, as suas demonstrações, artigos e livros foram altamente influentes na disseminação do conceito de rede neuronal artificial para outros institutos de pesquisa.

Um Perceptron é um *classificador* — ele determina a que *classe*, ou categoria, pertence uma determinada entrada. No caso de Rosenblatt, a entrada fornecida ao Perceptron era a imagem de uma forma. O objetivo do Perceptron era determinar se a forma era um círculo, um triângulo ou um quadrado. Estas formas eram as classes reconhecidas.

Um Perceptron é composto por uma ou mais camadas de neurónios artificiais. Cada neurónio possui uma série de entradas e uma única saída (Figura n.º 11.3). A força do sinal sobre uma entrada ou saída é representada por um número. A saída de um neurónio é calculada com base nas suas entradas. Cada entrada é multiplicada por um *peso*. O peso replica a sensibilidade do neurónio aos sinais nessa entrada específica. As entradas ponderadas são somadas a um valor de *viés* (*bias*) para se obter a *excitação* do neurónio. A excitação é aplicada a uma *função de ativação*. Num Perceptron, a função de ativação é uma operação de limiar simples. Se a excitação estiver acima do limiar (um valor numérico fixo), então a saída é 1. Se estiver abaixo, a saída é 0. O valor do limiar é fixado para a totalidade da rede. O 0 ou o 1 resultantes da função de ativação constituem a saída final do neurónio.

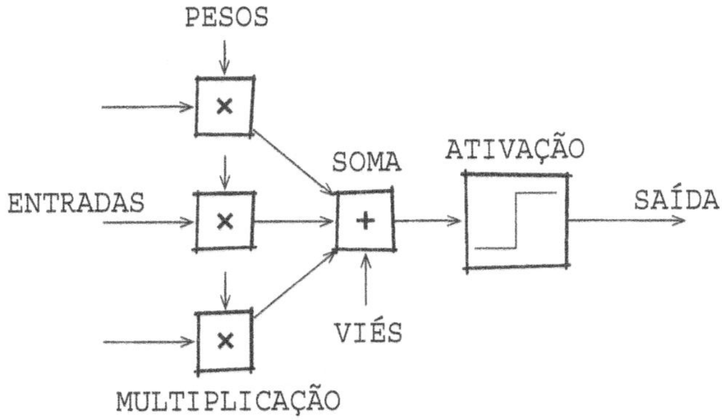

Figura n.º 11.3: Neurónio artificial.

Os pesos e vieses dos neurónios são coletivamente denominados *parâmetros* da rede. Os seus valores determinam as condições sob as quais os neurónios disparam, isto é, produzem como saída o valor de 1. Os parâmetros podem ser números positivos ou negativos. Uma entrada de 1 aplicada a um peso positivo aumenta a excitação do neurónio, elevando a probabilidade de ele disparar. Inversamente, uma entrada de 1 multiplicada por um peso negativo diminui a excitação do neurónio, reduzindo a probabilidade de ele disparar. O viés determina quanta excitação de entrada é necessária para que o neurónio ultrapasse o limiar fixado e dispare. Os parâmetros são fixados durante o funcionamento normal da rede.

Os Perceptrons admitem várias entradas (Figura n.º 11.4). Por exemplo, a imagem de 20 por 20 píxeis de Rosenblatt entra no Perceptron através de 400 conexões. Cada conexão tem um valor de 0 ou 1 consoante o píxel associado seja preto ou branco. As conexões de entrada alimentam a primeira camada da rede: a camada de entrada. Os neurónios na primeira camada possuem uma única conexão de entrada. Depois, as saídas de uma camada alimentam as entradas da camada seguinte. Numa rede *totalmente conectada*, todas as saídas de uma camada são entradas para cada um dos neurónios na camada seguinte. A saída da camada de entrada está conectada à primeira camada oculta. As camadas ocultas são aquelas que não estão diretamente conectadas às entradas ou saídas da rede. Numa rede simples, poderá existir uma única camada oculta. Depois das camadas ocultas, surge a camada de saída. As saídas dos neurónios nesta camada são as saídas finais da rede. Cada neurónio de saída corresponde a uma classe. Idealmente, apenas o neurónio associado à classe reconhecida deveria disparar (isto é, produzir como saída o valor de 1).

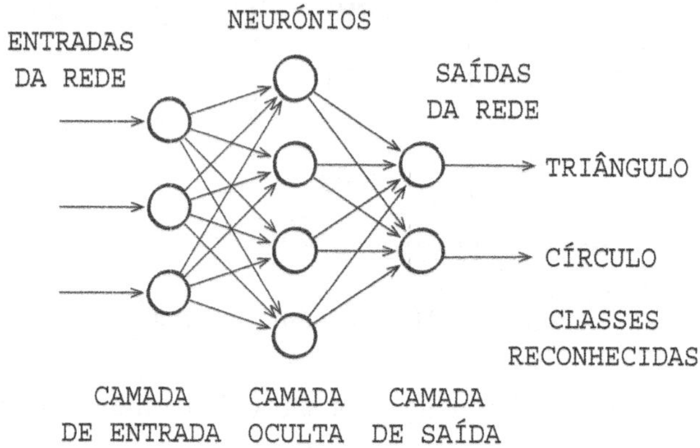

Figura n.º 11.4: Perceptron com três entradas, duas camadas totalmente conectadas e duas classes de saída.

Em suma, uma simulação de RNA funciona do seguinte modo:

Inroduza na rede os valores de entrada.
Repita para cada camada:
    Repita para cada neurónio na camada:
        Iguale a excitação total ao viés.
        Repita para cada entrada no neurónio:
            Multiplique o valor de entrada pelo peso da entrada.
            Some este valor à excitação total.
        Repita até todas as entradas terem sido processadas.
        Se a excitação estiver acima do limiar,
        então produza como saída do neurónio 1,
        senão produza como saída do neurónio 0.
    Repita até processar a totalidade da camada.
Repita até todas as camadas terem sido processadas.
Produza como saída o nome da classe associada à maior saída da rede.

O funcionamento geral de uma rede neuronal artificial pode ser visualizado através da imagem de neurónios que acendem no momento em que disparam. Uma entrada é introduzida na rede. Isto resulta em uns e zeros na camada de entrada. Alguns dos neurónios disparam, enviando uns para a camada oculta. Isto excita alguns dos neurónios ocultos, que disparam em resposta. Isto estimula um dos neurónios na camada de saída. Este neurónio de saída dispara, indicando qual o padrão observado na entrada da rede.

Cada neurónio toma uma pequena decisão sobre a entrada. Trabalhando em cooperação, um grande número de neurónios interconectados pode tomar decisões complexas sobre a natureza da entrada. A capacidade de reconhecimento de padrões complexos resulta da orquestração de todas estas pequenas decisões.

O desenho de redes neuronais artificiais apresenta dois desafios. O primeiro é a seleção de uma *topologia* adequada. Esta é a disposição dos neurónios na rede. A topologia determina o número de camadas, a quantidade de neurónios em cada uma das camadas e a sua interconexão. A topologia influencia a complexidade das tarefas de que a rede se pode ocupar. No geral, as tarefas mais complexas de reconhecimento de padrões exigem neurónios e camadas adicionais. O segundo desafio é a determinação dos valores para os parâmetros da rede. Os parâmetros controlam o comportamento da rede. Para que a rede possa classificar corretamente as entradas, os valores dos parâmetros devem ser os indicados.

Rosenblatt escolhia a sua topologia de rede com base numa conjugação de experiência e tentativa e erro, algo que não se alterou verdadeiramente até aos dias de hoje.

Com uma dada topologia, Rosenblatt utilizava um procedimento de treino para encontrar os valores de parâmetro eficazes. O treino começava com parâmetros aleatórios. Depois, Rosenblatt alimentava a rede com alguns exemplos de entradas e verificava se a saída estava correta. Se a saída não estivesse correta, então ajustava os parâmetros até que o Perceptron desse a resposta certa. Este processo era repetido para um conjunto de exemplos de entradas. Quando o treino chegava ao fim, Rosenblatt avaliava a precisão do seu Perceptron, testando-o com entradas desconhecidas. Rosenblatt chamava ao seu método de treino *correção de erros por retropropagação*. De modo mais informal, poderá dizer-se que ele girava os botões do seu Perceptron até que ele funcionasse. O método era laborioso, mas proporcionava bons resultados no reconhecimento de um pequeno número de formas simples.

No final dos anos sessenta, os Perceptrons foram alvo de críticas e controvérsia. Marvin Minsky e Seymour Papert publicaram um livro intitulado *Perceptrons*, que foi um autêntico balde de água fria para esta ideia. O livro mereceu a atenção da comunidade científica. Ambos os autores eram professores de renome no MIT e diretores do laboratório de inteligência artificial do instituto. Papert, nascido na África do Sul, era um matemático de formação. Antes de chegar ao MIT, acumulou um *curriculum* impressionante, no qual se incluíam temporadas na Universidade de Cambridge, Universidade de Paris, Universidade de Genebra e no Laboratório Nacional de Física. Minsky, natural de Nova Iorque, tinha começado por ser um defensor das redes neuronais. A sua tese de doutoramento em Princeton versou sobre esse mesmo tema. Chegou mesmo a conceber um dispositivo eletrónico com capacidade de aprendizagem inspirado nas sinapses cerebrais: o SNARC (1952). Posteriormente, Minsky converteu-se à escola da *lógica simbólica* (ver Capítulo 5). Para ele, o futuro não estava nas redes neuronais, mas sim no raciocínio lógico.

O livro de Minsky e Papert oferecia uma análise matemática das propriedades dos Perceptrons. Embora descrevesse os pontos fortes dos Perceptrons, realçava duas limitações importantes. Em primeiro lugar, os autores assinalaram que os Perceptrons com uma única camada não eram capazes de executar determinadas operações lógicas elementares. Em segundo lugar, argumentaram que o método de treino proposto por Rosenblatt não funcionaria com os Perceptrons de multicamadas. O livro era contundente[206]:

> Os Perceptrons foram amplamente publicitados como máquinas de «reconhecimento de padrões» ou de «aprendizagem» e, como tal, têm sido discutidos num grande número de livros, artigos em revistas e extensos «relatórios». A maior parte destes escritos [...] não tem valor científico. Muitos dos teoremas mostram que os Perceptrons não conseguem reconhecer determinados tipos de padrões.

Os apologistas dos Perceptrons saíram em sua defesa. As duas críticas centrais de Minsky e Papert eram válidas, mas não totalmente verdadeiras, afirmaram. De facto, os Perceptrons com uma única camada não conseguiam aprender determinadas funções lógicas primitivas, mas os Perceptrons de multicamadas *conseguiam*. De facto, o método de treino proposto por Rosenblatt não funcionava com os Perceptrons de multicamadas, mas isso não significava que não fosse possível encontrar um procedimento de treino adequado. Numa revisão do livro, H. D. Block apresentou a réplica[208]:

> O Perceptron, tal como definido por Minsky e Papert, é, em certa medida, mais genérico do que aquilo a que Rosenblatt chamava um Perceptron simples.
>
> Por outro lado, o Perceptron simples [...] não é nada o que um entusiasta dos Perceptrons consideraria ser um Perceptron típico. Este estaria mais interessado em Perceptrons com múltiplas camadas, retroalimentação e ligações cruzadas. Resumidamente, Minsky e Papert utilizaram a palavra Perceptron para denotar um subconjunto restrito da classe geral dos Perceptrons.

Alguns observadores concluíram que Minsky e Papert estavam a tentar matar o Perceptron de forma intencional. Fosse qual fosse a sua justificação, o livro contribuiu para um declínio na investigação sobre o Perceptron. No meio de um desencantamento crescente em relação à inteligência artificial, o campo de estudo foi desprovido de fundos e o primeiro inverno da IA instalou-se.

Tragicamente, Rosenblatt faleceu em 1971 no seu 43.º aniversário, vítima de um acidente de barco na baía de Chesapeake. Minsky e Papert dedicaram a segunda edição de *Perceptrons* à sua memória.

Nos anos que se seguiram, Minsky afirmou-se como um prolífico e célebre autor e investigador de IA. Em 1969, foi galardoado com o Prémio Turing pelas suas contribuições para o avanço da disciplina. Minsky e Papert deixaram-nos em 2016, ambos com 88 anos.

Como treinar um cérebro

Depois de 1970, o número de cientistas computacionais que se mantinham fiéis às redes neuronais artificiais era muito reduzido. O grande problema era encontrar um modo de treinar redes de multicamadas. No final, o problema foi resolvido quatro vezes por quatro equipas de investigação independentes. A falta de comunicação levava a que ninguém soubesse o que os outros estavam a fazer. Só em 1985 se espalhou a informação de que as RNA de multicamadas podiam ser treinadas por meio de um algoritmo.

Em Harvard, Paul Werbos resolveu o problema como parte do seu doutoramento. O seu algoritmo — *retropropagação* ou «*backprop*» — já era conhecido há algum tempo, mas nunca tinha sido aplicado ao treino de redes neuronais artificiais. Werbos apresentou a Minsky — à época, o decano da IA — a sua solução[214]:

> No início da década de setenta, fiz uma visita a Minsky no MIT. Propus que redigíssemos um artigo colaborativo para mostrar que [os Perceptrons de multicamadas] podem, de facto, ultrapassar os problemas iniciais. Mas Minsky não estava interessado.

Mais de um decénio depois (1985), David Parker descreveu a retropropagação num relatório técnico do MIT. Nesse mesmo ano, o estudante francês Yann LeCun publicou um artigo com a descrição de um método equivalente numa conferência em Paris. No ano seguinte, uma comunicação que descrevia a retropropagação surgiu na prestigiada revista *Nature*. Os autores eram David Rumelhart, Ronald Williams (Universidade da Califórnia, San Diego) e Geoffrey Hinton (Universidade Carnegie Mellon). Sem ter conhecimento das publicações anteriores, o grupo trabalhava nesta ideia há alguns anos. A sua comunicação definiu claramente o algoritmo de retropropagação e a sua aplicação às RNA. Com o selo de aprovação da *Nature*, a retropropagação foi finalmente definida como o algoritmo para o treino de redes neuronais artificiais.

A retropropagação requer uma pequena alteração na função de ativação dos neurónios artificiais. O funcionamento por limiar deve ser substituído por uma função de *suavização*. A nova função assegura que a saída neuronal aumenta gradualmente de 0 para 1 à medida que a excitação sobe. Deixa de existir a transição repentina de limiar, do 0 para o 1, utilizada no Perceptron. A transição suave de 0 para 1 permite que os parâmetros de rede sejam progressivamente ajustados durante a retropropagação.

Esta função de activação suave também significa que as saídas da rede abrangem um intervalo de possíveis valores entre 0 e 1. Deste modo, a decisão final já não é a conexão de saída com o valor de 1. É, antes, a conexão de saída com o valor mais elevado. A alteração tem o efeito colateral de melhorar a robustez da rede quando a entrada se situa num ponto intermédio entre duas classes.

O funcionamento normal de uma RNA é designado *propagação progressiva* (ou *inferência*). A rede neuronal artificial admite uma entrada, processa os valores neurónio a neurónio, camada por camada, e produz uma saída. Durante a propagação progressiva, os parâmetros são fixados.

A retropropagação só é utilizada no treino da RNA, funcionando num enquadramento de aprendizagem automática (ver Capítulo 9). Começa por ser reunido um conjunto de dados que contém um número elevado de exemplos de entradas e saídas associadas. Este conjunto de dados é dividido em três. Um conjunto de dados de treino de grandes dimensões é utilizado para determinar os melhores valores de parâmetro. Um conjunto de validação mais pequeno é discriminado para avaliar o desempenho e orientar o treino. Um conjunto de teste é reservado à medição da precisão da rede depois de o treino estar concluído.

O treino começa com parâmetros de rede aleatórios. De seguida, a rede é alimentada com uma entrada do conjunto de dados de treino. A rede processa esta entrada (propagação progressiva) usando os valores de parâmetro atuais para produzir uma saída. Esta saída da rede é comparada com a saída desejada para aquela entrada específica. O erro entre a saída real e a saída desejada é medido como o quadrado da diferença média entre as saídas reais e desejadas.

Imagine que a rede possui duas classificações de saída: círculo e triângulo. Se a imagem de entrada incluir um círculo, então a saída «círculo» deverá obter o valor de 1, e a saída «triângulo» deverá obter o valor de 0. No início do processo de treino, é provável que a rede não funcione muito bem, visto que os parâmetros são aleatórios. Deste modo, a saída «círculo» poderá obter um valor de $\frac{2}{3}$ e a saída «triângulo», um valor de $\frac{1}{3}$. O erro é igual à média de $(1 - \frac{2}{3})$ ao quadrado e $(0 - \frac{1}{3})$ ao quadrado, ou seja, $\frac{2}{9}$.

Os parâmetros da rede são atualizados com base no erro. O procedimento começa com o primeiro peso no primeiro neurónio da camada de saída. É determinada a relação matemática entre este peso específico e o erro, e esta relação é utilizada para calcular em que medida o peso deverá ser alterado para reduzir o erro a zero. Este resultado é multiplicado por um valor constante, chamado *taxa de aprendizagem*, e subtraído ao peso atual. O ajustamento do peso tem o efeito de reduzir o erro quando a mesma entrada for novamente introduzida na rede. A multiplicação pela taxa de aprendizagem assegura que o ajuste é gradual e medianizado por um número elevado de exemplos. Estes passos são repetidos para todos os parâmetros da rede num movimento de retrocesso através das camadas.

O cálculo do erro, a retropropagação e a atualização de parâmetros são executados para cada par de entradas e saídas no conjunto de dados de treino. Ao longo de múltiplas iterações, o erro é gradualmente reduzido. Na verdade, a rede aprende as relações entre os exemplos de entrada e as classes de saída desejadas. O treino chega ao fim quando já não se verificam reduções no erro (uma síntese do algoritmo é fornecida no Apêndice).

O ponto forte de uma RNA reside na sua aptidão para aprender e *generalizar*. Ou seja, a rede determina a classe correta para entradas que nunca viu antes, mas que são semelhantes àquelas para as quais foi treinada. Por outras palavras, uma rede treinada com muitos desenhos de círculos irá classificar corretamente o desenho de um círculo que nunca viu antes. A rede neuronal não se limita a memorizar os dados de treino — ela aprende a relação geral entre as entradas e as classes de saída.

A retropropagação permitiu aos investigadores treinarem redes de multicamadas de forma eficaz pela primeira vez. Como resultado, as redes tornaram-se mais precisas e capazes de realizar tarefas de classificação mais complexas. No final da década, ficou provado, pelo menos em teoria, que uma rede de multicamadas suficientemente extensa poderia aprender qualquer mapeamento de entradas e saídas. As objeções de Minsky e Papert tinham sido ultrapassadas.

Ainda assim, os benefícios das RNA não eram óbvios para a maioria dos observadores. Mesmo com a retropropagação, as redes continuavam a ser pequenas. Os computadores da época não estavam preparados para realizar o vasto número de cálculos necessário para treinar uma rede de grandes dimensões. As redes neuronais artificiais mantiveram-se nos bastidores durante os vinte anos seguintes (1986–2006). É certo que podiam ser uma ajuda preciosa para os cientistas cognitivos que almejavam compreender o funcionamento do cérebro, mas não eram importantes para os cientistas computacionais e engenheiros eletrónicos sérios. Os algoritmos de classificação apropriados assentavam em matemática rigorosa e em estatística, não em esquemas misteriosos.

No meio do ceticismo generalizado, algumas histórias de sucesso deixavam antever o potencial das RNA. Uma das pesquisas que se destacou neste período incluía Yann LeCun, o mesmo Yann LeCun que, quando era ainda estudante de doutoramento, apresentou a retropropagação numa conferência obscura realizada em Paris, em 1985.

Reconhecimento de dígitos

LeCun nasceu em Paris, em 1960. Obteve o *Diplôme d'Ingénieur* na École Supérieure d'Ingénieurs en Electrotechnique et Electronique (ESIEE), em 1983. No segundo ano, surgiu no seu caminho um livro de filosofia em que se debatia a questão «natureza *versus* meio» aplicada ao desenvolvimento da linguagem nas crianças. Seymour Papert era um dos contribuidores. A partir daí, LeCun descobriu os Perceptrons. Começou a ler tudo o que encontrava sobre o assunto. Passado pouco tempo, LeCun estava completamente rendido. Especializou-se em redes neuronais durante o seu doutoramento na Université Pierre et Marie Curie (1987). Depois do curso, LeCun trabalhou durante um ano como investigador de pós-doutoramento no laboratório de Geoffrey Hinton, na Universidade de Toronto, no Canadá. Nessa altura, Hinton era um nome de vulto na comunidade dedicada ao estudo das redes neuronais, tendo sido um dos autores da comunicação sobre a retropropagação publicada na *Nature*. Um ano depois, LeCun transferiu-se para os Laboratórios AT&T Bell, em Nova Jérsia, para trabalhar em redes neuronais de processamento de imagens.

LeCun juntou-se a uma equipa que estava a trabalhar na construção de uma rede neuronal para o reconhecimento de dígitos manuscritos. Os algoritmos convencionais não eram nada bons nisto — os estilos de escrita apresentavam demasiada variabilidade. Um 7 escrito de forma descuidada é facilmente confundido com um 1 e vice-versa. Um 0 incompleto pode ser interpretado como um 6, e um 2 com um remate prolongado é frequentemente confundido com um 3 que ficou a meio. Os algoritmos baseados em regras não conseguiam lidar com tudo isto.

A equipa adquiriu um volumoso conjunto de dados de imagens, digitalizando os códigos postais das moradas que constavam de envelopes depositados no posto de correios de Buffalo, Nova Iorque. Cada carta rendia cinco dígitos. No final, o conjunto de dados incorporava 9298 imagens. Estes exemplos foram manualmente ordenados em dez classes correspondentes aos dez algarismos decimais (0 a 9).

A equipa desenvolveu uma rede neuronal artificial para levar a cabo a tarefa de reconhecimento, mas não teve grande sucesso. A complexidade do mapeamento exigia uma rede de grandes dimensões. Mesmo com a retropropagação, o treino da rede revelou-se difícil. Para resolver o problema, LeCun sugeriu uma ideia magicada no laboratório de Hinton.

A RNA admitia como entrada uma imagem em escala de cinza de um único algarismo, com 16 por 16 píxeis. A saída da rede era composta por dez conexões — uma para cada classe de dígitos entre 0 e 9. A saída com o sinal mais forte indicava o dígito reconhecido.

A ideia de LeCun era simplificar a rede, fragmentando-a em múltiplas pequenas redes com parâmetros comuns. A sua abordagem consistia na criação de uma unidade com apenas vinte e cinco neurónios e um pequeno número de camadas. A entrada desta unidade é uma pequena parcela da imagem — um quadrado de 5 por 5 píxeis (Figura n.º 11.6). A unidade é reproduzida sessenta e quatro vezes para criar um *grupo*. As unidades do grupo formam um mosaico sobre a imagem, de modo que ela fique totalmente coberta por si. A entrada de cada unidade coincide com a unidade contígua em três píxeis.

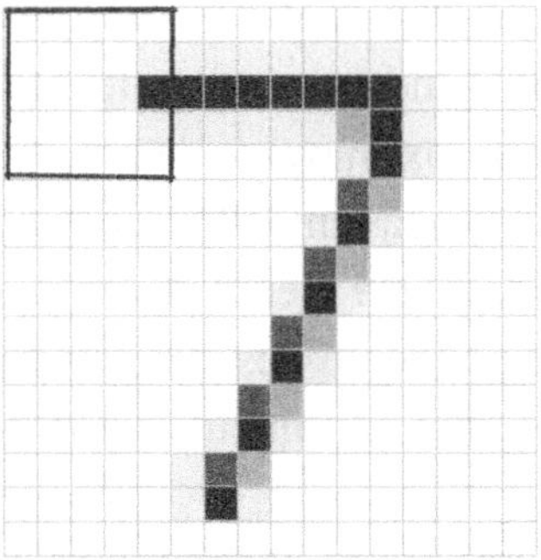

Figura n.º 11.6: Imagem em escala de cinza do algarismo 7 (16 por 16 píxeis). Os píxeis de entrada da unidade no canto superior esquerdo estão destacados. Sessenta e quatro cópias desta unidade cobrem a imagem.

A rede é composta por doze grupos. Dado que as unidades dentro de um grupo partilham os mesmos parâmetros, todas executam a mesma função aplicada a uma parte diferente da imagem. Cada grupo é treinado para detetar um atributo diferente. Um grupo poderá detetar as linhas horizontais na imagem, outro, as linhas verticais, e ainda outro, as linhas diagonais. As saídas de cada grupo alimentam uma rede totalmente conectada de três camadas. Estas camadas finais unem a informação que chega dos grupos e possibilitam o reconhecimento do dígito na sua totalidade.

A rede tem uma estrutura hierárquica. Uma unidade deteta um motivo de 5 por 5 píxeis na imagem. Um grupo identifica um único motivo em qualquer ponto da imagem. Os doze grupos detetam doze motivos diferentes na imagem. As camadas finais totalmente conectadas detetam as relações espaciais entre os doze motivos. Esta organização hierárquica é inspirada no córtex visual humano, no qual as unidades são reproduzidas e as camadas sucessivas processam frações maiores da imagem.

A beleza do esquema de LeCun é que todas as unidades de um grupo partilham o mesmo peso. Como consequência, o treino torna-se bastante mais simples. Treinar as primeiras camadas da rede implica unicamente atualizar doze unidades, cada uma delas contendo apenas vinte e cinco neurónios.

O processo matemático de replicar e deslocar uma unidade de computação sobre uma imagem é chamado *convolução*. Por esse motivo, este tipo de rede ficou conhecido como *rede neuronal convolucional*.

A rede neuronal convolucional dos laboratórios Bell revelar-se-ia extremamente eficaz, atingindo uma empolgante precisão de noventa e cinco por cento. A rede aproximava-se da precisão humana. As conclusões da equipa foram publicadas em 1989, tendo o sistema sido comercializado pelos Laboratórios AT&T Bell. Estima-se que, no final da década de noventa, dez a vinte por cento dos cheques bancários assinados nos Estados Unidos foram automaticamente lidos por uma rede neuronal convolucional.

Em 2003, Yann LeCun saiu dos laboratórios Bell para assumir o lugar de professor de Ciência Computacional na Universidade de Nova Iorque. Entretanto, Geoffrey Hinton, o seu antigo mentor na Universidade de Toronto, estava a reunir um pelotão.

Aprendizagem profunda

Hinton nasceu em Winbledon, Inglaterra, no pós-guerra (1947). Na escola, não se considerava particularmente bom em Matemática. Ainda assim, foi admitido na Universidade de Cambridge, matriculando-se em Física e Fisiologia. Insatisfeito com o curso, mudou para Filosofia. Acabaria por se decidir pela Psicologia. Recordando esse período, Hinton afirmou que desejava compreender o funcionamento da mente humana. Concluiu que os filósofos e os psicólogos não tinham as respostas. Voltou-se para a ciência computacional.

No final do curso, o jovem Hinton trabalhou como carpinteiro durante um ano, antes de iniciar um doutoramento na Universidade de Edimburgo. Com a aquiescência relutante do seu supervisor, Hinton insistiu em realizar pesquisas sobre redes neuronais artificiais. Terminado o doutoramento, Hinton seguiu o caminho itinerante do académico novato. Trabalhou na Universidade de Sussex, na Universidade da Califórnia, San Diego, na Universidade Carnegie Mellon e na University College de Londres, antes de ingressar na Universidade de Toronto como professor.

Em 2004, Hinton endereçou ao Instituto Canadiano de Pesquisa Avançada (CIFAR — Canadian Institute For Advanced Research) uma proposta de requisição de fundos para um projeto de investigação centrado na computação neuronal. O CIFAR era conhecido por financiar investigações de base, mas não deixava de ser um tiro no escuro. Yoshua Bengio, professor na Université de Montréal, comentaria[223]: «Era a pior altura possível. Ninguém estava a fazer nada parecido. De alguma forma, o Geoff convenceu-os.» A modesta subvenção financiou uma série de encontros exclusivos para convidados, nos quais participaram alguns dos principais investigadores de RNA do mundo. De novo, Bengio[223]: «De certa maneira, éramos marginalizados na comunidade mais vasta da aprendizagem automática: não conseguíamos ter os nossos artigos publicados. Isto deu-nos um lugar onde podíamos trocar ideias.» A subvenção acabaria por ser o início de uma mudança tectónica.

Em 2006, Hinton, Simon Osindero e Yee-Whye Teh (Universidade de Toronto, Universidade Nacional de Singapura) publicaram um artigo transformador. O documento marcou os primeiros passos daquilo que é hoje conhecido como *aprendizagem profunda*. O artigo descrevia uma rede composta por três camadas ocultas totalmente conectadas. A rede possuía tantos parâmetros, que o treino por meio da retropropagação era proibitivamente lento. Para resolver o problema, Hinton e a sua equipa divisaram um novo procedimento capaz de acelerar o treino.

Normalmente, a retropropagação começa com valores aleatórios dos parâmetros. Em vez disso, a equipa inseriu um estágio de pré-treino antes da retropropagação. O objetivo desta nova fase era encontrar rapidamente um bom conjunto de parâmetros, a partir do qual a retropropagação pudesse começar.

A retropropagação é um exemplo de treino *supervisionado*. Isto significa que a rede é alimentada com exemplos de entradas e saídas correspondentes. Neste novo estágio preliminar, Hinton e os seus coautores propuseram o recurso a um treino *não supervisionado*. O treino não supervisionado utiliza unicamente exemplos de entradas.

Durante o pré-treino não supervisionado, a rede é alimentada com exemplos de entradas. Os parâmetros da rede são ajustados por um algoritmo para que a RNA aprenda a detetar padrões significativos na entrada. A rede não sabe a que classes estão associados estes padrões — apenas aprende a diferenciá-los. No caso do reconhecimento da escrita à mão, estes padrões podem ser o comprimento e a direção das linhas ou a posição e o comprimento das curvas. Para conseguir isto, o algoritmo de treino atualiza os parâmetros camada a camada, começando pela camada de entrada. Dito de outra forma, o algoritmo produz os parâmetros a partir da entrada. Esta abordagem caracteriza-se por uma complexidade computacional significativamente mais reduzida do que a retropropagação.

Quando o pré-treino estiver concluído, a rede será capaz de distinguir os padrões mais relevantes no conjunto de dados de entrada. Depois disso, o treino supervisionado é aplicado da forma habitual, começando com os parâmetros pré-treinados. Como a retropropagação tem um bom ponto de partida, são necessárias muito menos iterações para concluir o treino.

Seguindo as pisadas dos laboratórios Bell, a equipa de Hinton decidiu abordar o reconhecimento de dígitos manuscritos. Desta vez, o grupo teve acesso a um conjunto de dados bastante mais alargado. O projeto utilizou um conjunto de dados do MNIST coligido por LeCun, Corinna Cortes (Google Labs) e Christopher Burges (Microsoft Research). O MNIST contém 70 000 dígitos manuscritos extraídos de respostas aos censos norte-americanos e folhas de exame do ensino secundário.

A RNA obtida alcançou uma precisão de 89,75 por cento, o que não era tão animador como a rede neuronal convolucional de LeCun. Porém, a questão não era essa. Eles tinham provado que, por meio de um pré-treino, era possível treinar uma rede profunda e totalmente conectada. Estava aberto o caminho para redes mais profundas e eficazes.

Ao longo da década seguinte, a aprendizagem profunda ganhou ímpeto. A confluência de três inovações permitiu aos investigadores construírem redes maiores e mais profundas. Algoritmos mais ágeis reduziram a complexidade computacional, computadores mais rápidos reduziram os tempos de processamento, e conjuntos de dados mais extensos permitiram a afinação de novos parâmetros.

Em 2010, uma equipa de investigadores sediada na Suíça levou a cabo uma experiência para verificar se o aumento da profundidade de uma rede neuronal se traduzia realmente numa melhoria da precisão. Sob a orientação do veterano Jürgen Schmidhuber, um guru das redes neuronais, o grupo treinou uma rede neuronal de seis camadas para o reconhecimento de dígitos. A sua rede incluía uns colossais 5710 neurónios. Tal como o grupo de Hinton, a equipa de Schmidhuber usou o conjunto de dados de dígitos manuscritos do MNIST. Mas nem o MNIST era suficientemente extenso para aquilo a que se propunham. A equipa gerou artificialmente imagens de dígitos adicionais, distorcendo as fotografias do MNIST.

A RNA obtida alcançou uma precisão de 99,65 por cento. Isto não era somente um recorde mundial — era um desempenho de nível humano.

Subitamente, tornou-se claro que as redes neuronais artificiais tinham sido, até então, demasiado pequenas para ter alguma utilidade prática. As redes profundas eram o próximo passo. Estava em curso uma revolução na inteligência artificial.

O *tsunami*

O *tsunami* da aprendizagem profunda atingiu a ciência computacional em três vagas: a primeira, reconhecimento de discurso; depois, reconhecimento de imagem; e, por último, processamento de linguagem natural. Meio século de investigação em reconhecimento de padrões foi obliterado em apenas três anos.

Nos últimos sessenta anos, a comunidade tecnológica debatera-se para converter o discurso falado em texto escrito com precisão. Os melhores algoritmos baseavam-se na transformada de Fourier (ver Capítulo 2) para extrair a amplitude das harmónicas. Os Modelos Ocultos de Markov (MOM) eram depois usados para determinar os fonemas proferidos com base no conteúdo harmónico observado e na probabilidade conhecida de sequências sonoras no discurso real.

Com a ajuda de Navdeep Jaitly, um estagiário no laboratório de Hinton, a Google erradicou metade dos seus sistemas de produção para reconhecimento de discurso e substituiu-os por uma rede neuronal profunda. O subsequente sistema híbrido RNA-MOM para reconhecimento de discurso incluía uma rede neuronal artificial de quatro camadas. A equipa treinou a RNA com 5870 horas de discurso gravado extraído da pesquisa por voz do Google, acrescido de 1400 horas de diálogo retiradas do Youtube. O novo híbrido RNA-MOM superou em 4,7 por cento o desempenho do antigo sistema de reconhecimento de discurso da Google baseado em Modelos Ocultos de Markov. No contexto do reconhecimento automático de discurso, isto era um avanço colossal. Com a sua missão cumprida na Google, Jaitly — o estagiário-maravilha — regressou a Toronto para concluir o seu doutoramento.

No decorrer dos cinco anos seguintes, a Google ampliou e melhorou progressivamente o seu sistema de reconhecimento de discurso tendo por base redes neuronais artificiais. Em 2017, o sistema de reconhecimento de discurso da Google tinha alcançado uma precisão de noventa e cinco por cento — uma precisão nunca antes vista.

Em 2012, o grupo de Hinton apresentou uma rede neuronal profunda concebida para o reconhecimento de objetos do mundo real em imagens estáticas. Os objetos eram elementos do dia-a-dia, tais como gatos, cães, pessoas, rostos, carros e plantas. O problema era bastante diferente do simples reconhecimento de dígitos. Os algarismos são compostos por linhas, mas a identificação de objetos requer a análise de formas, cores, texturas e ângulos. Além disso, o número de classes de objetos a serem reconhecidas ultrapassava em muito a escassa dezena de algarismos indo-arábicos.

A rede — denominada AlexNet em homenagem ao seu principal criador, Alex Krizhevsky — continha 650 000 neurónios e sessenta milhões de parâmetros. Incorporava cinco camadas convolucionais, a que se seguiam três camadas totalmente conectadas. A investigação apresentava ainda uma técnica simples, mas surpreendentemente eficaz. Durante o treino, um pequeno número de neurónios é selecionado aleatoriamente e silenciado. Por outras palavras, eles são impedidos de disparar. O *desligamento*, nome pelo qual ficou conhecida a técnica, obriga a rede a distribuir a carga da tomada de decisões por um número maior de neurónios. Isto tem como consequência uma maior robustez da rede perante variações na entrada.

A equipa inscreveu a rede no Desafio de Reconhecimento Visual em Grande Escala da ImageNet de 2012. O conjunto de dados para a competição era composto por cerca de 1,2 milhões de imagens de treino e 1000 classes de objetos. A rede convolucional profunda de Krizhevsky, Ilya Sutskever e Hinton arrecadou todos os prémios. A AlexNet alcançou uma precisão de 84,7 por cento nas suas cinco primeiras escolhas. Isto é, a verdadeira classe do objeto estava entre as cinco primeiras escolhas da RNA mais do que 84 por cento das vezes. A taxa de erro da rede foi quase metade da que se verificou no sistema classificado em segundo lugar.

Entretanto, na região do Rio São Lourenço, a cerca de 500 km para este de Toronto, uma equipa da Université de Montréal investigava como é que as redes neuronais profundas poderiam ser aplicadas ao processamento de texto. Essa equipa era liderada por Yoshua Bengio.

Nascido em Paris, França, em 1964, Bengio era uma das figuras de proa do ressurgimento das RNA. Estudou Engenharia Eletrónica e Ciência Computacional na Universidade McGill, em Montreal, obtendo os graus de bacharelato em Engenharia, mestrado em Ciência e doutoramento. Fã de ficção científica desde a adolescência, Bengio começou a interessar-se pela investigação em redes neuronais na faculdade. Devorou todos os artigos pioneiros sobre o tópico. Crânio assumido, iniciou a construção da sua própria RNA. Depois de ter trabalhado como investigador de pós-doutoramento nos Laboratórios AT&T Bell e no MIT, Bengio ingressou na Université de Montréal enquanto membro do corpo docente em 1993. A equipa de Bengio treinou redes neuronais artificiais para a previsão da probabilidade de sequências de palavras em textos.

Em 2014, a Google retomou a investigação de Bengio e adaptou-a ao problema da tradução de documentos de uma língua para outra. Nessa altura, o serviço em rede do Google Translate estava em funcionamento havia oito anos. O sistema assentava em abordagens convencionais para a segmentação de frases e o mapeamento de expressões de uma língua para outra. No geral, as traduções do sistema não eram particularmente boas. As frases traduzidas eram quase sempre legíveis, mas pouco fluentes.

A Google tomou a opção pouco usual de conectar duas redes neuronais pelas respetivas saídas. No esquema, a saída da primeira rede — o *codificador* — alimenta a saída da segunda rede — o *decodificador*. A ideia era que o codificador realizasse a conversão do texto escrito em inglês para um vetor abstrato de números. Depois, o decodificador reverteria o processo, convertendo o vetor abstrato de números para francês. Os investigadores não especificavam o vetor numérico intermédio. Limitavam-se a confiar que o procedimento de treino encontraria uma representação adequada.

Após dois anos de esforços, a Google concluiu o desenvolvimento de um codificador de oito camadas e do decodificador de oito camadas correspondente. A rede foi treinada com recurso a um *corpus* de trinta e seis milhões de pares de frases traduzidas manualmente. O novo sistema superou o desempenho do antigo sistema de produção do Google Translate com uma impressionante redução de sessenta por cento nos erros de tradução. Quando o sistema foi para o ar no *website* da Google, os utilizadores bilingues reportaram uma súbita e acentuada melhoria na qualidade da tradução.

Os sucessos consecutivos geraram uma corrida à aprendizagem profunda. As empresas anteviam uma profusão de novas aplicações potenciadas pela aprendizagem profunda — carros de condução automática, câmaras inteligentes, uma nova geração de sistemas de recomendação, melhoria da pesquisa em rede, projeção com precisão de estruturas proteicas, aceleramento da conceção de fármacos e muitas mais. Google, Facebook, IBM, Apple, Amazon, Yahoo!, Twitter, Adobe e Baidu açambarcaram os talentos da aprendizagem profunda. Não faltavam rumores sobre salários-base com sete dígitos para as estrelas *rock* das redes neuronais. LeCun foi nomeado diretor de investigação em inteligência artificial do Facebook. Andrew Ng juntou-se à Baidu como investigador principal. Aos 65 anos, Geoffrey Hinton tornou-se estagiário de verão da Google!

Em 2015, no auge da corrida ao ouro, LeCun, Hinton e Bengio publicaram um artigo na *Nature* com a revisão dos desenvolvimentos na área. As redes neuronais profundas tinham agitado todo o campo da inteligência artificial. Tudo estava absolutamente mudado.

LeCun, Hinton e Bengio foram os vencedores do Prémio Turing em 2018, partilhando o galardão de um milhão de dólares patrocinado pela Google.

Com o sucesso retumbante da aprendizagem profunda, há quem especule que a inteligência artificial geral de nível humano (ver Capítulo 5) está ao virar da esquina. LeCun é mais modesto[236]:

> Se vamos ser capazes de utilizar novos métodos para criar inteligência de nível humano? Creio que temos, provavelmente, muitas barreiras pela frente, incluindo algumas que ainda não conseguimos ver. Ainda só atravessámos a primeira barreira. Talvez a segunda.

Até à data, tudo o que temos são mecanismos sofisticados de reconhecimento de padrões. Seja como for, podemos especular sobre o caminho que nos levará a atravessar essas barreiras. Atualmente, a conjetura mais provável é que será necessária uma rede de RNA. Avanços significativos podem também exigir uma reformulação fundamental das redes neuronais artificiais. As RNA que hoje temos são apenas uma aproximação ténue daquilo que se passa numa rede neuronal biológica. Talvez seja necessário um modelo mais realista. Talvez o diabo esteja mesmo nos detalhes.

Para quem não pertence à comunidade da ciência computacional, o primeiro indício do poder das redes neuronais profundas chegou em 2016. Nesse ano, uma inteligência artificial esteve em todas as manchetes dos órgãos de comunicação mundiais. Num campo de atuação restrito, uma inteligência artificial atingira, talvez pela primeira vez, uma habilidade sobre-humana.

12

Inteligência sobre-humana

Dado que as jogadas anteriores não podem ser mudadas, os arrependimentos tardios são bastante difíceis de suportar.

Autor desconhecido, tradução para inglês de Robert W. Foster
The Classic of Go, século VI[237]

Dia 19 de março de 2016. Um homem atravessa resolutamente os corredores do Hotel Four Seasons de Seul. Pelo caminho, passa por fileiras de jornalistas e fotógrafos que disputam a sua atenção. Envergando um fato azul-marinho de bom corte e uma camisa de colarinho aberto, aparenta ser bastante mais jovem do que os seus trinta e três anos. O homem é magro e de feições asiáticas. O cabelo escorrido desce a partir da coroa da sua cabeça, terminando numa franja definida. Um bigode impercetível por cima do seu lábio superior. Apesar de todas as solicitações, parece calmo e confiante.

O homem deixa para trás a cacofonia dos corredores e entra numa sala de conferências silenciosa. Uma pequena plateia e um punhado de câmaras de televisão encaram um palco baixo e azul-néon. O homem instala-se numa cadeira de couro preto posicionada à direita de um pequeno pódio. O nome inscrito no pódio indica que este é «Lee Sedol». Uma bandeira sul-coreana confirma a sua nacionalidade.

À frente de Lee, está Aja Huang. O nome inscrito no lado do pódio reservado a Huang é composto por apenas uma palavra: «AlphaGo».

Embora Huang seja tailândes, a bandeira que figura em baixo é britânica. Ao lado de Huang, repousam um monitor de computador, um teclado e um rato. Um painel de juízes está sentado atrás dos dois homens, olhando-os de cima. Uma mesa separa Lee e Huang. Em cima dela, encontra-se um tabuleiro de *go*, um cronómetro e quatro taças. Duas das taças estão vazias. Uma delas acondiciona um conjunto de pedras brancas exatamente iguais; a outra, peças pretas do mesmo tipo.

Lee é reconhecido por todas as pessoas como um dos cinco melhores jogadores de *go* no mundo. Venceu dezoito títulos internacionais. Criança-prodígio, ele estudou na célebre Associação de Baduk (*Go*) da Coreia. Com apenas doze anos, tornou-se profissional. Entre os aficionados do *go*, tem a reputação de ser um jogador aguerrido e imaginativo. Lee Seedol — *a Pedra Dura* — é uma figura nacional na Coreia do Sul.

O AlphaGo é um programa de computador. A codificação de um algoritmo complexo de jogo. A missão de Huang é transmitir as jogadas de Lee ao AlphaGo e mover as pedras no tabuleiro pelo computador. O AlphaGo é a criação de uma equipa pequena, com sede em Londres, chamada DeepMind Technologies. Huang é o programador principal no projeto AlphaGo. Dois anos antes disto, a DeepMind tinha sido adquirida pela Google por um valor estimado entre 500 e 625 milhões de dólares.

A Google é a patrocinadora da partida AlphaGo-Lee. Foi fixado o prémio monetário de um milhão de dólares. Se o computador vencer, o dinheiro será destinado à caridade.

Nos dias que antecederam a partida, Lee estava confiante. Numa conferência de imprensa, afirmou que a questão não era se venceria a partida, mas sim se perderia algum jogo. A confiança de Lee parecia ser justificada. Nenhum computador tinha alguma vez ganhado uma partida a um dos 300 melhores jogadores profissionais de *go*. Antes do confronto final em Seul, os grandes mestres do jogo previram que Lee embolsaria facilmente um milhão de dólares.

Tal como o xadrez, o *go* é uma simulação abstrata de guerra. O jogo surgiu na China há cerca de três mil anos e foi difundido na Coreia e no Japão entre os séculos v e vii. O *go* continua a ser imensamente popular na Ásia Oriental.

A versão do Campeonato Mundial de *Go* é jogada numa grelha de 19 × 19. No início, a grelha está vazia. Os jogadores posicionam alternadamente uma pedra numa interseção da grelha. Uma interseção recebe o nome de *território*. Os jogadores podem passar a sua vez, se assim o desejarem. Um dos jogadores posiciona as pedras pretas; o outro, as brancas. O objetivo do jogo consiste em cercar território e capturar as pedras inimigas. As pedras de um jogador são retiradas do tabuleiro quando se encontram cercadas pelas peças do seu oponente. O jogo termina quando ambos os jogadores passarem a vez consecutivamente, ao invés de efetuarem uma jogada. Um jogador pode retirar-se de jogo posicionando uma pedra fora da grelha. O jogador com o maior número de territórios e de capturas ganha. O jogador que começa em segundo lugar recebe um pequeno bónus de pontos como compensação. Na modalidade competitiva, as jogadas são cronometradas.

Observar um vídeo de *go* avançando rapidamente é hipnotizante. Os padrões complexos formados pelas pedras brancas e pretas misturam-se e colonizam o tabuleiro numa dança lenta. Explosões súbitas de atividade transformam o tabuleiro, à medida que as pedras são cercadas e retiradas. Os fiéis ao *go* veem uma beleza subjacente ao jogo. Para eles, uma partida é um reflexo da imaginação, coragem e firmeza de um jogador. Os valores do jogo — elegância e humildade — são instilados nos jogadores desde muito cedo.

Embora as regras sejam fáceis de aprender, o *go* é um jogo altamente complexo. Um tabuleiro de *go* é cinco vezes maior do que um tabuleiro de xadrez (8 por 8). Os jogos de *go* duram, em média, 150 jogadas. Ao efetuar uma jogada, o jogador de *go* tem de considerar cerca de 250 possibilidades. A árvore de um jogo de *go* em teoria (ver Capítulo 5) contém uns astronómicos 250^{150} — ou 10^{359} — nós. Segundo esta estimativa, o *go* é 10^{226} vezes (um 1 seguido de 226 zeros) mais complexo do que o xadrez.

A partida

A partida AlphaGo-Lee é uma competição disputada à melhor de cinco jogos. Só na China, cerca de sessenta milhões de telespectadores estão a ver o jogo através da televisão. Cem mil entusiastas estão colados à cobertura em direto feita pelo Youtube em língua inglesa.

A equipa da DeepMind assiste a tudo a partir de uma sala de comunicações nos interstícios do hotel. A sala está equipada com uma parede de monitores. Alguns dos ecrãs exibem imagens das câmaras instaladas na sala onde decorre a partida. Outros mostram listas de números e gráficos com o resumo da análise do jogo feita pelo AlphaGo. O CEO da DeepMind, Demis Hassabis, e o investigador-chefe do projeto, Don Silver, assistem ao desenrolar do jogo a partir deste lugar privilegiado. Tal como o resto da equipa, Hassabis e Silver estão ansiosos, mas nada podem fazer.

Primeiro dia, primeiro jogo. Lee posiciona a primeira peça. Bizarramente, o AlphaGo demora meio minuto a responder. A equipa AlphaGo sustém a respiração. Será que a máquina está mesmo a funcionar? Por fim, ela toma a sua decisão e Huang posiciona a primeira pedra do AlphaGo.

O AlphaGo começa o jogo a atacar. Lee parece ligeiramente surpreendido. O AlphaGo não está a jogar como um computador. Eis que chega a jogada 102 do AlphaGo. É uma jogada agressiva — uma porta de entrada para confrontações difíceis. Lee recua, esfregando a parte de trás do pescoço. Aparenta estar preocupado. Firma a sua decisão e volta à luta. Oitenta e quatro jogadas depois, Lee retira-se de jogo. A reação na sala onde se encontra a equipa da DeepMind é de euforia.

Mais tarde, Lee e um imperturbável Hassabis enfrentam os órgãos de comunicação na conferência de imprensa pós-jogo. Os dois estão sentados em bancos separados num palco despido. Lee é uma figura solitária, perdida, abandonada. Está profundamente dececionado, mas aceita a sua derrota com graciocidade. Na manhã seguinte, a vitória do AlphaGo é notícia de primeira página.

Segundo dia, segundo jogo. Desta vez, Lee sabe o que o espera. Joga com mais cautela. Na jogada 37, o AlphaGo faz um movimento inesperado — uma jogada que os humanos raramente efetuam. Em choque, Lee sai da sala. Estupefactos, Huang e os juízes da partida permanecem imóveis. Minutos depois, Lee regressa ao ataque, depois de ter posto ordem nos seus pensamentos. Ao fim de 211 jogadas, Lee volta a retirar-se de jogo.

A jogada 37 do AlphaGo foi decisiva. O computador estimou que a probabilidade de um humano efetuar aquela jogada era de um em dez milhões. O campeão europeu de *go*, Fan Hui, estava abismado. Para ele, a jogada 37 tinha sido «Tão bela. Tão bela.» O AlphaGo revelara um discernimento que ultrapassava a perícia humana. A máquina era criativa.

Na conferência de imprensa, Lee refletiu sobre o jogo[242]:

> Ontem, eu estava surpreendido. Mas, hoje, estou sem palavras. Olhando para o modo como o jogo foi jogado, admito que foi uma derrota bem clara da minha parte. Desde o início, não houve um único momento em que sentisse que estava no comando.

Terceiro dia, terceiro jogo. As expressões faciais de Lee não enganam — a calma inicial transforma-se em preocupação, passa à agonia e, por fim, ao desânimo. Retira-se de jogo passadas quatro horas. Contra todas as expetativas — exceto as da Google e da DeepMind — o AlphaGo vence a partida.

Lee parece estar à beira do esgotamento. Ainda assim, perde com graciosidade[243]: «Peço desculpa por não ter sido capaz de satisfazer as expetativas de muitas pessoas. Senti-me um pouco impotente.» Uma espécie invulgar de melancolia abate-se sobre os acontecimentos. Todos são afetados, incluindo a equipa da DeepMind. Quem está presente testemunha o sofrimento de um grande homem. Um dos rivais de Lee descreve a luta do jogador[238]: «Uma batalha muito solitária contra um oponente invisível.»

Embora a partida esteja decidida, Lee e o AlphaGo prosseguem com o quarto e quinto jogos. No quarto jogo, Lee parece voltar a si. A Pedra Dura adota uma estratégia de alto risco. A sua jogada 78 — a chamada jogada «em cunha» — será mais tarde referida pelos comentadores como a «jogada de Deus». A resposta do AlphaGo é desastrosa para a máquina. Em pouco tempo, o seu jogo perde o rumo. Sem saída, o computador começa a efetuar jogadas absurdas. Finalmente, o AlphaGo retira-se do jogo.

Lee tenta a mesma abordagem de alto risco no quinto jogo. Desta vez, não houve jogada milagrosa. Lee é obrigado a retirar-se do jogo.

O AlphaGo vence a partida por 4 jogos contra 1.

A jogada vencedora

A vitória do AlphaGo causou ondas de choque que atravessaram as comunidades do *go* e da ciência computacional. Com base em projeções para o desempenho dos computadores, não era previsível que isto tivesse acontecido antes de terem decorrido, pelo menos, mais quinze anos. A teoria era que, para dominar uma partida de *go*, era necessário *hardware* bem mais rápido do que aquele que estava disponível em 2016. Na verdade, o segredo do sucesso do AlphaGo residia nos seus algoritmos, não no seu *hardware*.

O *hardware* do AlphaGo era mundano pelo padrão de 2016. Durante o seu desenvolvimento, a equipa da DeepMind usou apenas quarenta e oito unidades de processamento central e oito unidades de processamento gráfico — algo que um amador poderia facilmente improvisar na sua garagem. Para a competição, o AlphaGo foi instalado nos computadores de um dos centros de processamento de dados com ligação à Internet da Google. O programa ocupava 1920 unidades de processamento central e 280 unidades de processamento gráfico. Em contrapartida, o mais potente supercomputador da época — o chinês Tiamhe-2 — possuía 3,1 milhões de unidades de processamento central. Ao lado disto, o AlphaGo era preguiçoso.

Tal como o programa do jogo de damas criado por Arthur Samuel, o algoritmo do AlphaGo utiliza a pesquisa em árvore de Monte Carlo (ver Capítulo 5). Na sua vez de jogar, o computador procura a jogada seguinte mais promissora. Para cada uma delas, examina as respostas mais prováveis do seu oponente. De seguida, o algoritmo avalia as suas próprias respostas possíveis. Deste modo, o computador produz uma árvore de possíveis jogadas futuras, cuja raiz é a posição atual no tabuleiro.

Quando a construção da árvore está concluída, o computador utiliza um procedimento *minimax* para selecionar a melhor jogada (ver Capítulo 5). O computador começa pelas posições mais longínquas da antecipação — as folhas da árvore. De seguida, retrocede ao longo da árvore em direção à raiz. Em cada ponto de ramificação, o algoritmo propaga a melhor jogada para um ponto mais interior da árvore. Quando é a sua vez de jogar, a melhor escolha é aquela que maximiza as hipóteses de o computador ganhar. Quando é a vez de o seu oponente jogar, o computador seleciona a jogada que minimiza a sua própria probabilidade de ganhar. Quando o procedimento alcança a raiz da árvore, o computador seleciona a jogada que, no seu entender, lhe dará a melhor hipótese de ganhar o jogo a longo prazo.

O AlphaGo utiliza redes neuronais artificiais para avaliar as posições no tabuleiro. Uma posição no tabuleiro é representada por uma tabela de números. Cada número indica se existe uma pedra branca, uma pedra preta ou nenhuma pedra numa interseção da grelha. Para avaliar uma posição, a tabela de números é introduzida numa RNA. A rede neuronal produz como saída uma pontuação que indica a força da posição.

As redes neuronais do AlphaGo são versões ampliadas das redes neuronais convolucionais para reconhecimento de dígitos introduzidas por Yann LeCun (ver Capítulo 11). Com efeito, a tabela de dígitos é tratada de modo semelhante a uma imagem. As redes neuronais do AlphaGo reconhecem os padrões no tabuleiro, da mesma forma que a rede de LeCun reconhecia as linhas e as curvas nos algarismos.

O AlphaGo utiliza três redes neuronais.

A primeira é uma *rede de valor*. A rede de valor estima a probabilidade de vitória a partir de uma determinada posição. Esta rede atribui uma pontuação às posições no final da pesquisa em árvore.

A segunda RNA é uma *rede de políticas*. A rede de políticas serve para guiar a pesquisa em árvore. Esta rede pontua uma posição com base no quão promissora ela parece ser. Se uma posição aparenta poder vir a conduzir a uma vitória no futuro, recebe uma pontuação de políticas alta. Só as posições com pontuações de políticas elevadas são investigadas em maior profundidade. Deste modo, a rede de políticas controla a largura da pesquisa.

Se a rede de valor fosse completamente precisa, a pesquisa em árvore não seria necessária. O computador poderia simplesmente avaliar todas as posições seguintes e escolher a melhor. A antecipação aumenta a precisão ao considerar o desenrolar das posições. Conforme o jogo se aproxima do fim, é mais fácil prever o resultado e a rede de valor torna-se mais precisa.

Idealmente, a rede de valor também seria usada para decisões de políticas. Mais uma vez, a rede de valor não é suficientemente precisa. Uma rede de políticas diferenciada permite uma maior precisão na avaliação de posições iniciais do jogo. A rede de valor é treinada para a concisão, enquanto a rede de políticas é treinada para não perder caminhos promissores na pesquisa em árvore.

A terceira rede é uma rede de valor SL (Aprendizagem Supervisionada)*. Esta rede é treinada para pontuar posições tal como os humanos o fariam. As outras redes pretendem determinar quais são as hipóteses de vencer uma partida. A rede de valor SL permite ao computador prever a jogada com a maior probabilidade de ser efetuada por um jogador humano.

As redes neuronais do AlphaGo foram treinadas em três fases.

No primeiro estágio, a rede de valor SL foi treinada utilizando a aprendizagem supervisionada (ver Capítulo 11). A rede detinha treze camadas de neurónios. O treino foi realizado com recurso a posições e jogadas obtidas através da base de dados do KGS Go. O KGS permite a jogadores de todo o mundo jogarem *go online* de forma gratuita. Os jogos são gravados e estão disponíveis no *website* do KGS. O AlphaGo usou esta base de dados para se abastecer de exemplos de posições no tabuleiro e jogadas efetuadas por humanos. Trinta milhões de posições extraídas de 160 000 jogos foram usadas para treinar a rede.

Na segunda fase, a rede de valor SL foi aperfeiçoada para criar uma rede de políticas. Desta vez, foi usada a *aprendizagem por reforço*. A rede jogou partidas de *go* contra si própria. O algoritmo de reforço utilizou o resultado de cada jogo (vitória ou derrota) como referência para atualizar os parâmetros da rede. O AlphaGo jogou 1,2 milhões de jogos contra uma série de versões anteriores de si próprio. À medida que jogava, o desempenho do AlphaGo subia de nível. Nos ensaios experimentais, a rede de políticas final venceu a rede de valor SL original em oitenta por cento dos jogos.

No terceiro estágio, a equipa usou a rede de políticas para produzir uma rede de valor. Também aqui foi utilizada a aprendizagem por reforço. Em vez de colocar o AlphaGo a jogar partidas inteiras desde o início, a equipa utilizou posições intermédias da base de dados do KGS como ponto de partida. Mais trinta milhões de jogos foram jogados para completar o treino da rede de valor.

Estas três redes neuronais eram a principal diferença entre o AlphaGo e os computadores programados para jogar *go* que o antecederam. Ante-

* No original, *Supervised Learning*. [*N. da T.*]

riormente, as posições eram avaliadas utilizando regras e métodos de pontuação manuscritos (isto é, sistemas especializados e raciocínio baseado em casos particulares). As redes neuronais artificiais do AlphaGo ofereciam uma avaliação de posições muito mais precisa.

A precisão das RNA do AlphaGo advém da confluência de três fatores. Em primeiro lugar, as redes neuronais profundas são extremamente competentes na aprendizagem de relações complexas entre entradas e saídas. Em segundo lugar, durante o treino, as redes estiveram expostas a uma enormíssima quantidade de dados. Na preparação para a partida, o AlphaGo estudou mais jogadas de *go* do que qualquer humano alguma vez teve oportunidade de ver. Em terceiro lugar, os avanços nos algoritmos e no *hardware* permitiram que estas redes de grandes dimensões fossem treinadas num período de tempo razoável.

Estes fatores explicam o porquê de o AlphaGo ter superado o desempenho de programas anteriores, mas não explicam porque o AlphaGo venceu Lee Sedol. A análise dos processos de pensamento dos grandes mestres do *go* e do xadrez sugere que eles avaliam muito menos posições do que o AlphaGo. A pesquisa em rede efetuada por humanos é bastante mais limitada e superficial do que a do computador. A ser assim, a capacidade humana de reconhecimento de padrões tem de ser bem mais eficaz do que a do AlphaGo. O AlphaGo compensa esta insuficiência por meio de um processamento mais rápido. Durante a competição, a máquina avalia um número muito maior de posições no tabuleiro do que os humanos. A alta velocidade das simulações eletrónicas do comportamento de neurónios que estão no cerne do AlphaGo permitiu que o computador examinasse mais posições na pesquisa em árvore. Foi assim que o AlphaGo venceu Lee Sedol.

Isto significava que existia ainda uma grande margem de manobra para melhorar as capacidades de reconhecimento de padrões das redes neuronais artificiais.

DeepMind

Para quem não estava por dentro do assunto, deverá ter parecido que a DeepMind conquistou o sucesso da noite para o dia. Obviamente, isso não corresponde à verdade. Demis Hassabis, o cofundador e CEO da empresa, começou a interessar-se por jogos de tabuleiro e computadores quando ainda era uma criança.

Hassabis nasceu em Londres, Inglaterra, em 1976. Orgulhamente «nascido e criado na zona norte de Londres»[245]. Hassabis alcançou o nível de mestre no xadrez aos treze anos. Gastou os prémios recebidos no seu primeiro computador — um Sinclair Spectrum 48K — e aprendeu a programar sozinho. Em pouco tempo, tinha concluído o seu primeiro programa de xadrez.

Hassabis terminou o ensino secundário aos dezasseis anos e foi admitido numa empresa de desenvolvimento de videojogos (Lionhead Studios). Um ano depois, era cocriador e programador principal no célebre jogo de simulações de gestão *Theme Park*. Deixou a empresa para se matricular num programa de estudos em Ciência Computacional na Universidade de Cambridge. No seu tempo livre, participava anualmente na prova Pentamind das Olímpiadas de Desportos da Mente. A Pentamind põe, frente a frente, jogadores de elite em cinco jogos de tabuleiro: gamão, xadrez, *Scrabble*, *go* e *poker*. Hassabis venceria esta competição por um número recorde de cinco vezes.

Sobre a vastidão dos seus talentos, Hassabis diria[246]: «Aborreço-me facilmente, e o mundo é tão interessante, há tantas coisas espetaculares para fazer. Se fosse um praticante de desportos físicos, seria um decatleta.»

Após completar a formação em Cambridge, Hassabis fundou a sua própria empresa independente de desenvolvimento de videojogos. A Elixir Studios lançou dois jogos antes de começarem as dificuldades. Em 2005, a firma tinha acabado. O anúncio formal de Hassabis sobre o término da empresa denunciava a sua desilusão com o rumo dos acontecimentos[247]: «Parece que já não há espaço, na indústria de jogos atual, para pequenos atores independentes que querem desenvolver ideias inovadoras e originais.»

Hassabis decidiu que a sua carreira deveria seguir um novo rumo. Lançou-se numa missão para construir inteligência artificial. Convicto de que o melhor seria começar por compreender como é que a inteligência biológica funciona, inscreveu-se num doutoramento em Neurociência Cognitiva da University College de Londres. A disciplina explora o funcionamento do cérebro humano, recorrendo frequentemente a modelos computacionais para um melhor entendimento da função cerebral. Antes de terminar o curso, Hassabis publicou uma série de artigos de investigação valiosos sobre o assunto.

Munido com este novíssimo saber, Hassabis cofundou a DeepMind Technologies com Shane Legg e Mustafa Suleyman, em 2010. Hassabis e Suleyman conheciam-se desde a infância. Hassabis e Legg conheceram-se quando ambos estudavam para o doutoramento na University College de Londres.

A DeepMind despertou as atenções da comunidade científica alargada, graças a uma comunicação publicada na revista *Nature*. A comunicação descrevia uma rede neuronal artificial treinada pela DeepMind para jogar os videojogos da Atari. Os videojogos da Atari são os clássicos das máquinas de jogos de venda automática populares nos anos oitenta, entre os quais se incluíam *Space Invaders*, *Breakout* e *River Raid*. A rede neuronal da DeepMind considerava como entrada a imagem no ecrã. A saída consistia nos sinais de controlo do jogo — as contorções do *joystick* e os botões pressionados. Na prática, a rede neuronal artificial substituía o jogador humano.

A RNA da DeepMind aprendeu a jogar *Space Invaders* do zero. O seu único objetivo pré-programado era alcançar o maior número de pontos possível. No início, a rede jogava aleatoriamente. Por tentativa e erro e através de um algoritmo de aprendizagem, ela acumulou gradualmente um conjunto de táticas de conquista de pontos. No final do treino, a rede neuronal da DeepMind era melhor a jogar *Space Invaders* do que qualquer outro algoritmo anterior. Isto era, em si mesmo, um feito. Mas o mais notável é que a seguir a rede aprendeu a jogar quarenta e nove videojogos diferentes da Atari. Os jogos eram diversos e exigiam aptidões distintas. A rede não só conseguia jogar estes jogos, como era capaz de os jogar tão bem como qualquer experimentador profissional humano de jogos. Isto era novo. A rede neuronal artificial da DeepMind brilhara numa multiplicidade de tarefas. Pela primeira vez, uma RNA demonstrava uma capacidade de aprendizagem de uso geral.

Um ano mais tarde — e apenas dois meses antes da partida com Lee Sedol —, a DeepMind publicou outro artigo na *Nature*. O artigo descrevia o AlphaGo e mencionava casualmente que o programa tinha vencido o campeão europeu de *go*, Fan Hui. Isto deveria ter servido de aviso para

Lee e tantos outros. Todavia, a Europa era vista como um parente pobre no que dizia respeito ao *go*. Presumiu-se que Fan Hui tinha errado. Por sua vez, Fan Hui ficou tão impressionado com o AlphaGo, que aceitou uma proposta para trabalhar como consultor da equipa DeepMind durante a preparação para a partida com Lee Sedol.

A vitória retumbante do AlphaGo sobre Lee foi tema de manchetes em todo o mundo. No entanto, a vitória seguinte do AlphaGo sobre o número um do mundo foi um anticlímax. Em maio de 2017, o AlphaGo venceu Ke Jie, de 19 anos, por 3 a 0. Desta vez, a partida recebeu pouca cobertura mediática. O mundo parecia ter aceitado a derrota da humanidade e seguido em frente. Depois da vitória, Hassabis afirmou que, segundo a análise do AlphaGo, Jie tinha jogado de modo quase perfeito. Quase perfeito já não era suficiente. Após a partida, a DeepMind retirou o AlphaGo da modalidade competitiva.

Porém, a empresa não parou de trabalhar em computadores programados para jogar *go*. Noutro artigo publicado na *Nature*, a equipa descreveu um novo programa de redes neuronais denominado AlphaGo Zero. O AlphaGo Zero utilizava uma pesquisa em árvore reduzida e apenas uma rede neuronal. Esta rede única bidirecional substituiu as redes de políticas e de valor do programa anterior. O AlphaGo Zero usava um novo procedimento de treino mais eficaz, baseado exclusivamente na aprendizagem por reforço. Já não era necessária uma base de dados de jogadas humanas. O AlphaGo Zero treinou-se para jogar *go*, sem nenhuma ajuda, em apenas quarenta dias. Durante esse tempo, o programa jogou vinte e nove milhões de jogos. A máquina tinha apenas cinco segundos para processamento entre jogadas. O AlphaGo Zero foi posto à prova com a versão do AlphaGo que derrotara Ke Jie. O AlphaGo Zero venceu com 100 jogos contra zero.

Em apenas quarenta dias, o computador treinara-se para jogar *go* melhor do que qualquer humano alguma vez jogara. O AlphaGo Zero era, definitivamente, sobre-humano.

Os grandes mestres humanos do *go* estudaram as jogadas do AlphaGo Zero. Descobriram que o AlphaGo Zero utilizara estratégias para vencer o jogo até então desconhecidas. Ke Jie começou a incluir as novas táticas no seu repertório. Era o início de uma nova época na história do *go*. Os grandes mestres humanos eram agora aprendizes da máquina. As redes neuronais biológicas aprendiam com as suas criações artificiais.

No entanto, o verdadeiro significado do AlphaGo Zero não reside num tabuleiro de *go*. A sua importância reside em o AlphaGo ser o protótipo de um solucionador de problemas de uso geral. Os algoritmos implantados no seu *software* podem ser aplicados a outros problemas. Esta capacidade permitirá às redes neuronais artificiais assumirem rapidamente novas tarefas e resolverem problemas que nunca antes se lhes depararam — algo que, até agora, apenas está ao alcance dos humanos e mamíferos superiores.

Os primeiros indícios desta capacidade geral para a resolução de problemas surgiram em 2018 num novo artigo publicado na *Nature*. Desta vez, a equipa da DeepMind treinou uma RNA denominada AlphaZero para jogar *go*, xadrez e *shogi* (xadrez japonês). Não foi muito inesperado ler que a AlphaZero aprendeu os três jogos recorrendo apenas ao autojogo. Tão-pouco foi especialmente admirável que a AlphaZero tenha derrotado os programas que eram campeões mundiais (Stockfish, Elmo, AlphaGo Zero) nos três jogos. O que deixou todas as pessoas de queixo caído foi a AlphaZero ter aprendido a jogar xadrez em apenas nove horas, *shogi* em doze horas e *go* em treze dias, começando por jogadas aleatórias. Comparado a isto, a mente humana começava a parecer fraca.

13

Próximos passos

No que concerne criptomoedas, posso afirmar com quase toda a certeza que elas irão acabar mal.

WARREN BUFFETT
CNBC, 2018[251]

Os algoritmos computacionais alteraram substancialmente o modo como vivemos. A tecnologia de informação está implantada de forma profunda nos nossos locais de trabalho. A comunicação está a cargo do *e-mail*, das redes sociais e das aplicações de mensagens. O nosso tempo de lazer é dominado por videojogos, música em *streaming* e filmes *online*. Os sistemas de recomendação manipulam as nossas decisões de compra. As nossas ligações românticas são impulsionadas por algoritmos. As mudanças foram muitas. Porém, há outras tantas tecnologias revolucionárias em desenvolvimento nos modernos escritórios sem divisórias dos gigantes da tecnologia, nos espaços de trabalho improvisados de *start-ups* com poucos recursos e nos laboratórios delapidados de professores universitários. Neste último capítulo, examinaremos dois novos algoritmos que têm o potencial para mudar o mundo.

Criptomoedas

O primeiro deles é o algoritmo que está na base das *criptomoedas*. As criptomoedas são uma forma de dinheiro que só existe como informação guardada numa rede de computadores. A primeira criptomoeda do mundo, a Bitcoin, tem hoje mais de dezassete milhões de «moedas» em circulação com um valor total no mundo real de 200 mil milhõesde dólares (2019). Ao que parece, as criptomoedas preparam-se para desestabilizar o sistema financeiro global.

As origens das criptomoedas remontam ao movimento *cypherpunk*, que teve início nos anos noventa. Os *cypherpunks* são uma combinação alargada de peritos em criptografia, matemáticos, programadores e *hackers* que acreditam fervorosamente na necessidade de privacidade eletrónica. Ligados uns aos outros através de listas de *e-mails* e grupos de discussão *online*, os *cypherpunks* desenvolvem *software* de código aberto que os utilizadores podem instalar gratuitamente para proteger os seus dados e comunicações. Os seus ideais foram estabelecidos por Eric Hughes em *Um Manifesto Cypherpunk* (1993)[253]:

> A privacidade é necessária para uma sociedade aberta na era eletrónica.
>
> Não podemos esperar que os governos, as empresas ou outras grandes organizações sem rosto nos garantam a privacidade pela sua beneficência.
>
> A privacidade numa sociedade aberta [...] requer a criptografia.
>
> Os *cypherpunks* escrevem código. Sabemos que alguém tem de escrever *software* para defender a privacidade e, visto que não teremos privacidade a não ser que todos a tenhamos, vamos escrevê-lo. Publicamos o nosso código para que os nossos companheiros *cypherpunks* pratiquem e o manuseiem. O nosso código é de livre utilização para todas as pessoas, em qualquer parte do mundo.

Os *cypherpunks* puseram as suas competências ao serviço de uma série de projetos para o desenvolvimento de *software* seguro. O *software* PGP* tornou possível a encriptação RSA para utilizadores de *e-mail*. O Tor permitiu a navegação em rede anónima. O grupo redigiu livros

* Acrónimo de *Pretty Good Privacy*. [*N. da T.*]

brancos sobre questões relacionadas com a encriptação. Interpuseram ações judiciais contra o governo americano respeitantes ao controlo de exportações de tecnologias de encriptação. Por vezes, chegaram mesmo a incitar à desobediência do público em nome dos seus objetivos. Os *cypherpunks* promoveram ainda o conceito de criptomoeda.

No seu entender, as criptomoedas possuem três vantagens determinantes sobre as moedas convencionais. Em primeiro lugar, uma criptomoeda não é controlada por uma autoridade central. Não existe um banco central da Bitcoin. A moeda é gerida por uma rede de computadores. Qualquer pessoa pode juntar-se à rede e não existe um formulário de inscrição. Os interessados limitam-se a descarregar da Internet o *software* da criptomoeda e a instalá-lo. Nenhum computador da rede é mais importante do que outro. Todos estão em pé de igualdade. Em segundo lugar, os utilizadores são anónimos, desde que não troquem *criptomoedas* por moedas convencionais. A privacidade é garantida por meio da criptografia de chave pública. Qualquer pessoa pode ser um utilizador. Basta descarregar uma aplicação que envia as suas transações através da rede. Em terceiro lugar, as transações têm taxas reduzidas e imposto zero sobre as vendas. Além disso, as criptomoedas podem ser enviadas internacionalmente sem estarem sujeitas a taxas de câmbio monetário.

Os *cypherpunks* foram dos primeiros a propor as criptomoedas, mas ninguém sabia realmente como é que elas poderiam funcionar. Não parecia existir uma forma de contornar o problema do gasto duplo.

As moedas *online* convencionais baseiam-se numa autoridade central que aprova as transações (isto é, as transferências de dinheiro entre utilizadores). A autoridade central mantém um livro-razão de todas as transações. O livro-razão é o equivalente eletrónico aos livros de registos manuscritos utilizados pelos bancos há 100 anos. Olhando para o livro-razão, a autoridade central sabe quanto dinheiro cada utilizador tem na sua conta. Quando um utilizador solicita uma transação, a autoridade central pode facilmente verificar se ele tem dinheiro suficiente para a realizar. Em caso afirmativo, a transação é validada e registada no livro-razão. Em caso negativo, a transação é rejeitada.

A dificuldade na conceção de uma criptomoeda é o desaparecimento da autoridade central. A ideia é que uma rede distribuída de computadores mantenha o livro-razão. Cada computador na rede tem a sua própria cópia do livro-razão. A parte mais difícil é sincronizar estas cópias (isto é, mantê-las a todas atualizadas). Na Internet, os atrasos nas comunicações são altamente imprevisíveis. Os computadores podem entrar e sair da rede a qualquer momento. Estas particularidades conduzem ao problema do gasto duplo.

Imagine que a Alice só tem 1,5 criptomoedas na sua conta. Ela deve dinheiro ao Bob e ao Charlie. Em desespero, ela envia duas transações através da rede. Numa delas, transfere 1,5 criptomoedas para o Bob. Na outra, transfere 1,5 criptomoedas para o Charlie. Se ela enviar as duas transações para diferentes pontos da rede pode acontecer que um computador aceite a transferência para o Bob exatamente ao mesmo tempo que outro dispositivo aceita a transferência para o Charlie. Se tiver sorte, a Alice pagará aos dois amigos ao mesmo tempo, o que é um *gasto duplo* dos seus fundos.

Bitcoin

No dia 31 de outubro de 2008, Satoshi Nakamoto anunciou uma solução para o problema do gasto duplo no livro branco publicado numa lista de contactos do movimento *cypherpunk*. O artigo apresentava a Bitcoin, a primeira criptomoeda exequível do mundo. No mês de janeiro seguinte, Nakamoto lançou o código-fonte da Bitcoin e o bloco original da Bitcoin— ou bloco-*génese*.

As *bitcoins* são, basicamente, sequências de caracteres (números e letras) guardadas numa rede de computadores. Uma *bitcoin* só tem valor, porque as pessoas acreditam que ela tem valor. Os utilizadores esperam poder ser capazes de trocar *bitcoins* por bens e serviços. Nisto, a Bitcoin não difere das notas que transportamos no bolso. O papel em si tem pouco valor intrínseco. O seu valor advém da expetativa de sermos capazes de o trocar por algo valioso.

É relativamente simples utilizar a Bitcoin. Os utilizadores compram, vendem e trocam *bitcoins* através de aplicações. As *bitcoins* podem ser utilizadas para adquirir bens do mundo real aos comerciantes associados. Corretores digitais trocam livremente *bitcoins* pela antiga moeda controlada pelo Estado. O anonimato dos utilizadores é protegido pela criptografia de chave pública (ver Capítulo 7). Antes de começar a utilizar a Bitcoin, cada utilizador gera duas chaves — uma pública e uma privada. A chave privada é mantida secreta. A chave pública funciona como o ID do utilizador na Bitcoin.

Quando um utilizador pretende enviar *bitcoins* a outro utilizador, é criada uma transação. A transação é composta pelo ID da transação, o ID do remetente, o ID do destinatário, uma quantia e os ID das entradas da transação (Figura n.º 13.1). As entradas da transação são as transações anteriores através das quais o remetente recebeu as *bitcoins* que se prepara agora para gastar. As entradas da transação têm de estar registadas no livro-razão e não poderão ter sido gastas anteriormente. Suponhamos que a Alice pretende enviar 0,5₿ ao Bob. Ela referencia duas transações prévias, através das quais recebeu 0,3₿ do Jack e 0,2₿ da Jill, incluindo os ID das transações anteriores na nova transação. A quantia que será gasta e a quantia total referenciada devem ser perfeitamente equivalentes. Isto pode implicar que o remetente tenha de enviar algumas *bitcoins* de volta para si próprio como troco.

A chave de encriptação do remetente é usada para *autenticar* uma transação (Figura n.º 13.2). A autenticação assegura que o remetente queria realmente transferir aquela quantia de *bitcoins* para o recetor. Garante ainda que a transação não está a ser efetuada por um intermediário duvidoso. Para possibilitar a autenticação, o remetente anexa uma assinatura digital à transação. Uma assinatura digital é o equivalente à assinatura manuscrita num cheque bancário.

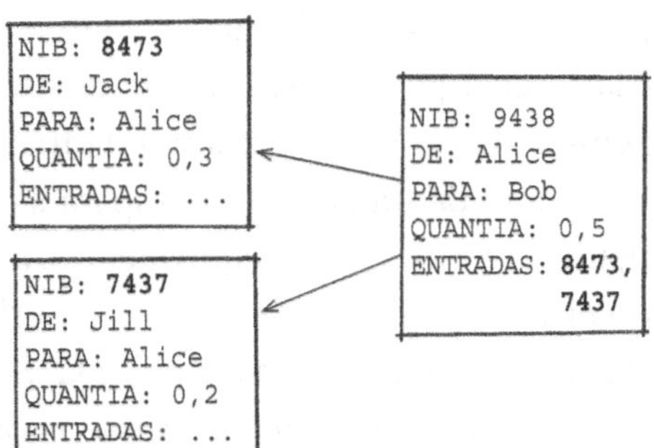

Figura n.º 13.1: Uma transação através da Bitcoin tem de referenciar as entradas de transações anteriores com o mesmo valor total.

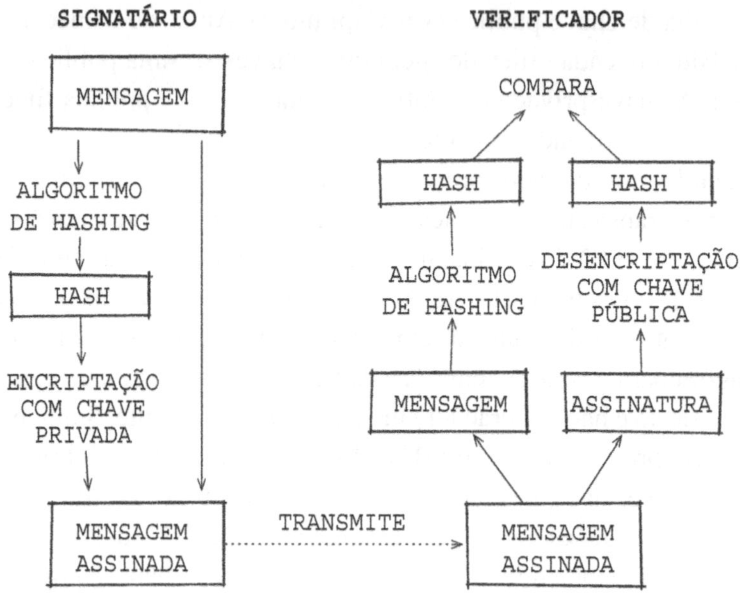

Figura n.º 13.2: Criação e verificação de uma assinatura digital

A assinatura digital é criada mediante a encriptação de um resumo da transação utilizando a chave privada do remetente. Normalmente, a chave pública é usada para a encriptação e a chave privada para a desencriptação. Para gerar uma assinatura, o processo é invertido. A chave privada encripta e a chave pública desencripta. Isto significa que qualquer pessoa pode verificar a assinatura, mas só o remetente pode criá-la.

Quando um computador na rede da Bitcoin recebe a transação, a máquina começa por verificar se a assinatura é genuína (Figura n.º 13.2). Isto é feito através da desencriptação da assinatura ao usar a chave pública do remetente. Obtém-se deste modo o resumo da transação. O recetor também efetua um resumo da transação e compara as duas versões — desencriptada e calculada. Se elas forem equivalentes, a transação deverá ser autêntica. Só o verdadeiro remetente poderia ter criado a assinatura digital, já que apenas ele tem acesso à chave privada. Se as duas versões não forem idênticas, a transação é rejeitada, sendo invalidada.

A assinatura digital assegura que a transação não foi adulterada pelo caminho. Qualquer modificação na mensagem altera o seu resumo. Logo, o resumo calculado não corresponderá ao seu equivalente desencriptado.

O resumo da transação é calculado por meio de um algoritmo de *hashing*. Um algoritmo de *hashing* comprime porções grandes de texto numa sequência mais pequena de caracteres. Há informação que se perde no processo, mas a sequência de saída está altamente dependente da entrada. Dito de outra forma, uma pequena alteração no texto inicial conduz a uma grande mudança aleatória na saída. Em regra, o resumo é designado o *hash* da mensagem. A função de *hashing* usada na Bitcoin é, essencialmente, um algoritmo avançado de soma de verificação (ver Capítulo 7).

Depois da autenticação, a nova transação é *validada*. Os computadores que a recebem verificam se as entradas da transação constam do livro-razão e se as quantias associadas não foram gastas previamente.

Blockchain

Seguidamente, a transação é *confirmada* e *registada*. Os computadores da rede incorporam a nova transação num bloco mais vasto de transações não confirmadas. Um bloco é simplesmente um grupo de transações não confirmadas e os dados associados a estas. Os computadores da rede, numa corrida, disputam para adicionar os seus blocos ao livro-razão. O vencedor da corrida incorpora o seu bloco na cadeia de blocos. Esta cadeia de blocos — ou *Blockchain* — é o livro-razão (Figura n.º 13.3). Ela liga cada um dos blocos confirmados da Bitcoin numa sequência ininterrupta que remonta ao bloco-génese de Nakamoto. As ligações da cadeia são formadas incluindo o ID do bloco anterior no bloco seguinte. A cadeia define rigidamente a ordem segundo a qual as transações são introduzidas no livro-razão. Considera-se que as transações de um bloco individual terão ocorrido ao mesmo tempo. Da mesma forma, considera-se que as transações nos blocos predecentes terão ocorrido num período anterior. O vencedor da corrida partilha o seu bloco com a totalidade da rede para que todos os livros-razão se mantenham actualizados.

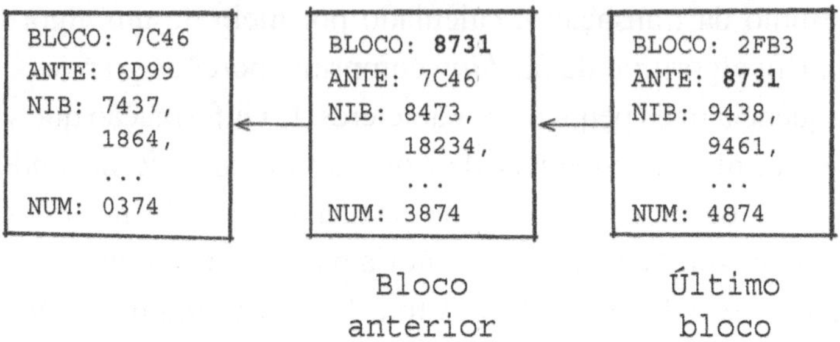

Figura n.º 13.3: Blockchain. Os blocos são encadeados por ID de bloco, seguindo a ordem em que as transações são introduzidas no livro-razão. Os blocos contêm um ID de bloco único, o ID do bloco anterior, um grupo de transações e um número gerado aleatoriamente.

A corrida assegura que apenas um computador, de cada vez, pode adicionar um bloco à cadeia. Vencer a corrida depende da sorte. Na maior parte dos casos, existe um desfasamento significativo entre os computadores posicionados em primeiro e segundo lugares. Este desfasamento possibilita o tempo necessário para que a atualização da Blockchain feita pelo vencedor se propague através da rede. Os empates entre o primeiro e o segundo classificados são improváveis, mas podem acontecer. Para precaver esta situação, têm de ser obrigatoriamente adicionados seis blocos à cadeia antes de se considerar um bloco confirmado. Seis empates sucessivos são, para efeitos práticos, impossíveis.

Para vencer a corrida, um computador tem de criar um bloco válido. Isto é feito gerando um número aleatório e anexando-o a um grupo candidato de transações. De seguida, é aplicado ao bloco um algoritmo de *hashing*. Se o *hash* for menor do que um limiar pré-determinado, o bloco candidato é considerado válido. Se o *hash* for igual ou maior do que o limiar, o bloco candidato é considerado inválido. Os computadores na rede experimentam diferentes números aleatórios até conseguirem formar um bloco válido. O primeiro computador a criar um bloco válido vence a corrida e partilha o bloco com a restante rede. As outras máquinas registam as transações ao adicionar o bloco à sua cópia do livro-razão. De seguida, todas as máquinas retomam as suas tentativas de criação de um novo bloco válido usando transações que ainda não foram averbadas ao livro-razão.

A criação de um bloco válido equivale a experimentar uma grande quantidade de números aleatórios. É impossível prever antecipadamente qual o número que passará o teste do limiar de *hash*. Por tentativa e erro é a única forma de encontrar um número adequado. Se produzir um bloco válido é uma questão de sorte, qualquer computador poderá ser o próximo vencedor. Assim sendo, não existe uma autoridade única no que diz respeito a adicionar blocos à cadeia. O esforço é distribuído por toda a rede de computadores homólogos (ver o Apêndice para uma descrição mais pormenorizada).

Está explicado como é que as *bitcoins* são trocadas entre os utilizadores. Mas, antes do mais, como é que elas são criadas?

Cada vez que um computador na rede cria um bloco válido, o seu proprietário é recompensado com *bitcoins*. O processo de validação de blocos em troca de *bitcoins* é chamado *mineração*. A validação do bloco-génese rendeu cinquenta *bitcoins* a Nakamoto. Da mesma forma, os proprietários dos computadores na rede são recompensados por manterem o livro-razão.

Os primeiros utilizadores da Bitcoin eram compradores e vendedores de mercados *online* ilícitos. A ascensão da Bitcoin na Darknet foi alimentada pela compra de drogas ilegais. No início, a principal vantagem era o anonimato. Ao fim de algum tempo, os pagamentos com *bitcoins* começaram a ser aceites por organizações legais. A Coinbase foi fundada em 2012 como corretora de moedas digitais. Em 2014, a Microsoft começou a aceitar *bitcoins* para compras *online* de jogos da Xbox. O valor de uma *bitcoin* em moedas «físicas» converteu-se numa montanha-russa. Em 2011, uma unidade de *bitcoin* (1₿) valia 30 cêntimos americanos. No dia 18 de dezembro de 2017, o preço disparou para um máximo alucinante de 19 498,63 dólares.

À primeira vista, a mineração de *bitcoins* parece ser uma forma de criar dinheiro a partir do nada. Só é preciso instalar o *software* da Bitcoin, descarregar o livro-razão e dar início à mineração. Porém, os custos com o computador e a eletricidade que ele consome são reais. As estimativas colocam o valor anual de receitas globais resultantes da mineração de Bitcoin acima dos 8 mil milhões de dólares, com custos de mais de 3 mil milhões (2019). As recompensas da mineração são repartidas quadrienalmente. No fim de contas, cerca de vinte e um milhões de *bitcoins* serão emitidos.

O sucesso da Bitcoin conduziu a uma profusão de criptomoedas, entre as quais se destacam a Ethereum (2015) e a libra do Facebook (2019). Contudo, as empresas estão também a investir substancialmente na tecnologia Blockchain que está na base da Bitcoin. A Blockchain permite a distribuição em segurança de um livro-razão, independentemente da criptomoeda. Uma Blockchain pode rastrear e impor sequenciações em qualquer tipo de transação. As possibilidades incluem a validação de contratos legais, a manutenção de identidades *online*, o registo de historiais médicos, a verificação da economia de meios e o desenho de cadeias de abastecimento. A Blockchain irá, provavelmente, reformular modelos operacionais num conjunto alargado de indústrias e poderá, em última análise, revelar-se mais útil do que a própria Bitcoin.

Quem é Nakamoto?

O facto mais curioso em relação à Bitcoin é que ninguém sabe quem é Satoshi Nakamoto — o inventor da Bitcoin. A primeira vez que o nome de Nakamoto surgiu foi no lançamento do livro branco original da Bitcoin. Nakamoto manteve-se ativo nas listas de divulgação do movimento *cypherpunk* durante alguns anos, até transferir o controlo do código-fonte da Bitcoin para Gavin Andresen em 2010. No mês de abril que se seguiu a isto, Nakamoto fez a seguinte declaração[260]:

> Dediquei-me a outras coisas.
> Está em boas mãos com o Gavin e todas as outras pessoas.

Com a exceção de um punhado de mensagens — a maior parte das quais consideradas embustes —, esta foi a última vez que alguém teve notícias de Nakamoto.

Muito se tem especulado sobre a identidade de Nakamoto, tal como seria de esperar. As pistas são escassas. Nakamoto é, sem sombra de dúvida, um criptógrafo (ou grupo de criptógrafos) ao nível dos melhores do mundo. O código-fonte da Bitcoin é irrepreensível. Nakamoto é também um codificador experiente. O inglês escrito de Nakamoto é perfeito. Talvez isso nos indique que Nakamoto é um falante nativo. Uma análise mais atenta das suas publicações revela indícios de um sotaque britânico ou australiano. O bloco-génese inclui uma manchete retirada do *The Times*. Talvez Nakamoto tenha nascido no Reino Unido. A análise dos registos temporais mostra que Nakamoto publicava a maior parte das mensagens nos grupos de *bulletin board* entre as 15 h e as 3 h do Tempo Médio de Greenwich. Se este hábito era devido a um padrão de sono noturno, então isto significa que Nakamoto provavelmente vivia na costa leste da América. Quanto ao género de Nakamoto, não existem quaisquer indícios.

Há listas de suspeitos a circular *online*. Os nomes dos *cypherpunks* mais destacados já foram todos sugeridos pelo menos uma vez. Houve até quem reivindicasse ser Nakamoto. De qualquer maneira, até à data ninguém conseguiu provar que era Nakamoto. Para o caso ficar resolvido, basta alguém desencriptar uma mensagem enviada usando a chave pública de Nakamoto. A pessoa, ou pessoas, que conseguirem fazer isto deverão estar na posse da chave de encriptação privada de Nakamoto.

Os 1,1 milhões de *bitcoins* de Nakamoto permanecem intocados. Atualmente, 1,1 milhões de *bitcoins* valem mais do que 11 mil milhões de dólares (2019). Por estas contas, Nakamoto é uma das 150 pessoas mais ricas no mundo. Porque não dá ele, ela ou eles a cara para reclamar a riqueza que lhes é devida? Dever-se-á a sua relutância simplesmente a uma observação estrita do código de honra *cypherpunk*? Ou será que há algo pernicioso do outro lado?

Satoshi Nakamoto continua a ser um enigma.

Computadores quânticos

A Bitcoin assenta, em grande parte, na criptografia RSA de chave pública para garantir o anonimato do utilizador e assegurar a autenticação de transações. Por sua vez, a segurança do algoritmo RSA baseia-se na assunção de que não existe um algoritmo rápido para fatorizar números primos aplicado a números grandes (ver Capítulo 7). Dito de outra forma, não existe um método rápido para determinar quais os dois números primos que foram multiplicados para se obter um dado número grande. Obviamente, os fatores primos de 21 são o 3 e o 7, mas esta determinação só é rápida, porque 21 é um número pequeno. Fatorizar números primos grandes pode demorar décadas num supercomputador.

A Bitcoin, e toda a estrutura da segurança na Internet, depende desta assunção singular de que fatorizar números primos é demorado. Se fosse inventado um algoritmo rápido para fatorizar números primos, a Bitcoin e quase todas as mensagens secretas na Internet tornar-se-iam subitamente vulneráveis a ataques. Em 1994, o espectro de um algoritmo como este surgiu no horizonte. O único lenitivo era que o algoritmo milagroso requeria um novo tipo de computador — um dispositivo chamado *computador quântico*.

Em 1981, Richard Feynman foi o orador principal numa conferência que decorreu no MIT. Nessa altura, Feynman tinha sessenta e três anos e era amplamente considerado um dos maiores físicos de todos os tempos. Durante a guerra, colaborara com o Projeto Manhattan em Los Alamos. Na Universidade de Cornell, Feynman fez avanços decisivos no campo da eletrodinâmica quântica. Na Caltech*, Feynman criou novos conceitos nos campos da superfluidez e gravitação quântica. Foi um dos galardoados com o Prémio Nobel da Física em 1965.

A palestra de Feynman no MIT intitulava-se *Simulando Física com Computadores*. Nela, argumentava que os computadores convencionais nunca serão capazes de simular com precisão o comportamento de partículas subatómicas. Feynman sugeria que era necessário um novo tipo de computador que utilizasse efeitos quânticos para simular sistemas físicos. A sua ideia era que o comportamento invulgar das partículas subatómicas poderia ser aproveitado para executar cálculos a velocidades incríveis. Feynman deu à sua máquina teórica o nome de computador quântico.

Durante mais de uma década, a ideia de Feynman foi uma curiosidade intelectual — uma ideia que passava pela cabeça de matemáticos e físicos, mas que ninguém levava a sério. Na verdade, a construção de uma máquina deste tipo seria um exercício excessivamente complexo. Além disso, não parecia fazer grande sentido. Os computadores eletrónicos convencionais eram suficientemente bons para a maioria das tarefas.

Até que, em 1994, Peter Shor, um professor de Matemática Aplicada no MIT, mudou o pensamento vigente sobre os computadores quânticos.

* Instituto de Tecnologia da Califórnia. [*N. da T.*]

Desvendou um algoritmo que era capaz de fatorizar com rapidez números primos num computador quântico. Se fosse possível construir um computador quântico, o algoritmo de Shor seria infinitamente mais rápido do que qualquer método anterior.

Os computadores convencionais representam informação por meio de níveis de voltagem em fios microscópicos. Se o nível de voltagem num fio for elevado, então o fio representa o valor 1. Inversamente, um nível de voltagem reduzido indica um valor 0. Este sistema de dois níveis é denominado binário, já que cada fio só pode ter um de dois valores — 0 ou 1 (ver Capítulo 7). O nível de voltagem em cada fio, a dado momento, possui um valor único, representando um único dígito binário (ou *bit*). Deste modo, os cálculos têm de ser executados um de cada vez.

Por outro lado, os computadores quânticos representam informação utilizando as propriedades de partículas subatómicas, ou quânticas. Podem ser usadas diversas propriedades físicas de subpartículas. Uma das opções é a rotação de um eletrão. Uma rotação ascendente poderá representar o valor 1; uma rotação descendente, o valor 0. A grande vantagem de utilizar as propriedades de partículas subatómicas é que, no mundo quântico, as partículas podem existir em múltiplos estados ao mesmo tempo. Este estranho comportamento é encapsulado no *princípio da sobreposição*. O efeito foi descoberto pelos físicos na primeira parte do século XX. Um eletrão pode rodar em todas as direções possíveis simultaneamente. Aproveitar este efeito para representar dados significa que um único eletrão pode representar 0 e 1 simultaneamente. Este fenómeno dá origem à unidade básica de informação num computador quântico — o *bit* quântico, ou *qubit*.

A potência dos computadores quânticos aumenta exponencialmente à medida que os *qubits* são adicionados. Um único *qubit* pode representar dois valores — 0 e 1 — em simultâneo. Dois *qubits* permitem representar quatro valores — 00, 01, 10 e 11 — ao mesmo tempo. Um sistema de dez *qubits* pode compreender todos os números do sistema de numeração decimal entre 0 e 1023, inclusive, em simultâneo. Quando um computador quântico executa uma operação, ela é aplicada a todos os estados ao mesmo tempo. Por exemplo, quando se soma 1 a um sistema de dez *qubits* são executadas 1024 somas de uma vez só. Num computador convencional, estas 1024 somas teriam de ser executadas uma de cada vez. Este efeito confere aos computadores quânticos o potencial para a aceleração exponencial dos cálculos.

Há, porém, um obstáculo. Medir o valor de um *qubit colapsa* o seu estado. Isto significa que o *qubit* se fixa num valor único quando o seu estado físico é medido. Ainda que um sistema de dez *qubits* consiga executar 1024 somas em simultâneo, só um resultado pode ser recuperado. Pior, a saída recuperada é selecionada aleatoriamente a partir de 1024 possibilidades. O resultado colapsado da soma de 1 poderá ser qualquer valor entre 1 e 1024. Definitivamente, a seleção aleatória da saída não é desejável. Na maioria dos casos, o que pretendemos é introduzir alguns dados e obter um resultado específico. A solução para este problema é um efeito conhecido como *interferência*. Por vezes, é possível forçar os estados indesejados a interferirem de modo destrutivo uns com os outros. Deste modo, os resultados indesejados podem ser eliminados, deixando a salvo o único resultado pretendido.

Os computadores quânticos são particularmente indicados quando estão em causa problemas que requerem a avaliação de diversas alternativas e a devolução de um único resultado. Os problemas de otimização combinatória preenchem muito bem este requisito (ver Capítulo 6). O problema do caixeiro-viajante, por exemplo, requer que seja avaliado o comprimento de todas as rotas possíveis entre cidades, sendo devolvida apenas a menor rota. Isto encaixa perfeitamente com a arquitetura de um computador quântico, desde que as soluções subótimas possam ser sujeitas à interferência. Para problemas de otimização combinatória, os computadores quânticos prometem um desempenho muito superior ao dos supercomputadores mais rápidos do mundo. Um computador quântico operacional revolucionaria problemas onerosos, tais como a descoberta de fármacos, o estudo do comportamento de materiais e o agendamento de processos de produção. Permitiria ainda resolver o problema de fatorizar números primos.

O algoritmo de Shor para a determinação de fatores primos é lento num computador convencional, mas ajusta-se na perfeição a um computador quântico. O algoritmo começa por elaborar um palpite para um dos números primos. Naturalmente, este palpite está, com quase toda a certeza, incorreto. Em vez de elaborar um novo palpite, o algoritmo de Shor pretende melhorar o palpite inicial. Para isso, multiplica o palpite por si próprio várias vezes. De cada vez, o número grande inicial é dividido pelo resultado da multiplicação, e o resto é armazenado. Após um número elevado de repetições, a sequência de valores dos restos exibe um padrão — a série repete-se com um período fixo (ver a aritmética do relógio no Capítulo 7). O algoritmo de Shor determina este período por meio da transformada de Fourier (ver Capítulo 2). O pico da saída da transformada de Fourier identifica o período da sequência. Um múltiplo do número primo pretendido pode ser calculado elevando o palpite inicial à potência do período dividido por dois, subtraindo ao total 1.

Neste ponto, o algoritmo está na posse do número grande inicial e de um múltiplo de um dos fatores primos dele. Estes dois números são ambos múltiplos do primo desejado. Encontrar o maior denominador comum entre dois números é relativamente simples. O algoritmo de Euclides pode ser aplicado (ver Capítulo 1). O algoritmo de Euclides subtrai repetidamente um número ao outro até que os valores de trabalho sejam iguais. Quando isto acontece, os valores de trabalho equivalem ao maior denominador comum. No algoritmo de Shor, o maior denominador comum é um dos fatores primos. O outro fator primo pode ser encontrado pela divisão simples do número grande inicial por este fator primo.

O procedimento nem sempre funciona. O sucesso depende do palpite inicial. Se o esquema falhar, os passos são repetidos começando com um palpite diferente. Em noventa e nove por cento dos casos, o algoritmo de Shor produz os fatores primos em dez ou menos iterações (ver o Apêndice para uma explicação mais pormenorizada).

Num computador convencional, a multiplicação consecutiva do palpite por si próprio é bastante lenta. O ciclo tem de ser repetido muitas vezes para que surja um padrão. Num computador quântico, estas multiplicações podem ser executadas simultaneamente, graças à sobreposição. De seguida, uma transformada quântica de Fourier pode ser usada para determinar o padrão de repetição mais forte. Isto dá o período da sequência de restos, o qual pode ser colapsado e medido. O algoritmo de Euclides é depois executado num computador convencional. A sobreposição e a interferência permitem ao computador quântico executar o algoritmo de Shor com espantosa rapidez.

Na Google, IBM, Microsoft e num pequeno número de *start-ups*, há hoje equipas a perseguir o sonho da computação quântica. As suas máquinas assemelham-se mais a prodigiosas experiências no domínio da física do que a supercomputadores. Construir um computador quântico requer o desenho e a fabricação subatómica de portas lógicas quânticas. Medir e controlar o estado das partículas subatómicas requer um equipamento incrivelmente preciso. Para realizarem medições fidedignas, os *qubits* têm de ser arrefecidos a uma temperatura próxima do zero absoluto (–273° C).

A maior computação demonstrada, até à data, utiliza setenta e dois *qubits*. Em teoria, setenta e dois *qubits* deveriam proporcionar um imenso poder de computação. Todavia, na prática, o *ruído quântico* afeta o desempenho. Flutuações mínimas no estado das partículas subatómicas podem conduzir a erros na computação. As equipas compensam isto dedicando alguns dos *qubits* à correção de erros (ver Capítulo 7). A desvantagem é que ficam disponíveis menos *qubits* para a computação. À primeira vista, a solução parece ser simples — bastaria adicionar mais *qubits*. Porém, não é assim tão fácil. E se mais *qubits* apenas significar mais ruído e erros? E se não existirem *qubits* disponíveis para a computação?

Em outubro de 2019, uma equipa da Google anunciou que o seu computador quântico tinha atingido a *supremacia quântica*. O grupo afirmou que o computador tinha levado a cabo uma computação que não poderia ter sido realizada num computador convencional. O programa verificou que a saída de um gerador quântico de números aleatórios era verdadeiramente aleatória. O *chip* quântico da Google — o Sycamore — concluiu a tarefa em 200 segundos, usando cinqueta e três *qubits*. Segundo a estimativa da equipa, o mesmo cálculo demoraria mais de 10 000 anos num supercomputador. A IBM não concordou. No seu cálculo, a tarefa poderia ser executada em dois dias e meio num supercomputador. Ainda não era a supremacia quântica, mas a diferença entre 4 minutos e 3600 não deixa de ser abissal.

Os desafios são mais do que muitos. Mas tudo indica que os criadores dos computadores quânticos têm algo importante entre mãos.

Fim, ou talvez não

Os algoritmos percorreram um longo caminho desde que foram gravados pela primeira vez em tabuinhas de argila na antiga Mesopotâmia. Os primeiros computadores transformaram o seu alcance e capacidade. Desde a invenção dos circuitos integrados, o poder dos algoritmos aumentou exponencialmente. Talvez a computação quântica traga novos avanços. É difícil saber o que irá acontecer daqui para a frente, mas tudo indica que a IA se prepara para mudar radicalmente o modo como o nosso mundo funciona.

Por falta de tradutores, milhares de tabuinhas de argila da antiga Mesopotâmia continuam por decifrar nos museus de todo o mundo. Hoje, os mais recentes algoritmos de IA estão a encarregar-se da tarefa de traduzir autonomamente 67 000 tabuinhas de teor administrativo gravadas no sul da Mesopotâmia durante o século XXI A.E.C. Naquele que é talvez o mais longo dos círculos completos, os novos algoritmos estão prestes a interpretar os mais antigos.

Apêndice

Algoritmo *PageRank*

Considere como entrada a tabela com o número de ligações.

Calcule os *PageRanks* como o número de ligações de entrada para uma página dividido pelo número médio de ligações de entrada.

Repita o seguinte:

- Repita o seguinte para cada uma das colunas:
    - Estipule um total corrente com o valor de zero.
    - Repita o seguinte para cada entrada na coluna:
        - Confirme o PageRank atual da linha.
        - Multiplique pelo número de ligações entre a linha e a coluna.
        - Divida pelo número total de ligações de saída da linha.
        - Multiplique pelo fator de amortecimento.
        - Some o valor obtido ao total corrente.
    - Repita até todas as entradas na coluna terem sido processadas.
    - Adicione o termo de amortecimento ao total corrente.
    - Armazene este valor como o novo *PageRank* da coluna.
- Repita até todas as colunas terem sido processadas.

Repita até a alteração nos *PageRanks* não ser significativa.

Produza como saída os *PageRanks*.

Treino de Redes Neuronais Artificiais

Considere como entrada o conjunto de dados de treino e a topologia da rede.
Preencha a topologia com parâmetros aleatórios.
Repita o seguinte:
Repita para cada exemplo de treino:
Introduza a entrada na rede.
Calcule a saída da rede usando a propagação progressiva.
Calcule o erro entre as saídas atuais e desejadas.
Repita para cada camada retrocedendo ao longo da rede:
Repita para cada neurónio na camada:
Repita para cada peso e viés no neurónio:
Determine a relação entre o parâmetro e o erro.
Calcule um valor de correção para o parâmetro.
Multiplique o valor de correção pela taxa
de aprendizagem.
Subtraia este valor ao parâmetro.
Repita até o neurónio ter sido atualizado.
Repita até a camada ter sido atualizada.
Repita até a rede ter sido atualizada.
Repita até esgotar o conjunto de dados de treino.
Repita até já não se verificarem reduções no erro.
Fixe os parâmetros.
O treino está concluído.

Algoritmo da Bitcoin

O remetente de *bitcoins*:

Crie uma transação registando a chave pública do remetente, a chave pública do recetor, a quantia e os ID das entradas da transação.

Anexe uma assinatura digital à transação.

Difunda a transação assinada através da rede da Bitcoin.

Os computadores na rede da Bitcoin:

Verifique se a assinatura é autêntica.

Verifique se as entradas da transação não foram gastas.

Incorpore a transação num bloco candidato.

Ligue o bloco candidato à cadeia.

Repita os seguintes passos:

Gere um número aleatório e anexe-o ao bloco.

Calcule o *hash* do bloco.

Repita até o *hash* ser menor do que o limiar ou abandone a busca quando outro computador vencer a corrida.

Difunda o bloco válido através da rede.

O recetor de *bitcoins*:

Aceite a transação quando esta e mais cinco blocos tiverem sido acrescentados à cadeia.

Algoritmo de Shor

Considere como entrada um número grande.
Repita os seguintes passos:
    Elabore um palpite de um número primo.
    Armazene o palpite na memória.
    Crie uma lista vazia.
    Repita os seguintes passos:
        Multiplique o valor na memória pelo palpite.
        Atualize o valor na memória.
        Calcule o resto após a divisão da entrada pelo valor na memória.
        Acrescente este resto à lista.
    Repita até concluir um número elevado de iterações.
    Aplique a transformada de Fourier à lista de restos.
    Identifique o período da harmónica mais forte.
    Eleve o palpite ao período dividido por dois, ao total subtraia 1.
    Aplique o algoritmo de Euclides a este valor e à entrada.
Repita até o valor devolvido ser um fator primo da entrada.
Divida a entrada pelo fator primo.
Produza como saída os dois fatores primos.

Notas

Introdução

(Página 17) Estritamente falando, a própria adição é um algoritmo.

(Página 17) Um equívoco comum é considerar a palavra «algoritmo» sinónimo de «método». As duas palavras não são equivalentes. Um método é uma série de passos. Um algoritmo é uma série de passos que resolvem um problema relacionado com informação.

(Página 19) Neste exemplo, os livros são considerados símbolos que representam os títulos dos livros. Reorganizar os livros — os símbolos — tem como resultado a ordenação dos títulos.

Capítulo 1: Algoritmos ancestrais

(Página 28) Os Incas foram a única civilização da Idade do Bronze que, tanto quanto sabemos, não inventou uma escrita. A matemática egípcia era registada em papiros. Devido a este facto, suspeita-se de que muito se tenha perdido. A matemática do Antigo Egito tinha uma natureza prática e centrada em cálculos numéricos. Na matemática da Mesopotâmia, é mais explícito o uso, aplicação e descrição de algoritmos.

(Página 29) Originalmente, uma cidade-estado na Mesopotâmia central, o Império Acadiano, viria a englobar todo o território entre os rios e partes do Levante.

(Página 35) O algoritmo de Herão é uma simplificação do método mais abrangente de Newton-Raphson.

(Página 35) O algoritmo de aproximação pode ser acelerado, dividindo a aproximação mais recente por dois, em vez de considerar um valor intermédio entre as aproximações mais recentes.

(Página 36) Em 1994, Jerry Bonnell e Robert Nemiroff programaram um computador VAX para ler a raiz quadrada de dois até dez milhões de dígitos. Bonnell e Nemiroff não revelaram qual foi o algoritmo utilizado.

(Página 40) A versão original do algoritmo de Euclides utilizava a subtração. Em alternativa, é possível utilizar a divisão. Em alguns casos, é mais rápido utilizar a divisão, mas dever-se-á ter em conta que uma única operação de divisão é, na verdade, uma série de operações de subtração. A divisão pode ser executada como uma subtração no domínio lógico.

Capítulo 2: Círculos sempre em expansão

(Página 47) O parafuso de Arquimedes terá sido inventado pelos Babilónios, e os planos transportados para o Egito no tempo de Arquimedes.

(Página 48) Arquimedes não tinha ao seu dispor as funções trigonométricas de seno, cosseno e tangente, que usamos hoje em dia. O comprimento de cada um dos lados do hexágono interno é 2r sen $(\frac{\pi}{6})$. O ângulo é traçado a partir do centro até à bissetriz do lado. O comprimento de cada um dos lados do hexágono externo é 2r tan $(\frac{\pi}{6})$.

(Página 49) O algoritmo de Arquimedes acabaria por ser suplantado por cálculos baseados em séries infinitas.

(Página 51) Os algoritmos quadráticos podem ser representados como $ax^2 + bx + c = 0$, em que *a*, *b* e *c* são constantes conhecidas, ou coeficientes, e *x* é o valor desconhecido a ser determinado.

(Página 51) O *Livro-Compêndio de Cálculo por Restauração e Balanceamento* foi traduzido para latim por Robert of Chester, aproximadamente em 1145.

(Página 52) Outras culturas desenvolveram sistemas de numeração decimais, incluindo os Chineses e os Egípcios. Contudo, eles usavam outro tipo de numerais (representação de algarismos) e, no geral, recorriam a sistemas de posicionamento alternativos.

(Página 54) Fourier afirmou que qualquer função de uma variável poderia ser expressa como o somatório de uma série de funções sinusoidais cujos períodos são potência de dois divisores do período da função inicial. A série de Fourier já tinha sido utilizada por Leonhard Euler, Joseph Louis Lagrange e Carl Friedrich Gauss. Porém, o trabalho de Fourier contribuiu para a popularização do conceito, servindo de base para investigações posteriores.

(Página 56) No exemplo da transformada de Fourier, omito a componente DC (constante) para simplificar.

(Página 58) Tukey destacou-se também por ter cunhado os termos «*software*» e «*bit*».

Capítulo 3: Sonhos de computadores

(Página 64) A secção terminada da máquina diferencial n.º 1 está hoje em exposição no Museu da Ciência de Londres. Trata-se de uma unidade cuboide — com cerca de 60 cm de altura, 60 cm de largura e quase 45 cm de comprimento. Uma base de madeira suporta uma estrutura metálica que contém três pilhas de discos de latão. Os discos estão marcados com os algarismos do sistema decimal e interligados por um mecanismo intrincado de eixos, alavancas e engrenagens. Uma manivela e uma série de rodas dentadas assentam na parte superior da máquina, em cima de uma placa de metal. A qualidade e a precisão do trabalho de artífice de Clement é evidente. Todavia, aos olhos modernos, a máquina parece-se mais com uma engenhosa caixa registadora vitoriana do que com a promessa de um computador.

(Página 67) A participação de Lovelace no projeto da máquina analítica foi sobrestimada em algumas esferas. Ela não esteve envolvida na conceção da máquina. Porém, compreendeu o que a máquina era capaz de fazer, como é que poderia ser usada para a computação, e como a programar. Desafiou Babbage e incitou-o a explicar os seus métodos. Lovelace não só percebeu o que era aquela máquina, como também vislumbrou aquilo em que ela se poderia tornar. Talvez o seu maior feito tenha sido o de transmitir as ideias extraordinárias de Babbage a um público mais vasto.

(Página 67) Uma secção da máquina analítica foi montada e pode ser vista no Museu da Ciência de Londres.

(Página 67) De forma algo macabra, uma das metades do cérebro de Babbage está em exposição no Museu da Ciência de Londres. A outra metade está à guarda do Colégio Real de Cirurgiões. Menabrea, o autor do artigo original sobre a máquina analítica, tornar-se-ia primeiro-ministro de Itália (1867–1869).

(Página 72) O orientador de Turing em Princeton, Alonzo Church, concebeu uma prova alternativa, baseada em cálculo, praticamente na mesma altura. A proposta de Turing estava diretamente relacionada com o trabalho preliminar de Kurt Gödel.

(Página 75) A descrição original do Teste de Turing equipara de forma bastante invulgar a diferença entre um computador e um humano à diferença entre um homem e uma mulher. Resta saber se existia algum subtexto respeitante à sua própria homossexualidade.

(Página 76) Alguns relatos sugerem que o logótipo da Apple era representativo da maçã encontrada à cabeceira de Turing. Quando foi questionado sobre o assunto, Steve Jobs respondeu que não era, mas gostaria que tivesse sido.

(Página 77) Um *hack* para tornar o Z3 Turing-completo foi publicado em 1998.

(Página 77) Sob a direção de George Stibitz, os laboratórios Bell também desenvolveram um calculador com base em relés.

Capítulo 4: Previsões meteorológicas

(Página 83) Aqui, uso a palavra «computador» como uma forma abreviada de «pseudocomputador Turing-completo». «Pseudo», no sentido em que não possui memória infinita. Os pseudocomputadores Turing-completos são digitais, porque processam números, e estes números representam informação. Os designados «computadores analógicos» são dispositivos de função única que utilizam uma grandeza física contínua para representar informação.

(Página 88) Esta foi uma das afirmações-chave do veredicto de Larson: «Eckert e Mauchly não inventaram o computador digital eletrónico e automático, mas basearam-se no conceito do Dr. John Vincent Atanasoff.»

(Página 91) A lei dos números grandes determina que o resultado médio de várias experiências de um processo aleatório tende para o valor real quantas mais experiências forem executadas.

(Página 92) Enrico Fermi ensaiou anteriormente uma versão do método de Monte Carlo, mas não publicou sobre o tema.

(Página 92) Metropolis viria a cumprir a expetativa do seu nome cinematográfico, representando o papel de um cientista num filme de Woody Allen.

(Página 96) Na década de 1880, Henri Poincaré identificou um sistema caótico formado por três corpos que orbitavam em redor uns dos outros. Desenvolveu ainda uma teoria para investigar o efeito.

(Página 99) Hoje, o número de transístores num circuito integrado duplica a cada vinte e quatro meses — uma ligeira desaceleração.

Capítulo 5: O advento da inteligência artificial

(Página 103) A BBC gravou três das composições musicais produzidas computacionalmente por Strachey: o hino nacional, *Baa Baa Black Sheep* e *In the mood*. Cópias restauradas destes registos históricos podem ser encontradas *online*.

(Página 113) Em 1971, Shaw deixou a RAND para trabalhar como consultor de *software* e programação. Faleceu em 1991.

(Página 118) O Chinook, um programa para o jogo de damas escrito por Jonathan Schaeffer, derrotou o campeão mundial Marion Tinsley em 1994.

(Página 119) Os procedimentos de aprendizagem e seleção *minimax* de Samuel basearam-se em ideias avançadas por Claude Shannon num artigo de 1950 relativo ao xadrez. Ao contrário de Samuel, Shannon não chegou a desenvolver um programa.

(Página 119) Newell e Simon fizeram três outras previsões que se concretizaram.

Capítulo 6: Agulhas em palheiros

(Página 125) Atualmente, o algoritmo mais rápido para a resolução do problema do caixeiro-viajante apresenta uma complexidade exponencial. Em 1976, Nicos Christofides concebeu um algoritmo capaz de produzir rapidamente rotas com uma eficácia de, pelo menos, cinquenta por cento em relação à rota mais curta. Desde então, os algoritmos de aproximação rápida foram melhorados, de modo que deem uma garantia de sessenta por cento de eficácia em relação à rota mínima.

(Página 127) No pior cenário, a Ordenação Rápida acarreta tantas operações quanto a Ordenação por Inserção.

(Página 132) O único Problema do Milénio resolvido até hoje foi a conjetura de Poincaré, por Grigori Perelman, em 2003.

(Página 133) George Forsythe tem sido creditado pela cunhagem do termo «ciência computacional» num artigo publicado em 1961, mas o termo é mais antigo do que isso. Luis Fein usou-o num artigo publicado em 1959 para descrever o ensino universitário da computação.

(Página 141) O algoritmo original do NRMP foi desenvolvido por John Mullin e J. M. Stalnaker, antes da adoção do algoritmo *Boston Pool*. O algoritmo de Gale-Shapley foi rejeitado duas vezes, por ser demasiado simples, até ser finalmente publicado em 1962.

(Página 141) Antecedendo a investigação de Holland, Nils Barricelli e Alexander Fraser utilizaram algoritmos computacionais para modelar e estudar os processos evolucionários biológicos. Contudo, as suas propostas não apresentavam alguns elementos-chave incluídos no trabalho de Holland.

(Página 142) Há quem afirme que Holland foi a primeira pessoa a obter um doutoramento em Ciências Computacionais nos EUA Na verdade, ele estava inscrito num programa de estudos avançados em Ciências da Comunicação na Universidade de Michigan, não num programa de Ciências Computacionais. Os dois primeiros doutoramentos em Ciências Computacionais nos EUA foram concedidos no mesmo dia — 7 de junho de 1965. Os contemplados foram a irmã May Kemmar, na Universidade de Wisconsin, e Irving Tang, na Universidade de Washington, em Saint Louis.

(Página 142) Fisher dedicou o seu livro ao filho de Darwin, Leonard Darwin, com quem manteve uma duradoura amizade e cujo apoio foi valioso durante a escrita da obra.

(Página 144) Paradoxalmente, Holland utilizou o sucesso da evolução natural para justificar o seu trabalho com os algoritmos genéticos, enquanto os biólogos usaram os algoritmos de Holland para sustentar os seus argumentos sobre a existência da evolução natural.

Capítulo 7: A Internet

(Página 152) Existem algumas divergências relativamente ao papel de Leonard Kleinrock no desenvolvimento da comutação de pacotes. No meu ponto de vista, Kleinrock desenvolveu análises matemáticas aplicáveis às redes comutadas em pacotes durante o seu doutoramento no MIT, mas não inventou a comutação de pacotes.

(Página 159) A palavra «Internet», um truncamento de *internetworking*, terá sido cunhada por Vint Cerf e dois dos seus colegas em Stanford — Yogen Dalal e Carl Sunshine.

(Página 163) O dígito de verificação do ISBN é calculado a partir dos restantes doze dígitos, multiplicando-os por 1 ou 3 alternadamente, somando os resultados, extraindo o último algarismo da soma, subtraindo o dígito de 10 e, se necessário, substituindo um resultado de 10 por um 0. Por exemplo, o romance *A Guerra dos Tronos* possui o ISBN 978-000754823-1. A soma de verificação é (9 × 1) + (3 × 7) + (8 × 1) + (3 × 0) + (0 × 1) + (3 × 0) + (7 × 1) + (3 × 5) + (4 × 1) + (3 × 8) + (2 × 1) + (3 × 3) = 99. O dígito de verificação é, pois, 10 – 9 = 1. A probabilidade de um erro de transcrição de um único dígito ser detetado pela validação cruzada do dígito de verificação do ISBN é de nove para dez.

(Página 167) Uma forma rápida de determinar a posição do *bit* que está errado consiste em anotar os resultados da verificação dos dígitos de paridade em ordem inversa. No exemplo, obteríamos 0011, sendo que 0 indica uma contagem par (nenhum erro no grupo respetivo) e 1 indica uma contagem ímpar (um erro no grupo respetivo). Este valor pode ser interpretado como o número binário 0011, obtendo-se a posição do erro — neste caso, a posição 3.

(Página 170) Em 1978, Merkle viria a publicar também um artigo com a síntese das suas ideias.

(Página 171) As personagens Alice, Bob e Eve (associadas à ciberespionagem) foram inventadas por Ron Rivest, Adi Shamir e Leonard Adleman para explicar o seu novo algoritmo de encriptação. Desde então, as personagens ganharam vida própria e são hoje frequentemente referidas em artigos sobre criptografia e segurança.

(Página 175) Formalmente, o totiente é a quantidade de números inteiros menores do que um dado número e que são coprimos deste, isto, é, não possuem fatores comuns. O expoente público é um número entre 1 e o totiente, em que o número escolhido e o totiente são coprimos. «Coprimo» significa que os dois números não podem ser divididos igualmente por nenhum outro número a não ser o 1. Uma solução simples consiste em selecionar para o expoente público um número primo menor do que o totiente.

Capítulo 8: Pesquisa em rede

(Página 183) O Mosaic foi rapidamente substituído pela Netscape Navigator. A Microsoft licenciou o Mosaic para o desenvolvimento do Internet Explorer.

Capítulo 9: Facebook e companhia

(Página 207) Na verdade, podem ser usados muitos outros fatores. Por exemplo, os bons sistemas de recomendação não se limitam a selecionar utilizadores e filmes similares. Todos os utilizadores e filmes podem ser usados como indicadores. Imaginemos que Ken e Jill nunca estão de acordo em relação aos filmes. Quando o Ken dá 1 estrela, a Jill dá 5 estrelas e assim por diante. Embora as suas pontuações sejam divergentes, as avaliações do Ken são, na verdade, preditores perfeitos das avaliações da Jill. Basta subtrair a 6 a pontuação do Ken. O facto de o seu histórico de avaliações ser constantemente divergente é uma informação útil.

Capítulo 10: O *quiz* favorito da América

(Página 216) Neste livro, não analiso a partida Deep Blue *versus* Kasparov, porque ela é mais uma história sobre o desenho de *chips* de computadores do que uma história sobre algoritmos.

(Página 216) Gary Tesauro, o criador do TD-Gammon, trabalhou nos elementos de estratégia de jogo do sistema.

Capítulo 11: Imitação do cérebro

(Página 232) Na contagem do número de camadas numa rede, a camada de entrada é excluída.

(Página 234) Minsky e Rosenblatt foram ambos alunos da Bronx High School of Science.

(Página 234) Há quem fale em acesos debates frente a frente entre Minsky e Rosenblatt, mas não encontrei relato algum em primeira mão deles.

(Página 242) Hinton é tetraneto de George Boole.

(Página 244) O termo «aprendizagem profunda» foi cunhado por Rina Dechter, em 1986, como referência à aprendizagem automática e, em 2000, por Igor Aizenberg, como referência às redes neuronais.

(Página 248) Em 2014, a Google assumiu o financiamento do Prémio Turing, quadruplicando o montante do prémio para um milhão de dólares.

Capítulo 13: Próximos passos

(Página 268) A unidade mínima da Bitcoin é o *satoshi* — um centésimo de milionésimo de uma *bitcoin.*

(Página 268) A palavra referente ao conceito da Bitcoin está grafada em letra maiúscula; as referências a *bitcoins*, em letra minúscula.

(Página 276) Caso a encriptação RSA seja decifrada, a Bitcoin pode mudar para técnicas de criptigafia pós-quântica, tais como a criptografia com curvas elíticas.

(Página 276) A autobiografia de Feynman publicada em 1985 — *Surely You're Joking, Mr. Feynman!* — foi um sucesso de vendas, transformando-o numa celebridade.

Autorizações

Definição de algoritmo: © Oxford University Press. Cortesia: Oxford University Press.

Epígrafes dos Capítulos 1 e 4: © Oxford University Press. Cortesia: Oxford University Press.

Algoritmo da cisterna: Privilégios de reimpressão concedidos pela Associação de Máquinas de Computação.

Stanislaw Ulam: Por intermédio do Laboratório Nacional de Los Alamos. Salvo outra indicação, esta informação foi cedida por um colaborador ou colaboradores da Los Alamos National Security, LLC (LANS), gestora do Laboratório Nacional de Los Alamos ao abrigo do contrato n.° DE-AC52-06NA25396 com o departamento de Energia dos EUA O governo dos EUA tem o direito de utilização, reprodução e distribuição desta informação. A informação poderá ser copiada e utilizada sem encargo algum, desde que este Aviso e quaisquer declarações de autoria sejam reproduzidos em todas as cópias. O Governo e a LANS não oferecem garantia alguma, expressa ou implícita, nem assumem nenhuma obrigação ou responsabilidade pelo uso desta informação.

Epígrafe do Capítulo 8: Este excerto foi originalmente publicado no *The Atlantic* e é republicado aqui com a autorização do *The Atlantic*.

Epígrafe do Capítulo 10: Cortesia: Ken Jennings.

Epígrafe do Capítulo 12: © Robert W. Foster. Cortesia: Robert W. Foster.

Bibliografia

1. Hoare, C. A. R., «Quicksort», *The Computer Journal*, Oxford, Oxford Univeristy Press, 1962, 5(1), pp. 10–16.
2. Dalley, Stephanie [trad.], *Myths from Mesopotamia*, Oxford, Oxford University Press, 1989.
3. Finkel, Irving, *The Ark before Noah: Decoding the Story of the Flood*, Hachette, 2014.
4. Rawlinson, Henry, «The Persian cuneiform inscription at Behistun, decyphered and translated», *Journal of the Royal Asiatic Society of Great Britain and Ireland*, Londres, 1846, 10, pp. i–349.
5. Knuth, Donald, *Ancient Babylonian algorithms. Communications of the ACM*, Nova Iorque, Association for Computing Machinery, 1972, 15(7), pp. 671–677.
6. Fowler, David e Robson, Eleanor, «Square root approximations in old Babylonian mathematics: YBC 7289 in context», *Historia Mathematica*, 1998, 25(4), pp. 366–378.
7. Fee, Greg, «The square root of 2 to 10 million digits», disponível em <http://www.plouffe.fr/simon/constants/sqrt2.txt>. Acedido em 5 de julho de 2019.
8. Harper, Robert Francis, *The Code of Hammurabi, King of Babylon about 2250 B. C.*, Chicago, The University of Chicago Press, 1904.
9. Jaynes, Julian, *The Origin of Consciousness in the Breakdown of the Bicameral Mind*, Nova Iorque, Houghton Mifflin Harcourt, 1976.
10. Boyer, Carl e Merzbach, Uta, *A History of Mathematics*, Oxford, John Wiley & Sons, 2011.
11. Davis, William, *Readings in Ancient History, Illustrative Extracts from the Source: Greece and the East*, Nova Iorque, Allyn and Bacon, 1913.
12. Beckmann, Petr, *A history of Pi*, Boulder, Colorado, The Golem Press, 1971.
13. Mackay, John, «Mnemonics for π, $\frac{1}{\pi}$, *e*», *Proceedings of the Edinburgh Mathematical Society*, Cambridge, Cambridge University Press, 1884, 3, pp. 103–107.
14. Dietrich, Laura, Dietrich, Oliver, e Notroff, Jens, «Cult as a driving force of human history», *Expedition Magazine*, 2017, 59(3), pp. 10–25.
15. Katz, Victor, *A History of Mathematics*, Londres, Pearson, 2008.
16. Katz, Victor [ed.], *The Mathematics of Egypt, Mesopotamia, China, India, and Islam*, Princeton, Nova Jérsia, Princeton University Press, 2007.

17. Palmer, Jason, «Pi record smashed as team finds two-quadrillionth digit», *BBC News* [*online*]. Disponível em <https://www.bbc.com/news/technology-11313194>, 16 de setembro de 2010. Acedido em 6 de janeiro de 2019.
18. Editores da *Encyclopædia Britannica*, «Al-Khwārizmī», *Encyclopædia Britannica* [*online*]. Disponível em <https://www.britannica.com/biography/al-Khwarizmi>, 2020. Acedido em 20 de maio de 2020.
19. LeVeque, W.J. e Smith, D.E., «Numerals and numeral systems», *Encyclopædia Britannica* [*online*]. Disponível em <https://www.britannica.com/science/numeral>, 2019. Acedido em 19 de maio de 2020.
20. Editores da *Encyclopædia Britannica*, «French revolution», *Encyclopædia Britannica* [*online*]. Disponível em <https://www.britannica.com/event/French-Revolution>, 2020. Acedido em 19 de maio de 2020).
21. Cooley, James e Tukey, John, «An algorithm for the machine calculation of complex Fourier series», *Mathematics of Computation*, 1965, 19(90), pp. 297–301.
22. Rockmore, Daniel, «The FFT: An algorithm the whole family can use», *Computing in Science & Engineering*, 2000, 2(1), pp. 60–64.
23. [S. a.], «James William Cooley», *The New York Times*, Nova Iorque, 2016.
24. Heidenman, Michael, Johnson, Don, e Burrus, C., «Gauss and the history of the fast Fourier transform», *IEEE ASSP Magazine*, 1984, 1(4), pp. 14–21.
25. Huxley, Thomas, *The Advance of Science in the Last Half-Century*, Nova Iorque, Appleton and Company, 1887.
26. Swade, Doron, *The Cogwheel Brain*, Londres, Little, Brown, 2000.
27. Babbage, Charles, *Passages from the Life of a Philosopher*, Cambridge, Cambridge University Press, 2011.
28. Menabrea, Luigi e King, Augusta, Condessa de Lovelace, 1843. «Sketch of the analytical engine invented by Charles Babbage», *Scientific Memoirs*, 1843, 3, pp. 666–731.
29. Essinger, James, *Ada's algorithm: How Lord Byron's daughter Ada Lovelace Launched the Digital Age*, Londres, Melville House, 2014.
30. Kim, Eugene e Toole, Betty, «Ada and the first computer», *Scientific American*, 1999, 280(5), pp. 76–81.
31. Isaacson, Walter, *The Innovators*, Nova Iorque, Simon and Schuster, 2014.
32. Turing, Sara, *Alan M. Turing*, Cambridge, W. Heffer & Sons, Ltd., 1959.
33. Turing, Alan, «On computable numbers, with an application to the Entscheidungsproblem», *Proceedings of the London Mathematical Society*, 1937, série 2, 42(1), pp. 230–265.
34. Davis, Martin, *Computability and Unsolvability*, Mineola, Nova Iorque, Dover Publications, 1983.
35. Strachey, Christopher, «An impossible program», *The Computer Journal*, 1965, 7(4), p. 313.
36. Turing, Alan, «Computing machinery and intelligence», *Mind*, Edimburgo, 1950, 59(236), pp. 433–460.
37. Copeland, B. Jack., *Turing*, Oxford, Oxford University Press, 2014.
38. Abbe, Cleveland, «The physical basis of long-range weather forecasts», *Monthly Weather Review*, 1901, 29(12), pp. 551–561.
39. Lynch, Peter, «The origins of computer weather prediction and climate modeling», *Journal of Computational Physics*, 2008, 227(7), pp. 3431–344.

40. Hunt, J. C. R., «Lewis Fry Richardson and his contributions to mathematics, meteorology, and models of conflict», *Annual Review of Fluid Mechanics*, 1998, 30(1), pp. xiii–xxxvi.
41. Mauchly, John, «The use of high speed vacuum tube devices for calculating», *in* Randall, Brian [ed.], *The Origins of Digital Computers*, Berlim, Springer, 1982, pp. 329–333.
42. Fritz, W. B., «The women of ENIAC», *IEEE Annals of the History of Computing*, 1996, 18(3), pp. 13–28.
43. Ulam, Stanislaw, «John von Neumann 1903–1957», *Bulletin of the American Mathematical Society*, 1958, 64(3), pp. 1–49.
44. Poundstone, William, *Prisoner's Dilemma*, Nova Iorque, Doubleday, 1992.
45. McCorduck, Pamela, *Machines Who Think: A Personal Inquiry into the History and Prospects of Artificial Intelligence*, Natick, Massachusetts, AK Peters, 2004.
46. Goldstein, Herman, *The Computer from Pascal to von Neumann*, Princeton, Nova Jérsia, Princeton University Press, 1980.
47. Stern, Nancy, *An Interview with J. Presper Eckert*. Charles Babbage Institute, Universidade de Minnesota, 1977.
48. Von Neumann, John, «First draft of a report on the EDVAC», *IEEE Annals of the History of Computing*, 1993, 15(4), pp. 27–75.
49. Burks, A. W., «Who invented the general-purpose electronic computer?», *in* Augarten, Stan, *Bit by bit: An Illustrated History of Computers*, Nova Iorque, Ticknor & Fields, 1984. Epígrafe, Capítulo 4.
50. Kleiman, Kathy, «The computers: The remarkable story of the ENIAC programmers», *Vimeo* [*online*]. Disponível em <https://vimeo.com/ondemand/eniac6>, 2014. Acedido em 11 de março de 2019).
51. Martin, C., «ENIAC: Press conference that shook the world», *IEEE Technology and Society Magazine*, 1995, 14(4), pp. 3–10.
52. Metropolis, Nicholas, «The beginning of the Monte Carlo method», *Los Alamos Science*, 1987, 15(584), pp. 125–130.
53. Eckhardt, Roger, «Stan Ulam, John von Neumann, and the Monte Carlo method», *Los Alamos Science*, 1987, 15(131–136), p. 30.
54. Wolter, Jan, *Experimental analysis of Canfield solitaire*. Disponível em <http://politaire.com/article/canfield.html>, 2013. Acedido em 20 de maio de 2020.
55. Metropolis, Nicholas e Ulam, Stanislaw, «The Monte Carlo method», *Journal of the American Statistical Association*, 1949, 44(247), pp. 335–341.
56. Charney, Jule e Eliassen, A., «A numerical method for predicting the perturbations of the middle latitude westerlies», *Tellus*, 1949, 1(2), pp. 38–54.
57. Charney, Jule, «On a physical basis for numerical prediction of large scale motions in the atmosphere», *Journal of Meteorology*, 1949, 6(6), pp. 372–385.
58. Platzman, George, «The ENIAC computations of 1950: Gateway to numerical weather prediction», *Bulletin of the American Meteorological Society*, 1979, 60(4), pp. 302–312.
59. Charney, Jule, Fjörtoft, R., e von Neumann, John, «Numerical integration of the barotropic vorticity equation», *Tellus*, 1950, 2(4), pp. 237–254.
60. Blair, Clay, «Passing of a great mind», *Life Magazine*, 1957, 42(8), pp. 89–104.
61. Lorenz, Edward, *The Essence of Chaos*, Seattle, University of Washington Press, 1995.

62. LORENZ, Edward, «Deterministic nonperiodic flow», *Journal of the Atmospheric Sciences*, 1963, 20(2), pp. 130–141.
63. EPSTEIN, Edward, «Stochastic dynamic prediction», *Tellus*, 1969, 21(6), pp. 739–759.
64. EUROPEAN CENTRE FOR MEDIUM-RANGE WEATHER FORECASTS, «Advancing global NWP through international collaboration». Disponível em <http://www.ecmwf.int>, 2020. Acedido em 19 de maio de 2020.
65. LYNCH, Peter e LYNCH, Owen, «Forecasts by PHONIAC», *Weather*, 2008, 63(11), pp. 324–326.
66. SHANNON, Claude, «Programming a computer for playing chess», *Philosophical Magazine*, 1950, 41(314), pp. 256–75.
67. LABORATÓRIO NACIONAL DE FÍSICA, «Piloting Computing: Alan Turing's Automatic Computing Engine», YouTube [*online*]. Disponível em <https://www.youtube.com/watch?v=cEQ6cnwaY_s>, 2012. Acedido em 27 de outubro de 2019.
68. CAMPBELL-KELLY, Martin, «Christopher Strachey, 1916–1975: A biographical note», *Annals of the History of Computing*, 1985, 7(1), pp. 19–42.
69. COPELAND, Jack e LONG, Jason, «Restoring the first recording of computer music», *Sound and Vision Blog*. Disponível em <https://blogs.bl.uk/sound-and-vision/2016/09/restoring-the-first-recording-of-computer-music.html#>, 2016. Acedido em 15 de fevereiro de 2019).
70. FOY, Nancy, «The word games of the night bird», *Computing Europe*, 1974, 15, pp. 10–11. [Entrevista com Christopher Strachey.]
71. ROBERTS, Siobhan, «Christopher Strachey's nineteen-fifties love machine», *The New Yorker*, 14 de fevereiro de 2017.
72. STRACHEY, Christopher, «The "thinking" machine», *Encounter*, 1954, III, outubro.
73. STRACHEY, Christopher, «Logical or non-mathematical programmes», *in Proceedings of the 1952 ACM National Meeting*, Nova Iorque, ACM, 1952, pp. 46–49.
74. MCCARTHY, John, MINSKY, Marvin, ROCHESTER, Nathaniel, e SHANNON, Claude, «A proposal for the Dartmouth summer research project on artificial intelligence, August 31, 1955», *AI Magazine*, 2006, 27(4), pp. 12–14.
75. NEWELL, Allen e SIMON, Herbert, «The logic theory machine: A complex information processing system», *IRE Transactions on Information Theory*, 1956, 2(3), pp. 61–79.
76. NEWELL, Allen, SHAW, J. C., e SIMON, Herbert, «Report on a general problem solving program», *in Proceedings of the International Conference on Information Processing*, Paris, UNESCO, 1959, pp. 256–264.
77. NEWELL, Allen e SIMON, Herbert, *Human Problem Solving*, Nova Iorque, Prentice-Hall, 1972.
78. SCHAEFFER, Jonathan, *One Jump Ahead: Computer Perfection at Checkers*, Nova Iorque, Springer, 2008.
79. SAMUEL, Arthur, «Some studies in machine learning using the game of checkers», *IBM Journal of Research and Development*, 1959, 3(3), pp. 210–229.
80. MCCARTHY, John e FEIGENBAUM, Edward, «In memoriam: Arthur Samuel: Pioneer in machine learning», *AI Magazine*, 1990, 11(3), p. 10.
81. SAMUEL, Arthur, «Some studies in machine learning using the game of checkers», *IBM Journal of Research and Development*, 1967, 11(6), pp. 601–617.

82. MADRIGAL, Alexis, «How checkers was solved», *The Atlantic*, 19 de julho de 2017.
83. SIMON, Herbert, «Allen Newell: 1927–1992», *IEEE Annals of the History of Computing*, 1998, 20(2), pp. 63–76.
84. CBS, «The thinking machine», YouTube [*online*]. Disponível em <https://youtu.be/aygSMgK3BEM>, 1961. Acedido em 19 de maio de 2020.
85. DREYFUS, Hubert, «Overcoming the myth of the mental: How philosophers can profit from the phenomenology of everyday expertise», *Proceedings and Addresses of the American Philosophical Association*, 2005, 79(2), pp. 47–65.
86. NILSSON, Nils, *The Quest for Artificial Intelligence*, Cambridge, Cambridge University Press, 2009.
87. SCHRIJVER, Alexander, 2005. «On the history of combinatorial optimization (till 1960)», *in* Aardal, K. [ed.], Nemhauser, G. L. [ed.], Weismantel, R. [ed.], *Discrete optimization: Volume 12*, Amesterdão, Elsevier, 2005, pp. 1–68.
88. DANTZIG, G., FULKERSON, R., e JOHNSON, S., «Solution of a large-scale traveling-salesman problem», *Journal of the Operations Research Society of America*, 1954, 2(4), pp. 393–410.
89. COOK, William, *Traveling salesman problem*. Disponível em <http://www.math.uwaterloo.ca/tsp/index.html>, [s d.]. Acedido em 19 de maio de 2020.
90. COOK, Stephen, «The complexity of theorem-proving procedures», *in Proceedings of the 3rd annual ACM Symposium on Theory of Computing*, Nova Iorque, ACM, 1971, pp. 151–158.
91. KARP, R., *A personnal view of Computer Science at Berkeley*. Disponível em <https://www2.eecs.berkeley.edu/bears/CS_Anniversary/karp-talk.html>, [s. d.]. Acedido em 15 de fevereiro de 2019.
92. GAREY, Michael e JOHNSON, David, *Computers and Intractability: A Guide to the Theory of NP-Completeness*, Nova Iorque, W. H. Freeman and Company, 1979.
93. DIJKSTRA, Edsger, «The humble programmer», *Communications of the ACM*, 1972, 15(10), pp. 859–866.
94. DIJKSTRA, Edsger, *Oral history interview with Edsger W. Dijkstra: Technical Report*, Instituto Charles Babbage, 2001.
95. DIJKSTRA, Edsger, «A note on two problems in connexion with graphs», *Numerische mathematik*, 1959, 1(1), pp. 269–271.
96. DARRACH, Brad, «Meet Shaky: The first electronic person», *Life Magazine*, 1970, 69(21):58B–68B.
97. HART, Peter, NILSSON, Nils, e RAPHAEL, Bertram, «A formal basis for the heuristic determination of minimum cost paths», *IEEE Transactions on Systems Science and Cybernetics*, 1968, 4(2), pp. 100–107.
98. HITSCH, Gunter, HORTAÇSU, Ali, e ARIELY, Dan, «Matching and sorting in online dating», *The American Economic Review*, 2010, 100(1), pp. 130–163.
99. NRMP, *The Match: National resident matching program*. Disponível em <http://www.nrmp.org>. Acedido em 19 de maio de 2020.
100. ROTH, Alvin, «The origins, history, and design of the resident match», *Journal of the American Medical Association*, 2003, 289(7), pp. 909–912.
101. ROTH, Alvin, «The evolution of the labor market for medical interns and residents: A case study in game theory», *The Journal of Political Economy*, 1984, 92, pp. 991–1016.

102. [S. a.], «Stable matching: Theory, evidence, and practical design», The Royal Swedish Academy of Sciences, 2012. [Artigo técnico.]
103. KELLY, Kevin, *Out of Control*, Londres, Fourth Estate, 1994.
104. VASBINDER, Jan, *Aha... That is Interesting!: John H. Holland, 85 years young*, Singapura, World Scientific, 2014.
105. LONDON, Ralph, «Who earned first computer science Ph.D.?», *Communications of the ACM: blog@CACM*, 15 de janeiro de 2013.
106. SCOTT, Norman, *The early years through the 1960's: Computing at the CSE@50*, University of Michigan, 1996. [Relatório técnico.]
107. FISHER, Ronald, *The Genetical Theory of Natural Selection*, Oxford, Oxford University Press, 1999.
108. HOLLAND, John, *Adaptation in Natural and Artificial Systems*, Cambridge, Massachusetts, The MIT Press, 1992.
109. HOLLAND, John, «Genetic algorithms», *Scientific American*, 1992, 267(1), pp. 66–73.
110. DAWKINS, Richard, *The Blind Watchmaker*, Nova Iorque, WW Norton & Company, 1986.
111. LOHN, Jason, LINDEN, Derek, HORNBY, Gregory e KRAUS, William, «Evolutionary design of an X-band antenna for NASA's space technology 5 mission», *Proceedings of the IEEE Antennas and Propagation Society Symposium 2004*, Monterey, Califórnia, 20–25 de junho de 2004, 3, pp. 2313–2316. Nova Iorque, IEEE.
112. GRIMES, William, «John Henry Holland, who computerized evolution, dies at 86», *The New York Times*, 19 de agosto de 2015.
113. LICKLIDER, J. C. R., «Man-computer symbiosis», *IRE Transactions on Human Factors in Electronics*, 1960, 1(1), pp. 4–11.
114. WALDROP, M. Mitchell, *The Dream Machine*, Londres, Viking Penguin, 2001.
115. KITA, C. I., «JCR Licklider's vision for the IPTO», *IEEE Annals of the History of Computing*, 2003, 25(3), pp. 62–77.
116. LICKLIDER, J. C. R., «Memorandum for members and affiliates of the intergalactic computer network», Advanced Research Projects Agency, 23 de abril de 1963. [Relatório técnico.]
117. LICKLIDER, J. C. R., *Libraries of the Future*, Cambridge, Massachusetts, The MIT Press, 1965.
118. LICKLDER, J. C. R. e TAYLOR, Robert, «The computer as a communication device», *Science and Technology*, 1968, 76(2), pp. 1–3.
119. MARKOFF, John, «An Internet pioneer ponders the next revolution», *The New York Times*, 20 de dezembro de 1999.
120. FEATHERLY, Kevin, «ARPANET», *in Encyclopædia Britannica* [*online*]. Disponível em <https://www.britannica.com/topic/ARPANET>, 2016. Acedido em 19 de maio de 2020.
121. LEINER, Barry, CERF, Vinton, CLARK, David [*et al.*], «A brief history of the Internet», *ACM SIGCOMM Computer Communication Review*, 2009, 39(5), pp. 22–31.
122. DAVIES, D. W., «An historical study of the beginnings of packet switching», *The Computer Journal*, 2001, 44(3), pp. 152–162.
123. BARAN, P., «On distributed communications networks», *IEEE Transactions on Communications Systems*, 1964, 12(1), pp. 1–9.

124. McQuillan, John, Richer, I., e Rosen, E., «The new routing algorithm for the ARPANET», *IEEE Transactions on Communications*, 1980, 28(5), pp. 711–719.
125. McJones, Paul, «Oral history of Robert (Bob) W. Taylor», Computer History Museum, 2008. [Relatório técnico.]
126. Metz, Cade, «Bob Kahn, the bread truck, and the Internet's first communion», *Wired*, 13 de agosto de 2012.
127. Cerf, Vinton e Kahn, Robert, «A protocol for packet network interconnection. *IEEE Transactions of Communications*», 1974, 22(5), pp. 637–648.
128. Metz, Cade, «How a bread truck invented the Internet», *The Register* [*online*]. Disponível em <https://www.theregister.co.uk/2007/11/12/thirtieth_anniversary_of_first_internet_connection/>, 2007. Acedido em 19 de maio de 2020.
129. [S. a.], «Number of internet users worldwide from 2005 to 2018», *Statista* [*online*]. Disponível em <https://www.statista.com/statistics/273018/number-of-internet-users-worldwide/>, 2019. Acedido em 19 de maio de 2020.
130. Lee, Jan, «Richard Wesley Hamming: 1915–1998», *IEEE Annals of the History of Computing*, 1998, 20(2), pp. 60–62.
131. Suetónio, Caio, Edwards, Catherine [trad.], *Lives of the Caesars*, Oxford, Oxford University Press, 2009.
132. Singh, Simon, *The Code Book: The Secret History of Codes & Code-Breaking*, Londres, Fourth Estate, 1999.
133. Diffie, Whitfield e Hellman, M. E., «New directions in cryptography», *IEEE Transactions on Information Theory*, 1976, 22(6), pp. 644–654.
134. Rivest, Ronald, Shamir, Adi e Adleman, Leonard, «A method for obtaining digital signatures and public-key cryptosystems», *Communications of the ACM*, 1978, 21(2), pp. 120–126.
135. Gardner, Martin, «New kind of cipher that would take millions of years to break», *Scientific American*, 1977, 237(agosto), pp. 120–124.
136. Atkins, Derek, Graff, Michael, Lenstra, Arjen [*et al.*], «The magic words are squeamish ossifrage», *Proceedings of the 4th International Conference on the Theory and Applications of Cryptology*, 1994, Wollongong, Australia, pp. 261–277. Nova Iorque, Springer.
137. Levy, Steven, «The open secret», *Wired*, 1999, 7(4).
138. Ellis, J. H., «The history of non-secret encryption», *Cryptologia*, 1999, 23(3), pp. 267–273.
139. Ellis, J. H., «The possibility of non-secret encryption», *in British Communications-Electronics Security Group (CESG) report*, janeiro de 1970.
140. Bush, Vannevar, «As we may think», *The Atlantic*, 1945, 176(1), pp. 101–108.
141. Manufacturing Intellect, «Jeff Bezos interview on starting Amazon», YouTube [*online*]. Disponível em <https://youtu.be/p7FgXSoqfnI>, 2001. Acedido em 19 de maio de 2020.
142. Stone, Brad, *The Everything Store: Jeff Bezos and the Age of Amazon*, Nova Iorque, Corgi, 2014.
143. Christian, Brian e Griffiths, Tom, *Algorithms to Live By*, Nova Iorque, Macmillan, 2016.
144. Linden, Greg, Smith, Brent, e York, Jeremy, «Amazon.com recommendations», *IEEE Internet Computing*, 2003, 7(1), pp. 76–80.

145. McCullough, Brian, «Early Amazon engineer and co-developer of the recommendation engine, Greg Linden», *Internet History Podcast* [*online*]. Disponível em <http://www.internethistorypodcast.com/2015/04/early-amazon-engineer-and-co-developer-of-the-recommendation-engine-greg-linden/#tabpanel6>, 2015. Acedido em 15 de fevereiro de 2019).
146. MacKenzie, Ian, Meyer, Chris e Noble, Steve, «How retailers can keep up with consumers», *McKinsey and Company*, outubro de 2013. [Relatório técnico.]
147. [S. a.], «Total number of websites», *Internet Live Stats* [*online*] Disponível em <http://www.internetlivestats.com/total-number-of-websites/>, 2016. Acedido em 15 de fevereiro de 2019.
148. Vise, David, *The Google Story*, Nova Iorque, Macmillian, 2005.
149. Battelle, John, «The birth of Google», *Wired*, 2005, 13(8), p. 102.
150. Page, Lawrence, Brin, Sergey, Motwani, Rajeev e Winograd, Terry, «The PageRank citation ranking: Bringing order to the web», Stanford InfoLab, novembro de 1999. [Relatório técnico.]
151. Brin, Sergey e Page, Lawrence, «The anatomy of a large-scale hypertextual web search engine», *Computer Networks and ISDN Systems*, 1998, 30(1–7), pp. 107–117.
152. Jones, Dixon, «How PageRank really works: Understanding Google», *Majestic* [*online*]. Disponível em <https://blog.majestic.com/company/understanding-googles-algorithm-how-pagerank-works/>, 25 de outubro de 2018. Acedido em 12 de julho de 2019.
153. Willmott, Don, «The top 100 web sites», *PC Magazine*, 9 de fevereiro de 1999.
154. Krieger, L. M., «Stanford earns $336 million off Google stock», *The Mercury News*, 1 de dezembro de 2005.
155. Hayes, Adam, «Dotcom bubble definition», Investopedia [*online*]. Disponível em <https://www.investopedia.com/terms/d/dotcom-bubble.asp>, 25 de junho de 2019. Acedido em 19 de julho de 2019.
156. Smith, Brent e Linden, Greg, «Two decades of recommender systems at Amazon.com», *IEEE Internet Computing*, 2017, 21(3), pp. 12–18.
157. Debter, Lauren, «Amazon surpasses Walmart as the world's largest retailer», *Forbes* [*online*]. Disponível em <https://www.forbes.com/sites/laurendebter/2019/05/15/worlds-largest-retailers-2019-amazon-walmart-alibaba/#20e4cf4d4171>, 2019. Acedido em 18 de julho de 2019).
158. [S. a.], «Tim Berners-Lee net worth», *The Richest* [*online*]. Disponível em <https://www.therichest.com/celebnetworth/celebrity-business/tech-millionaire/tim-berners-lee-net-worth/>, 2019. Acedido em 22 de julho de 2019.
159. [S. a.], «Internet growth statistics», *Internet World Stats* [*online*]. Disponível em <http://www.internetworldstats.com/emarketing.htm>, 2016. Acedido em 19 de maio de 2020.
160. Conan Doyle, Arthur, «The sign of four», *Lippincott's Monthly Magazine*, fevereiro de 1890.
161. Kirkpatrick, David, *The Facebook Effect*, Nova Iorque, Simon and Schuster, 2010.
162. Grimland, Guy, «Facebook founder's roommate recounts creation of Internet giant», *Haaretz* [*online*]. Disponível em <https://www.haaretz.com/1.5050614>, 2009. Acedido em 23 de julho de 2019.

163. Kaplan, Katherine, «Facemash creator survives ad board», *The Harvard Crimson*, novembro de 2003.
164. Investors Archive, «Billionaire Mark Zuckerberg: Creating Facebook and startup advice», YouTube [*online*]. Disponível em <https://youtu.be/SSly3yJ8mKU>, 2017.
165. Widman, Jeff, «Presenting EdgeRank: A guide to Facebook's Newsfeed algorithm», *EdgeRank*. Disponível em <http://edgerank.net>, 2011. Acedido em 19 de maio de 2020.
166. [S. a.], «Number of monthly active facebook users world-wide», *Statista* [*online*]. Disponível em <https://www.statista.com/statistics/264810/number-of-monthly--active-facebook-users-worldwide/>, 2016. Acedido em 20 de maio de 2020.
167. Keating, Gina, *Netflixed*, Londres, Penguin, 2012.
168. Netflix, *Netflix prize*. Disponível em <http://www.netflixprize.com/>, 2016. Acedido em 19 de maio de 2020.
169. Van Buskirk, Eliot, «How the Netflix prize was won», *Wired*, 22 de setembro de 2009.
170. Thompson, Clive, «If you liked this, you're sure to love that», *The New York Times*, 21 de novembro de 2008.
171. Piotte, Martin e Chabbert, Martin, *The pragmatic theory solution to the Netflix grand prize*, Netflix, 2009. [Relatório técnico.]
172. Koren, Yehuda, «The Bellkor solution to the Netflix grand prize», *Netflix Prize Documentation*, 2009, 81:1–10.
173. Johnston, Casey, «Netflix never used its $1 million algorithm due to engineering costs», *Wired*, 16 de abril de 2012.
174. Gomez-Uribe, Carlos e Hunt, Neil, «The Netflix recommender system: Algorithms, business value, and innovation», *ACM Transactions on Management Information Systems*, 2015, 6(4), pp. 13:1–19.
175. Ginsberg, Jeremy, Mohebbi, Matthew, Patel, Rajan [*et al.*], «Detecting influenza epidemics using search engine query data», *Nature*, 2009, 457(7232), pp. 1012–1014.
176. Cook, Samantha, Conrad, Corrie, Fowlkes, Ashley [*et al.*], «Assessing Google flu trends performance in the United States during the 2009 influenza virus A (H1N1) pandemic», *PLoS ONE*, 2011, 6(8), e23610.
177. Butler, Declan, «When Google got flu wrong», *Nature*, 2013, 494(7436), pp. 155.
178. Lazer, David, Kennedy, Ryan, King, Gary [*et al.*], «The parable of Google Flu: Traps in big data analysis», *Science*, 2014, 343(6176), pp. 1203–5.
179. Lazer, David e Kennedy, Ryan, «What we can learn from the epic failure of Google flu trends», *Wired*, 1 de outubro de 2015.
180. Zimmer, Ben, «Is it time to welcome our new computer overlords?», *The Atlantic*, 17 de fevereiro de 2011.
181. Markoff, John, «Computer wins on jeopardy: Trivial, it's not», *The New York Times*, 16 de fevereiro de 2011.
182. Gondek, D. C., Lally, A., Kalyanpur, A. [*et al.*], «A framework for merging and ranking of answers in DeepQA», *IBM Journal of Research and Development*, 2012, 56(3.4), pp. 14:1–12.

183. Best, Jo, «IBM Watson: The inside story of how the Jeopardy-winning supercomputer was born, and what it wants to do next», *TechRepublic* [*online*]. Disponível em <http://www.techrepublic.com/article/ibm-watson-the-inside-story-of-how-the-jeopardy-winning-supercomputer-was-born-and-what-it-wants-to-do-next/>, 2013. Acedido em 15 de fevereiro de 2019.
184. Ferrucci, D. A., «Introduction to this is Watson», *IBM Journal of Research and Development*, 2012, 56(3.4), pp. 1:1–15.
185. IBM Research, «Watson and the Jeopardy! Challenge», YouTube [*online*]. Disponível em <https://www.youtube.com/watch?v=P18EdAKuC1U>, 2013. Acedido em 15 de setembro de 2019.
186. Lieberman, Henry, «Watson on Jeopardy, Part 3», *MIT Technology Review* [*online*]. Disponível em <https://www.technologyreview.com/s/422763/watson-on-jeopardy-part-3/>, 2011. Acedido em 15 de setembro de 2019.
187. Gustin, Sam, «Behind IBM's plan to beat humans at their own game», *Wired*, 14 de fevereiro de 2011.
188. Lally, A., Prager, John, McCord, M. C. [*et al.*], «Question analysis: How Watson reads a clue», *IBM Journal of Research and Development*, 2012, 56(3.4), pp. 2:1–14.
189. Fan, J., Kalyanpur, A., Condek, D. C. [*et al.*], «Automatic knowledge extraction from documents», *IBM Journal of Research and Development*, 2012, 56(3.4), pp. 5:1–10.
190. Kolodner, J. L., *Memory organization for natural language data-base inquiry*, Yale University, 1978. [Relatório técnico.]
191. Kolodner, J. L., «Maintaining organization in a dynamic long-term memory», *Cognitive Science*, 1983, 7(4), pp. 243–280.
192. Kolodner, J. L., «Reconstructive memory: A computer model», *Cognitive Science*, 1983, 7(4), pp. 281–328.
193. Lohr, Steve, «The promise of artificial intelligence unfolds in small steps», *The New York Times*, 29 de fevereiro de 2016.
194. James, William, *The Principles of Psychology*, Nova Iorque, Holt, 1890.
195. Hebb, Donald, *The Organization of Behavior*, Nova Iorque, Wiley, 1949.
196. McCulloch, Warren e Pitts, Walter, «A logical calculus of the ideas immanent in nervous activity», *The Bulletin of Mathematical Biophysics*, 1943, 5(4), pp. 115–133.
197. Gefter, Amanda, «The man who tried to redeem the world with logic», *Nautilus*, 21 de fevereiro de 2015.
198. Whitehead, Alfred e Russell, Bertrand, *Principia Mathematica*, Cambridge, Cambridge University Press, 1910–1913.
199. Anderson, James e Rosenfeld, Edward, *Talking Nets*, Cambridge, Massachusetts, The MIT Press, 2000.
200. Conway, Flo e Siegelman, Jim, 2006. *Dark Hero of the Information Age: In Search of Norbert Wiener The Father of Cybernetics*, Nova Iorque, Basic Books, 2006.
201. Thompson, Clive, «"Dark hero of the information age": The original computer geek», *The New York Times*, 20 de março de 2005.
202. Farley, B. e Clark, W., «Simulation of self-organizing systems by digital computer», *Transactions of the IRE Professional Group on Information Theory*, 1954, 4(4), pp. 76–84.

203. ROSENBLATT, F., «The Perceptron: A probabilistic model for information storage and organization in the brain», *Psychological Review*, 1958, 65(6), pp. 386.
204. ROSENBLATT, F., *Principles of neurodynamics. perceptrons and the theory of brain mechanisms*, DTIC Document, 1961. [Relatório técnico.]
205. [S. a.], «New Navy device learns by doing», *The New York Times*, 8 de julho de 1958.
206. MINSKY, Marvin e PAPERT, Seymour, *Perceptrons*, Cambridge, Massachusetts, The MIT Press, 1969.
207. MINKSY, Marvin, *A neural-analogue calculator based upon a probability model of reinforcement*, Cambridge, Massachusetts, Harvard University Psychological Laboratories, 1952. [Relatório técnico.]
208. BLOCK, H. D., «A review of Perceptrons: An introduction to computational geometry», *Information and Control*, 1970, 17(5), pp. 501–522.
209. [S. a.], «Dr. Frank Rosenblatt dies at 43; taught neurobiology at Cornell», *The New York Times*, 13 de julho de 1971.
210. OLAZARAN, Mikel, «A sociological study of the official history of the Perceptrons controversy», *Social Studies of Science*, 1996, 26(3), pp. 611–659.
211. WERBOS, Paul, «Backpropagation through time: What it does and how to do it», *Proceedings of the IEEE*, 1990, 78(10), pp. 1550–1560.
212. WERBOS, Paul, *Beyond regression: New tools for prediction and analysis in the behavioral sciences*, Harvard University, 1974. [Tese de douturamento.]
213. WERBOS, Paul, *The Roots of Backpropagation: Volume 1*, Oxford, John Wiley & Sons, 1994.
214. WERBOS, Paul, «Backwards differentiation in AD and neural nets: Past links and new opportunities», *in* Bücker, Martin [ed.], Corliss, George [ed.], Hovland, Paul [ed.] [*et al.*], *Automatic differentiation: Applications, theory, and implementations*, Berlim, Springer, 2006 pp. 15–34.
215. PARKER, David, *Learning-logic: Casting the cortex of the human brain in silicon*, Cambridge, Massachusetts, MIT, 1985. [Relatório técnico TR-47.]
216. LECUN, Yann, «Une procédure d'apprentissage pour réseau a seuil asymmetrique (A learning scheme for asymmetric threshold networks)», *Proceedings of Cognitiva 85*, Paris, 4–7 de junho de 1985. pp. 599–604.
217. RUMELHART, David, HINTON, Geoffrey, e WILLIAMS, Ronald, «Learning representations by back-propagating errors», *Nature*, 1986, 323, pp. 533–536.
218. HORNIK, Kurt, STINCHCOMBE, Maxwell, e WHITE, Halbert, «Multilayer feedforward networks are universal approximators», *Neural Networks*, 1989, 2(5), pp. 359–366.
219. NG, Andrew, «Heroes of Deep Learning: Andrew Ng interviews Yann LeCun», YouTube [*online*]. Disponível em <https://www.youtube.com/watch?v=Svb1c6AkRzE>, 2018. Acedido em 14 de agosto de 2019.
220. LECUN, Yann, BOSER, B., DENKER, J. S. [*et al.*], «Backpropagation applied to handwritten zip code recognition», *Neural Computation*, 1989, 1(4), pp. 541–551.
221. THORPE, Simon, FIZE, Denis e MARLOT, Catherine, «Speed of processing in the human visual system», *Nature*, 1996, 381(6582), pp. 520–522.
222. GRAY, Jeff, «U of T Professor Geoffrey Hinton hailed as guru of new computing era», *The Globe and Mail*, 7 de abril de 2017.
223. ALLEN, Kate, «How a Toronto professor's research revolutionized artificial intelligence», *The Star*, 17 de abril de 2015.

224. Hinton, Geoffrey, Osindero, Simon e Teh, Yee-Whye, A fast learning algorithm for deep belief nets. *Neural Computation*, 18(7), 2006, pp. 1527–1554.
225. Ciresan, Dan, Meier, Ueli, Gambardella, Luca [*et al.*], «Deep big simple neural nets excel on handwritten digit recognition», *arXiv preprint arXiv:1003.0358*, 2010.
226. Jaitly, Navdeep, Nguyen, Patrick, Senior, Andrew [*et al.*], «Application of pre-trained deep neural networks to large vocabulary speech recognition», *in Proceedings of the 13th Annual Conference of the International Speech Communication Association (Interspeech)*, Portland, Oregon, 9–13 setembro 2012. pp. 257–281.
227. Hinton, Geoffrey, Deng, Li, Dong, Yu [*et al.*], «Deep neural networks for acoustic modeling in speech recognition: The shared views of four research groups», *IEEE Signal Processing Magazine*, 2012, 29(6), pp. 82–97.
228. Krizhevsky, Alex, Sutskever, Ilya, e Hinton, Geoffrey, «ImageNet classification with deep convolutional neural networks», *in* Burges, C. [ed.], *Proceedings of the 27th Annual Conference on Neural Information Processing Systems 2013*, Lake Tahoe, Nevada, Red Hook, NY Curran, 5–10 de dezembro de 2013, pp. 1097–1105.
229. Bengio, Yoshua, Ducharme, Réjean, Vincent, Pascal [*et al.*], «A neural probabilistic language model», *Journal of Machine Learning Research*, 2003, 3, pp. 1137–1155.
230. Sutskever, Ilya, Vinyals, Oriol, e Le, Quoc, «Sequence to sequence learning with neural networks», *in* Ghahramani, Zoubin [ed.], Welling, Max [ed.], Cortes, Corinna [ed.] [*et al.*], *Proceedings of the 28th Annual Conference on Neural Information Processing Systems 2014*, Montreal, Canadá, Red Hook, NY Curran, 8–13 de dezembro de 2014, pp. 3104–3112.
231. Cho, Kyunghyun, van Merriënboer, Bart, Bahdanau, Dzmitry [*et al.*], «On the properties of neural machine translation: Encoder-decoder approaches», *arXiv preprint arXiv:1409.1259*, 2014.
232. Bahdanau, Dzmitry, Cho, Kyunghyun, e Bengio, Yoshua, «Neural machine translation by jointlylearning to align and translate», *arXiv preprint arXiv:1409.0473*, 2014.
233. Wu, Yonghui, Schuster, Mike, Chen, Zhifeng [*et al.*], «Google's neural machine translation system: Bridging the gap between human and machine translation», *arXiv preprint arXiv:1609.08144*, 2016.
234. Lewis-Kraus, Gideon, «The great A.I. awakening», *The New York Times*, 20 de dezembro de 2016.
235. LeCun, Yann, Bengio, Yoshua, e Hinton, Geoffrey, «Deep learning», *Nature*, 2015, 521(7553), pp. 436–444.
236. Vincent, James, «Turing Award 2018: Nobel prize of computing given to "godfathers of AI"», *The Verge* [*online*]. Disponível em <https://www.theverge.com/2019/3/27/18280665/ai-godfathers-turing-award-2018-yoshua-bengio-geoffrey-hinton-yann-lecun>, 2019. Acedido em 19 de maio de 2020.
237. Foster, R. W., *The classic of Go*. Disponível em <http://idp.bl.uk/>, 2009. Acedido em 20 de maio de 2020.
238. Moyer, Christopher, «How Google's AlphaGo beat a Go world champion», *The Atlantic*, março de 2016.
239. Morris, David, «Google's Go computer beats top-ranked human», *Fortune*, março de 2016.
240. *AlphaGo*. Realizado por Greg Kohs. EUA, Reel as Dirt, 2017. [Filme.]

241. METZ, Cade, «In two moves, AlphaGo and Lee Sedol redefined the future», *Wired*, 16 de março de 2016.
242. METZ, Cade, «The sadness and beauty of watching Google's AI play Go», *Wired*, 11 de março de 2016.
243. EDWARDS, Jim, «See the exact moment the world champion of Go realises DeepMind is vastly superior», *Business Insider* [*online*]. Disponível em <https://www.businessinsider.com/video-lee-se-dol-reaction-to-move-37-and-w102-vs-alphago-2016-3?r=US&IR=T>, 2016. Acedido em 19 de maio de 2020.
244. SILVER, David, HUANG, Aja, MADDISON, Chris [*et al.*], «Mastering the game of Go with deep neural networks and tree search», *Nature*, 2016, 529(7587), pp. 484–489.
245. HERN, Alex, «AlphaGo: Its creator on the computer that learns by thinking», *The Guardian*, 15 de março de 2016.
246. BURTON-HILL, Clemency, «The superhero of artificial intelligence: can this genius keep it in check?», *The Guardian*, 16 de fevereiro de 2016.
247. FAHEY, Rob, «Elixir Studios to close following cancellation of key project», *gamesindustry.biz* [*online*]. Disponível em <https://www.gamesindustry.biz/articles/elixir-studios-to-close-following-cancellation-of-key-project>, 2005. Acedido em 19 de maio de 2020.
248. MNIH, V., [*et al.*], «Human-level control through deep reinforcement learning», *Nature*, 2015, 518(7540), p. 529.
249. SILVER, David, SCHRITTWIESER, Julian, SIMONYAN, Karen [*et al.*], «Mastering the game of Go without human knowledge», *Nature*, 2017, 550(7676), pp. 354–359.
250. SILVER, David, HUBERT, Thomas, SCHRITTWIESER, Julian [*et al.*], «A general reinforcement learning algorithm that masters Chess, Shogi, and Go through self-play», *Science*, 2018, 362(6419), pp. 1140–1144.
251. LOVELACE, Berkeley, «Buffett says cryptocurrencies will almost certainly end badly», *CNBC* [*online*]. Disponível em <https://www.cnbc.com/2018/01/10/buffett-says-cyrptocurrencies-will-almost-certainly-end-badly.html>, 2018. Acedido em 19 de maio de 2020.
252. [S. a.], «Market capitalization», *Blockchain.com* [*online*]. Disponível em <https://www.blockchain.com/charts/market-cap>, [s. d.]. Acedido em 19 de maio de 2020.
253. HUGHES, Eric, «A Cypherpunk's Manifesto», *Activism.net*. Disponível em <https://www.activism.net/cypherpunk/manifesto.html>, 1993. Acedido em 19 de maio de 2020.
254. ASSANGE, Julian, APPELBAUM, Jacob, MÜLLER-MAGUHN, Andy [*et al.*], *Cypherpunks: Freedom and the Future of the Internet*. Londres, OR books, 2016.
255. DRISCOLL, Scott, «How Bitcoin works under the hood», *Imponderable Things* [*online*]. Disponível em <http://www.imponderablethings.com/2013/07/how-bitcoin-works-under-hood.html#more>, 2013. Acedido em 19 de maio de 2020.
256. NAKAMOTO, Satoshi, «Bitcoin: A peer-to-peer electronic cash system», 2008.
257. WEBSTER, Ian, Bitcoin historical prices. in2013dollars.com [*online*]. Disponível em <http://www.in2013dollars.com/bitcoin-price>, 2020. Acedido em 22 de junho de 2020.
258. [S. a.], «Bitcoin all time high – how much was 1 bitcoin worth at its peak?», *99BitCoins* [*online*]. Disponível em <https://99bitcoins.com/bitcoin/historical-price/all-time-high/#charts>, [s. d.]. (Acedido em 19 de maio de 2020.

259. [S. a.], «Bitcoin energy consumption index». Disponível em <https://digiconomist.net/bitcoin-energy-consumption>, 2019. Acedido em 19 de maio de 2020.
260. L. S., «Who is Satoshi Nakamoto?», *The Economist*, 2 de novembro de 2015.
261. Greenberg, Andy, «How to prove you're Bitcoin creator Satoshi Nakamoto», *Wired*, 11 de abril de 2016.
262. Feynman, Richard, «Simulating physics with computers», *International Journal of Theoretical Physics*, 1982, 21(6), pp. 467–488.
263. Shor, Peter, «Polynomial-time algorithms for prime factorization and discrete logarithms on a quantum computer», *SIAM Review*, 1982, 41(2), pp. 303–332.
264. [S. a.], «Quantum», *Google AI*. Disponível em <https://ai.google/research/teams/applied-science/quantum-ai/>, [s. d.]. Acedido em 19 de maio de 2020.
265. Dyakonov, Mikhail, «The case against quantum computing», *IEEE Spectrum*, 15 de novembro de 2018.
266. Arute, Frank, Arya, Kunal, Babbush, Ryan [*et al.*], «Quantum supremacy using a programmable super-conducting processor», *Nature*, 2019, 574(7779):505–10.
267. Savage, Neil, «Hands-on with Google's quantum computer», *Scientific American*, 24 de outubro de 2019. Acedido em 19 de maio de 2020.
268. [S. a.], *Machine translation and automated analysis of cuneiform languages*. Disponível em <https://cdli-gh.github.io/mtaac/>. Acedido em 22 de junho de 2020.
269. Nemiroff, Robert e Bonnell, Jerry, «The square root of two to 10 million digits». Disponível em <https://apod.nasa.gov/htmltest/gifcity/sqrt2.10mil>, 1994. Acedido em 19 de maio de 2020.
270. Keough, Brian, «Guide to the John Clifford Shaw Papers». Disponível em <http://sova.si.edu/record/NMAH.AC.0580>, 1997. Acedido em 19 de maio de 2020.
271. Christofides, Nicos, *Worst-case analysis of a new heuristic for the travelling salesman problem*, DTIC Document, 1976. [Relatório técnico.]
272. Sebő, András, Vygen, Jens, Shorter tours by nicer ears. *arXiv preprint arXiv:1201.1870*, 2012.
273. Mullin, F. J. e Stalnaker, John, «The matching plan for internship appointment», *Academic Medicine*, 1951, 26(5), pp. 341–345.
274. [S. a.], «Lloyd Shapley, a Nobel laureate in economics, has died», *The Economist*, 13 de março de 2016.
275. Merkle, Ralph, «Secure communications over insecure channels», *Communications of the ACM*, 1978, 21(4), pp. 294–299.